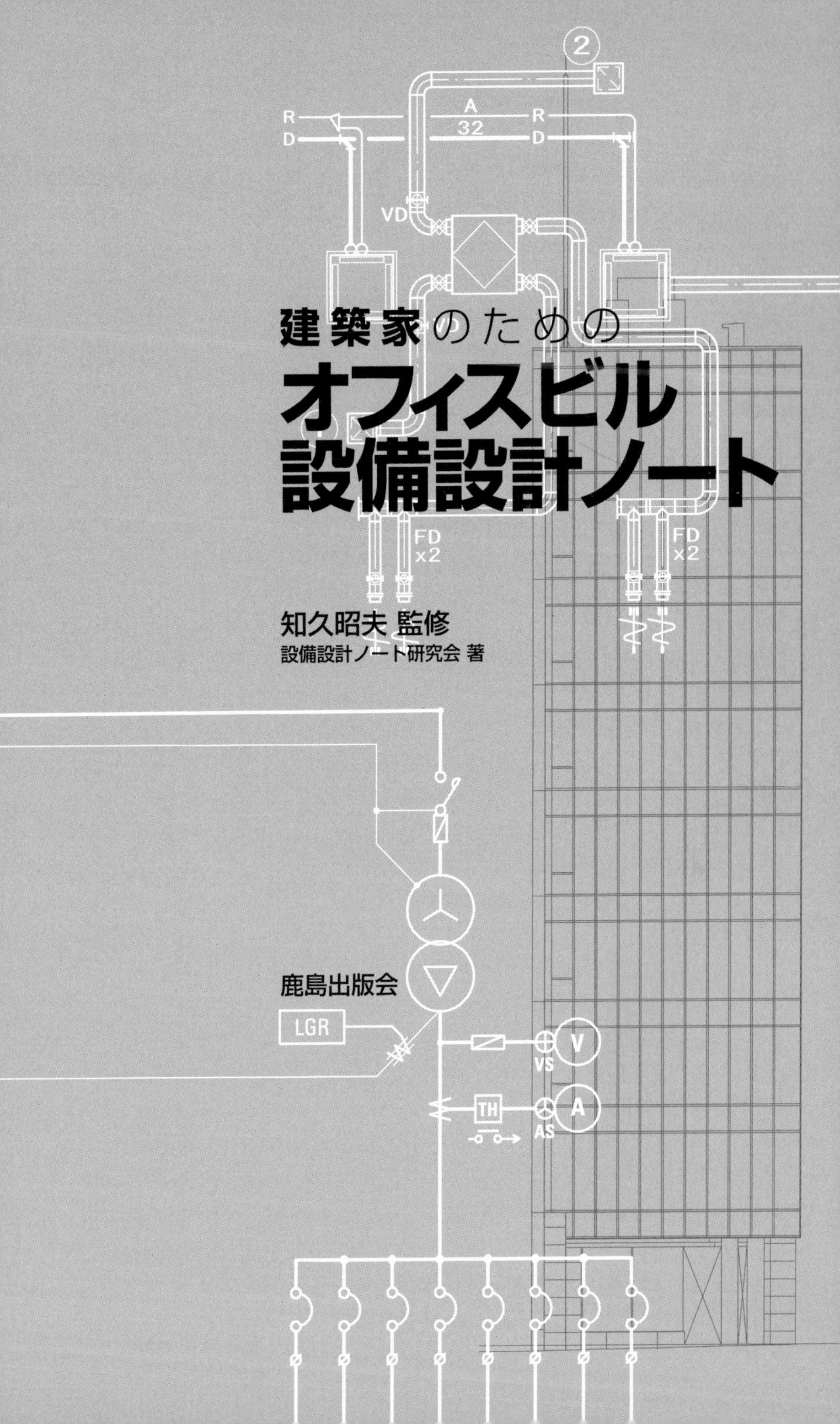

建築家のための

オフィスビル設備設計ノート

知久昭夫 監修
設備設計ノート研究会 著

鹿島出版会

はじめに

中小オフィスビルを設計しようとする建築家が、設計をまとめていく過程で設備関連スペースをどこにどれだけ配置してプランを検討したらよいのか迷うことがあるだろう。

通常は設計協力する設備事務所に依頼できる場合は、基本構想あるいは基本計画の段階で建築規模と建築の概要を伝えて設備の必要スペースを算出してもらい、それを計画プランに当てはめてまとめることとなる。しかし、まだ依頼できる設備事務所が決定していなかったり、事務所建築の実績がない若い建築家はどのように設備スペースを配置すべきなのか迷うことであろう。そのような建築家のためになる設備設計ノートをまとめることとした。中小オフィスビルといっても漠然としており、設計事務所の規模によってその判断に大きな違いが出ると思われるが、本書では1つの判断として新しい省エネルギー基準（平成25年9月交付の一次エネルギー消費量算定方式）に関わる規模を参考に、モデル建物法が適用となる延床面積300㎡から5,000㎡までを中小規模と仮定してまとめることとした。

設備設計の流れ

中小オフィスビルを設計する場合、建築計画に合わせて、設備設計の検討を進めていくことになる。

[インフラ調査]

まず敷地が確定し、建築の地階の有無と階数と、各階の大まかなプランが決まってくる。設備設計を進めるにあたり、まずはインフラ調査のために、水道局、下水道局、電力会社、通信会社、ガス事業者などに出向き敷地周辺インフラの情報を入手する。この段階では、概略の電力使用量、給水使用量などを想定してインフラ事業者との打合せに臨む。

[法チェック]

次に階数と各階の床面積と構造を前提に法チェックを行い、これらのチェック資料をもとに各都道府県市町村の建築指導課または確認申請機関および所轄の消防署などに打合せに出向く。

[設備室の検討]

インフラの調査と法チェックに基づく役所との打合せの後に、建築プランにかかわる受水槽室、消火ポンプ室、電気室などの必要スペースを算出し、設置場所を屋内外どちらにするかなどの検討を行う。同時に排煙設備を自然排煙とするか機械排煙とするかを決定することも重要である。

[各種設備システムとスペースの検討]

次に給水システムと排水方式を決定し、給排水衛生設備のパイプシャフトの配置と大きさを決める。

また、空調システムを検討し、空調の屋外機の設置位置を決め、屋内機を空調機械室設置、壁ビルトイン、天井内設置のどの形式で設置するか決める。同時に空調設備関連のパイプシャフトの配置と大きさを決める。

次に換気設備システムを検討し、居住人員から必要換気量を算定し、換気機器（送排風機または全熱交換器組込換気扇）の台数と給排気ダクトルートと給排気ガラリまたはベントキャップの位置を想定する。また、トイレや給湯室の換気方式も検討し、そのルートを仮定する。上記の換気ダクトは基本的には各階処理を原則とするが、1階あるいは地階に飲食店が計画される場合の厨房排気ダクトは屋上まで立ち上げるダクトシャフトを検討する。

電気に関しては受電方式を低圧受電とするか高圧受電とするかの検討が最も重要である。高圧受電方式の場合は、受電用の高圧キャビネットを敷地内のどこに設けるのか、キュービクルは屋内外どちらに設置するのか、屋外設置の場合は地上か屋上かの検討を建築設計者と打ち合わせる。その結果に基づき電気シャフトの位置と大きさを検討する。

[設備設計の検討と修正]

以上の作業が設計の流れのなかで繰り返され、入れ替わり、前後していく。場合によっては設備システムを再検討し、必要な資料をつくり直すことも多い。

建築設計・構造設計と繰り返し打合せを重ねながら全体を収れんさせていくうちにすべての設備設計がまとまっていく。

[中小オフィスビルの特徴]

2章以降にわれわれが普段から用いている標準的な資料による具体的な検討手法を整理した。中小オフィスビルを対象にまとめたものであるために、大規模建築に使用される設備システムは除外してあることをお断りしておく。

とくに空調設備に関しては、空気熱源ヒートポンプ空調方式に特化した記述であることをお断りしておく。ただし使用エネルギーは電気とガスが利用可能である。灯油を使用したヒートポンプエアコンは送油システムに難点があることと、製造メーカーが減少傾向にあるために本書からは除外した。

また、事務所ビルの給湯室は湯の使用量が少なく、給湯能力の高いガス湯沸かし器を設置することがほとんどなく、電気温水器による局所給湯が一般的であるために、給湯室にはガス設備はないものとした。しかし、空調用熱源にガスエンジンヒートポンプを使用する場合、および地下あるいは1階に飲食店が入る場合はガスの引込を考える。

また、中小オフィスビルに設置される屋内消火栓用の電源設備は、キュービクルを消防署認定の専用受電設備で対応することが一般的であり、非常用発電機設備を設置することは少ないので除外した。

太陽電池、太陽熱温水器、風力発電設備、蓄電池設備などは設置例がそれほど多くないことと、今後の技術発展が目覚ましいことなどを鑑み、今回は除外することとした。

小規模オフィス設備設計ノート 目次：

1 敷地の確認ならびにインフラ調査

建設用地の確認は図面のみでは不十分で、現地での周辺道路の確認が重要である。前面道路の各種マンホールならびに電柱などにより、おおまかに水道、下水、都市ガス、電気、電話の敷設の有無の確認が可能である。

次に実際の諸官庁や事業者に赴き各種インフラ設備の調査を行う。水道局、下水道局は役所であり、地域によって供給条件が異なる場合が多いので慎重に打合せをする必要がある。下水道や都市ガスは比較的容易にインターネット上で周辺道路の敷設状況が入手できるが、水道本管の敷設状況は個人情報保護法の問題から調査担当者の記載登録などが必要となることがあるので、インターネットによる入手は難しい。

給排水衛生

給排水衛生設備現地調査

給排水衛生設備の現地調査では下記の内容を確認する。

[排水配管の設置状況]

本管の位置を前面道路のマンホールなどより推測する。

[公設桝の位置、埋設配管のサイズ、高さ]

既設の最終桝を開放させ、深さ、配管サイズを測定する。

[量水器の埋設状況と量水器サイズ]

計画敷地に既設で水道使用量を測定する量水器が設置されている場合がある。その場合は量水器のメーターサイズより分岐サイズを記録する。

給水設備の事前協議

給水設備は計画地を管轄する水道局にて事前協議を行い、給水計画に必要な情報を把握する。なお、給水計画は建築計画にともない、あらかじめ給水方式を想定し、事前協議に行く（給水方式については64ページを参照）。

水道局では給水接続方法および給水計画、量水器の設置方法などを確認する。とくに量水器の加入金、負担金は各地域により金額が異なるため、施主に給水方法および負担金などの金額を報告することが望ましい。

給水方法の想定には本管水圧を確認することがとても重要となる。近年では水道本管の水圧が十分な場合、特例として水道直結にて接続できる場合もあるため、水道局と協議する際は、水圧調査の依頼ができるように施主に委任状をもらい、水圧調査依頼書をその場で作成できるようにすることが望ましい。調査報告書は通常約1～2週間かかる。

排水設備の事前協議

排水設備は計画地を管轄する下水道局にて事前協議を行う。地域により排水方法が異なるため、雑排水と雨水排水の分流の有無を確認する必要がある。また、近年ではインターネットにより下水道台帳が掲載されている地域もあるため、下水道局のホームページも確認する必要がある。雨水排水設備では宅内処理の方法を指定する地域もあるため、資料などを確認すること。

ガス設備の事前協議

ガス会社に連絡を取り、本管からの分岐サイズ、埋設状況などを確認することが一般的である。地域によっては都市ガスが利用できず、プロパンガスによる供給となる場合があるので注意が必要となる。

今後、ガス自由化および電力自由化にともない、電力供給との割安契約などにも注意すること。

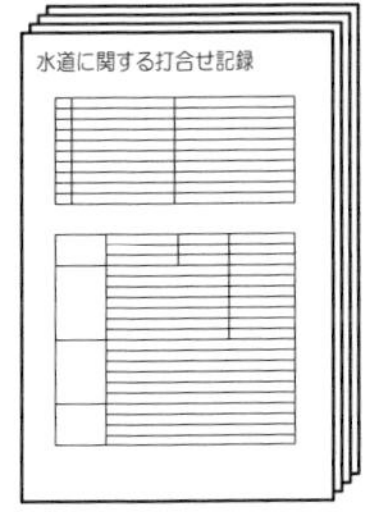
水道に関する打合せ記録

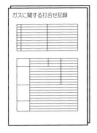

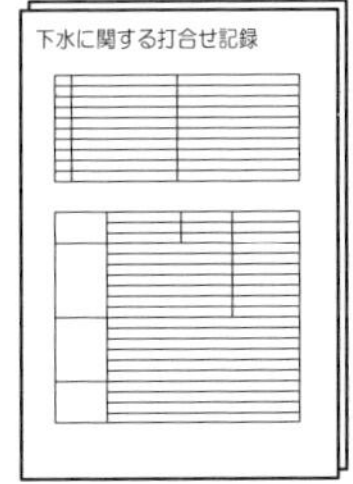
下水に関する打合せ記録

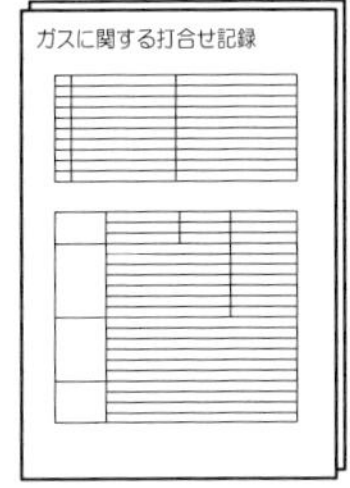
ガスに関する打合せ記録

図１　事前協議 議事録

事前協議の際には用紙を持参のうえ、必要事項を確認し、議事録を作成する

(用紙については 184 〜 191 ページを参照)

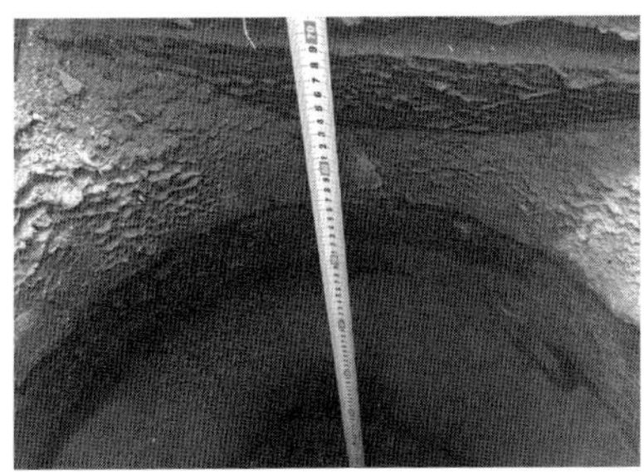
写真１　排水管の調査

写真２　ガス配管の調査

図２　最終桝の管底高さの確認

図３　ガス配管の埋設位置確認

電力

引込電圧の確認

建物で使用する電源には照明やコンセントなどで使用する電灯電源と、エレベーター、ポンプ、大型空調機などで使用する動力電源の2種類がある。これらの電源契約容量の合計が50kW以上で高圧引込、50kW未満で低圧引込となる。近年のオフィスビルはOA化されることが多く、必要な電源容量も増加していることから、今回のモデルケースとなる中小オフィスビル規模では高圧引込になる場合がほとんどだろう。電力市場も自由化され、電気を購入する会社を選ぶことができるが、本書では電力会社との事前協議について記す。

現地調査

電力会社との事前協議の前に現地調査を行い現地配線網を確認する。電力の引込方法として、電柱から電力を架空で引き込む架空引込と、地中に埋まっている電力配線から引き込む地中引込の2種類がある。基本的には電柱の有無を確認すればその地域の引込方法が判別できる。電柱に電力配線、変圧器などが設置されていることを確認する（写真1）。電柱には管轄する電力会社の番号札が取り付けられているので、敷地周辺の電柱番号を控え電力会社協議に臨む（写真2）。

地中引込地域では変圧器を収納しているパットマウント（写真3）や電力会社ハンドホール（写真4）があるので、それらの有無で敷地が地中引込地域かどうか確認することができる。

電力会社協議事項

電力会社とはおもに以下の点について協議を行う。

[引込方法と設置機器]

架空引込か地中引込か確認し、設置する機器を確認する（各引込方式については90ページを参照）。

[受電設備電気容量]

設置する受変電設備の電灯、動力変圧器の容量を電力会社に伝える（概算値の求め方は92ページを参照）。

[計器類の取扱]

電力量計、変成器の取付位置を電力会社と協議し決定する。設置場所としてはキュービクル内や引込柱に設置することが一般的である。計器、計器用変成器は検針・保守メンテナンスが行えるよう適切な通路幅が求められるので協議時に確認する。

[受電日]

計画建物における電力受電日の時期（一般的に竣工日の1カ月前）を電力会社に伝え、電力会社側の送電計画に問題がないか確認する。

[電柱移設]

計画建物出入口前に電柱があり出入の支障となる場合などでは、電柱の移設の可否、移設場所、移設費用に関して協議を行う。

写真１　電力会社電柱

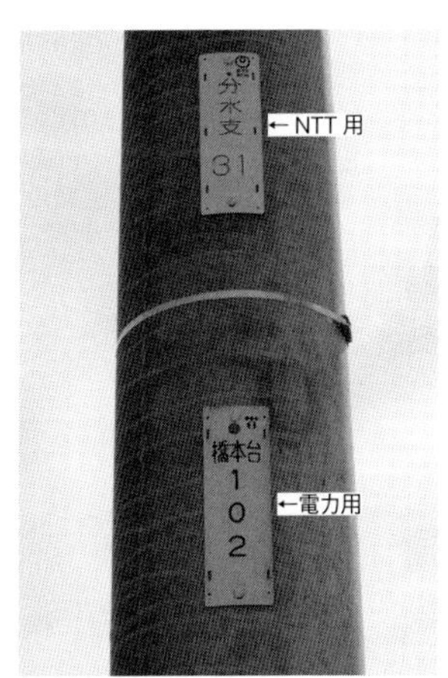

写真２　電柱番号

写真３　パットマウント

写真４　電力会社ハンドホール
（電力会社のマークが付いている）

通信

引込方法の確認

電力引込と同様に、引込方法としては架空引込と地中引込の2種類がある。現地調査を行い計画地がどちらの方式となるか確認する。架空引込地域では電柱があり、配線を分岐する箱（写真1）が設置されている。地中引込地域では電話会社ハンドホール（写真2）の有無を確認する。

電話会社協議事項

電話会社とはおもに以下の点について協議を行う。

[引込方法]

架空引込の場合は通信会社の電柱番号を、地中引込の場合はハンドホールの位置をそれぞれ伝える。

[引込配管サイズの確認]

建物に引き込む電話回線数により引込配管サイズが異なるため、設計で想定している電話回線数（電話回線数の算定については104ページを参照）を伝え、その回線数に対応する引込配管サイズを確認する。

[MDF内設置機器の確認]

電話引込の場合、MDF（本配線盤）内に設置される端子をもって電話会社と需要家との責任分界点となる。MDF内にはそのほかに異常電圧から屋内機器を保護するため保安器が設置される。電話会社には引込回線数に応じたMDFの大きさを確認する。

光回線の調査

一般的には電話会社が光回線も供給しているため、電話会社協議時に光回線についても協議を行う。電話会社と異なる光回線事業者を選択する場合は、個別に光回線事業者に連絡し、引込配管サイズ、設置する光機器の大きさを確認する。

テレビ放送の種類

テレビ放送における電波受信方法はアンテナと有線があり、アンテナによる電波受信では地上波デジタル放送や衛星放送（BS/CS）、有線による電波受信ではケーブルテレビや光回線放送といった種類がある（電波受信方法については106ページを参照）

テレビアンテナの調査

アンテナならびに有線による受信が可能であるかを現地で確認する。

アンテナ受信における確認項目は、電波受信方向に電波を遮るような高い建物がないか、周囲の建物がアンテナ（写真3、4）を有しているかの2点である。周辺建物が有していれば供給元から電波が届いているといえる。一方、有線における確認項目は、計画地において供給サービス会社の供給ケーブルが電柱などに敷設されているかである。

現地での確認がとれない場合や判断ができない場合は、各放送供給会社へ問合せを行い、電波状況、サービス状況の確認を行う。

写真１　配線を分岐する箱

写真２　電話通信会社ハンドホール
（電話通信会社のマークが付いている）

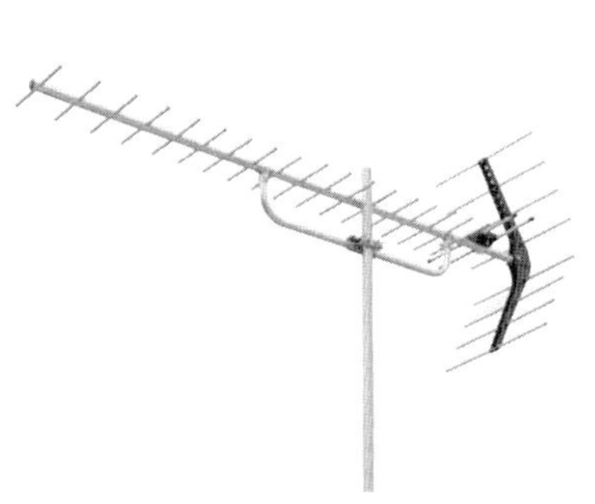

写真３　地上波デジタル放送に使用する UHF アンテナ

写真４　衛星放送に使用するパラボラアンテナ

各種法規チェック

設備設計に関連する法規は各種あるが、とくに重要なものに、建築基準法関連（施行令、告示を含む）、消防法、エネルギーの使用の合理化に関する法（省エネ法）、建築物における衛生的環境の確保に関する法（ビル管法）、水道法、下水道法、ガス事業法、騒音規制法、電気事業法などがある。これらの法律のうち最も重要なものが最初の３つである。

なかでも設備設計に関する重要項目は、建築基準法関連では給排水衛生設備、換気設備、排煙設備、非常用照明、避雷針設備である。つぎの消防法関連では、消化器設備、屋内消火栓設備、連結送水管設備、連結散水設備、誘導灯・誘導標識設備、自動火災報知器設備、非常警報設備である。また一次エネルギー基準による省エネ法も設計上非常に重要な項目となってきている。

給排水衛生設備

受水槽の保守点検スペース

昭50建告第1597号

受水槽の保守点検スペースについては、条例に従うほか、設置の屋内・屋外に関係なく、受水槽の下部および周囲に0.6m、上部に1.0mを確保する必要がある（図1）。

建物内に受水槽を設ける際に、柱や梁のために上記の寸法の確保ができないことがある。対応策として受水槽室の大きさの変更、受水槽の形状の変更などが考えられるが、わずかな部分に関する問題にもかかわらず、プランおよびコストの影響が大きい。このような場合、下記の対策を講じたうえで確認申請の申請窓口へ確認を行うと承認される場合が多い（図2）。

- 柱、梁の部分は人が通ることができる
- 柱、梁の部分の受水槽の状況を目視で確認ができる
- 受水槽パネルの設置・交換のための施工スペースが確保してある

建物内の受水槽室を通る配管

昭50建告第1597号

建物内に受水槽を設ける場合は、メンテナンススペースの確保に加え、受水槽室を飲料水以外の配管（以下「他の配管」という）が通ることがないように上階の水回りの計画を行う必要がある。これは、他の配管が破損し漏水した場合の、飲料水汚染を防ぐためである。

他の配管には、大便器・小便器からの汚水管、大便器・小便器を除いた衛生器具からの雑排水管（受水槽室内の専用の排水管は除く）、排水再利用水設備の配管、空調配管などがある。

消火管（屋内消火栓、スプリンクラー）が受水槽の上を通ることは望ましくないが、上水を水源とする場合は衛生上支障がないと考えることができるので、確認申請審査機関などの申請窓口に確認する。

なお、他の配管は受水槽室の外で配管を行うことが基本であるが、計画上、施工上やむを得ず他の配管が通る場合の対策例として下記の方法がある。

- 受水槽の上部を他の配管が通る場合は、上部スラブを下げて、床上配管とする（図3）
- 受水槽の側部を他の配管が通る場合は、原則として、漏水しない構造の間仕切壁を設け区画する

漏水が発生した場合の対処方法として、漏れた水を受ける防水パンの設置が望ましい（図4）。

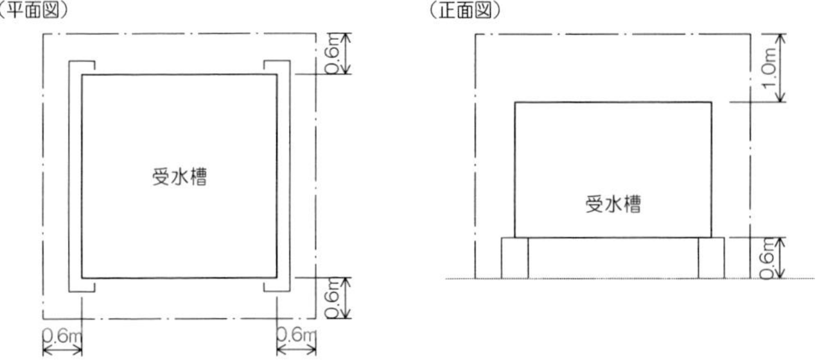

図１　受水槽のメンテナンススペース

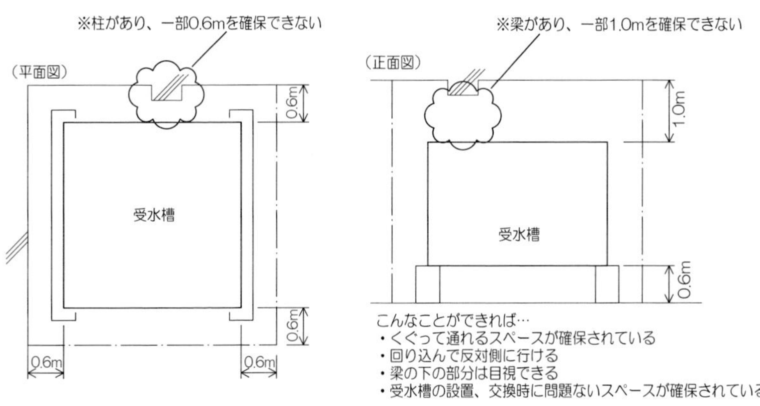

図２　建物内に受水槽を設ける場合のメンテナンススペース

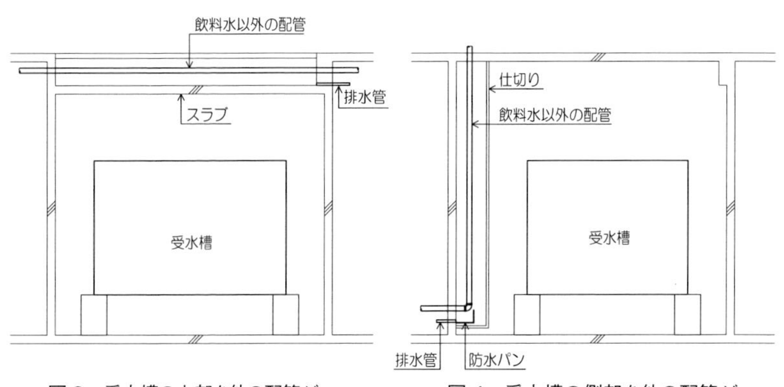

図３　受水槽の上部を他の配管が貫通する場合

図４　受水槽の側部を他の配管が貫通する場合

給排水管等の防火区画等の貫通

令129条の2の5第1項、昭62建告第1900号、平5建告第1426号、平12建告第1422号

給水管、配電管、排水管、通気管（以下「給水管等」という）が準耐火構造等の防火区画等（表1）を貫通する場合は、貫通部に出火場所からの延焼を防止するための措置を講じる必要がある。具体的な延焼防止措置を以下に示す。

[貫通部分周辺を不燃材料とする場合]

防火区画等の貫通部分および貫通部からそれぞれ両側に1m以内の距離にある部分に、鋼管などの不燃材料でつくられた配管材料を使用すれば、それ以降は不燃材料以外の配管とすることができる（図1）。

[外形の小さい管を使用する場合]

管の外径については用途、材質などに応じ、平12建告第1422号に規定された数値未満の配管を使用する（表2）。

本告示の適用は、上記の［貫通部分周辺を不燃材料とする場合］の条件を緩和するものであり、不燃材料以外（硬質塩化ビニルまたは難燃材料）についても表2の条件を満足することで使用可能となる。

排水管および排水管に付属する通気管は、難燃材料または硬質塩化ビニル製であっても、厚さ0.5mm以上の鉄板で覆えば、外径の大きいものも使用することができる。

規定された硬質塩化ビニル管は下記の通り。

- 硬質ポリ塩化ビニル管（JIS K 6741）のうちのVP管
- 水道用硬質ポリ塩化ビニル管（JIS K 6742）
- 耐衝撃性水道用硬質ポリ塩化ビニル管（HIVP）（JIS K 6742）
- 耐熱性硬質ポリ塩化ビニル管（JIS K 6776）

例外として、呼称寸法未満の給水管等については、JISに適合した硬質塩化ビニル管であれば、表中の肉厚に満たなくても同一の性能を有しているものとして取り扱うことができる。

配電管に用いる硬質塩化ビニル電線管、排水管などに用いる硬質塩化ビニル管のうち、VP管（塩ビ厚肉管）は、本基準と同一の性能があると考えられるが、VU管（塩ビ薄肉管）は基準を満たしていないため該当しない。

これらの措置は、火災時に配管などを通じて延焼を防止するためのものであるので、配管と防火区画などの隙間は振動などにより欠落が生じないようにモルタルなどの不燃材料で充填すること。

表1　防火区画等

<table>
<tr><th colspan="3">条項</th><th>見出し</th></tr>
<tr><td>1</td><td colspan="2">令第 112 条第 15 項</td><td>準耐火構造の防火区画</td></tr>
<tr><td>2</td><td colspan="2">令第 113 条第 1 項</td><td>防火壁</td></tr>
<tr><td rowspan="3">3</td><td rowspan="3">令第 114 条</td><td>第 1 項</td><td>界壁</td></tr>
<tr><td>第 2 項</td><td>間仕切壁</td></tr>
<tr><td>第 3 項、第 4 項</td><td>隔壁</td></tr>
<tr><td colspan="4">令第 115 条の 2 の 2 第 1 項第一号に適合する準耐火構造の床、壁または特定防火設備で区画されたパイプシャフト、パイプダクトなどを除く。</td></tr>
</table>

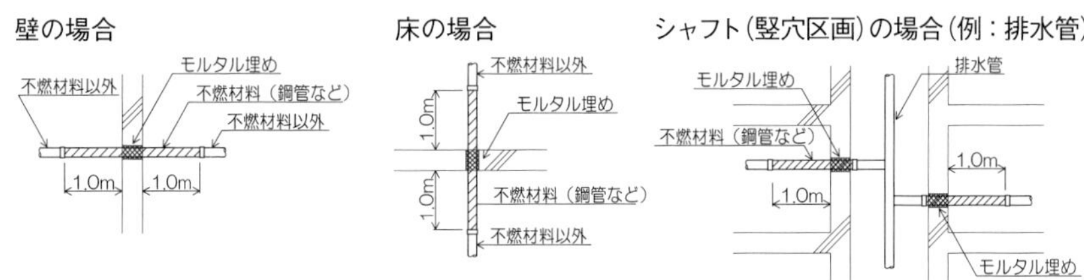

図 1　防火区画貫通部分周辺の配管材料

表 2　硬質塩化ビニル管などの防火区画等の貫通

<table>
<tr><th rowspan="3">配管の用途</th><th rowspan="3">覆いの有無</th><th rowspan="3">材質</th><th rowspan="3">肉厚</th><th colspan="4">給水管等の外径</th></tr>
<tr><th colspan="4">給水管等が貫通する床、壁、柱または梁などの構造区分</th></tr>
<tr><th>防火構造</th><th>30 分耐火構造</th><th>1 時間耐火構造</th><th>2 時間耐火構造</th></tr>
<tr><td rowspan="2">給水管</td><td rowspan="2"></td><td rowspan="2">難燃材料または硬質塩化ビニル</td><td>5.5mm以上</td><td colspan="4">90mm（VP75）</td></tr>
<tr><td>6.6mm以上</td><td colspan="3">115mm（VP100）</td><td>90mm（VP75）</td></tr>
<tr><td>配電管</td><td></td><td>難燃材料または硬質塩化ビニル</td><td>5.5mm以上</td><td colspan="4">90mm（VE82）</td></tr>
<tr><td rowspan="6">排水管および排水管に付属する通気管</td><td rowspan="3">覆いのない場合</td><td rowspan="3">難燃材料または硬質塩化ビニル</td><td>4.1mm以上</td><td colspan="4">61mm（VP50）</td></tr>
<tr><td>5.5mm以上</td><td colspan="3">90mm（VP75）</td><td>61mm（VP50）</td></tr>
<tr><td>6.6mm以上</td><td colspan="2">115mm（VP100）</td><td>90mm（VP75）</td><td>61mm（VP50）</td></tr>
<tr><td rowspan="3">厚さ 0.5mm 以上の鉄板で覆われている場合</td><td rowspan="3">難燃材料または硬質塩化ビニル</td><td>5.5mm以上</td><td colspan="4">90mm（VP75）</td></tr>
<tr><td>6.6mm以上</td><td colspan="3">115mm（VP100）</td><td>90mm（VP75）</td></tr>
<tr><td>7.0mm以上</td><td colspan="2">141mm（VP125）</td><td>115mm（VP75）</td><td>90mm（VP50）</td></tr>
</table>

1. 上表において、30 分耐火構造、1 時間耐火構造および 2 時間耐火構造とは、通常の火災時の加熱にそれぞれ、30 分間、1 時間および 2 時間耐える性能を有する構造をいう。
2. 給水管等が貫通する令第 112 条第 10 項ただし書きの場合における同項ただし書きの庇、床、袖壁そのほかこれらに類するものは、30 分耐火構造とみなす。
3. 内部に電線などを挿入していない予備配管にあっては、当該管の先端を密閉してあること。

[国土交通大臣の認定工法とする場合]

令第129条の2の5第1項第七号イ、ロの規定が適用できない場合は、国土交通大臣の認定を受けた工法とする必要がある。具体的な工法を以下に示す。

・耐火二層管による工法

配管材料を繊維混入セメントモルタル被覆合成樹脂管（耐火二層管）とする工法。排水用耐火二層管は不燃材料でないため、排水用耐火二層管を防火区画等の貫通に用いる場合は、令第129条の2の5第1項第七号ハに基づく大臣認定を取得した製品を使用し、その製品の認定条件の範囲内で施工しなければならない（図2）。

・熱膨張シート巻き工法

配管に熱膨張シートを巻き付ける工法。火災時に熱膨張シートが膨張し塩化ビニル管をつぶすことで開口部が塞がれ、延焼を防止する（図3）。

・耐火塩化ビニル管による工法

硬質塩化ビニル管を二重管とし、中間層に熱膨張材を充填させた配管を用いる工法。火災時の延焼防止方法は、熱膨張シート巻き工法と同様である。

区画貫通部から1m以内の範囲で使用し、それ以降は硬質塩化ビニル管を使用することが可能である。継手は、従来工法の鋼管または、特殊な配合を行って耐火性能を持たせた耐火VPを使用したものとする必要がある。

軽量なため施工しやすい、遮音性能は従来工法と同等であるなどの特徴がある。ただし、伸縮処理を行うなどの注意が必要となる。

これらの措置は、火災時の配管などを通じた延焼を防止するためのものであるので、配管と防火区画等との隙間は、振動などにより欠落が生じないようにモルタルなどの不燃材料で充填すること。

[貫通部分を不燃材料で配管する場合]

給排水管等の防火区画等の貫通部分およびその両側1m以内の部分を不燃材料で配管する場合は、下記に注意する。

・防火区画等の貫通部から器具接続までが1m以内の場合は、器具接続部分までを不燃材料とすること。
　なお、便器接続管は、器具付属品とみなし、不燃材料以外のものとすることができる（図4）

・給排水管等が令第112条第10項に規定する防火区画に該当する外壁の部分（スパンドレル部）を貫通する場合は、その前後1m以内を不燃材料とすること（図5）

[3時間耐火構造部を貫通する配管等]

3時間耐火構造を要求される防火区画を硬質塩化ビニル管などが貫通することは、令第129条の2の5に適合しないので認められない。

当該壁、梁を貫通する場合においては、貫通部分を令第129条の2の5第1項貫通部分を不燃材料の配管でつくるか、または、同号ハの規定に基づく大臣認定工法としなければならない。

壁貫通の場合

排水竪管

器具へ

1m

PS貫通部から1mの範囲

※斜線部：耐火二層管

壁貫通の場合

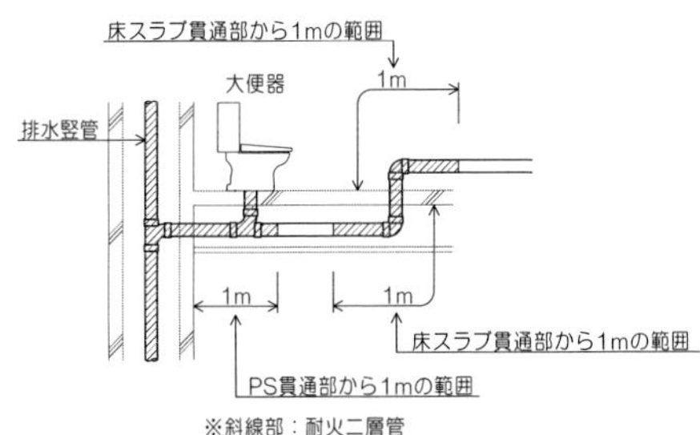

図２　耐火二層管による工法

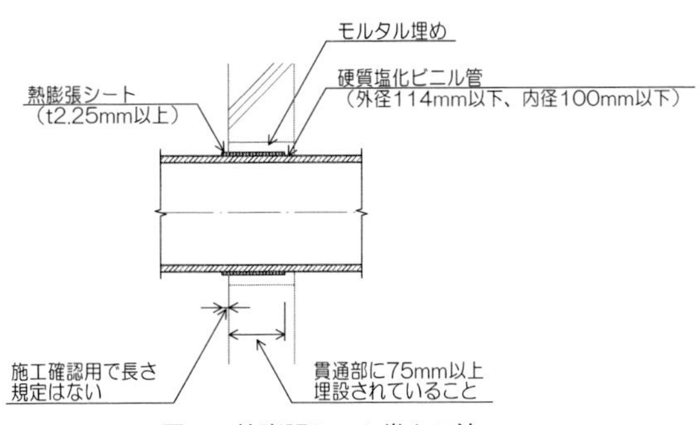

図３　熱膨張シート巻き工法

例：洋風大便器

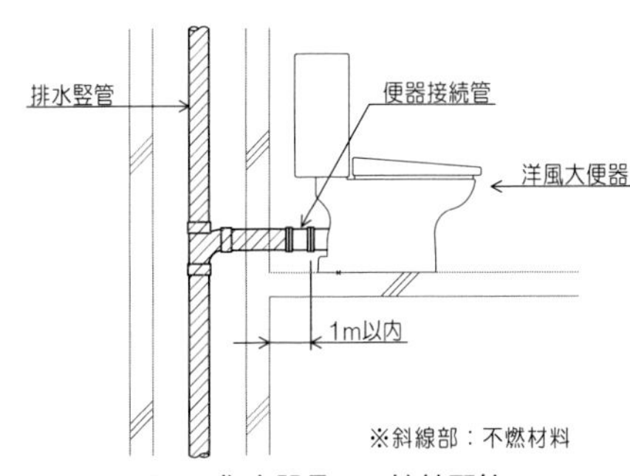

図４　衛生器具への接続配管

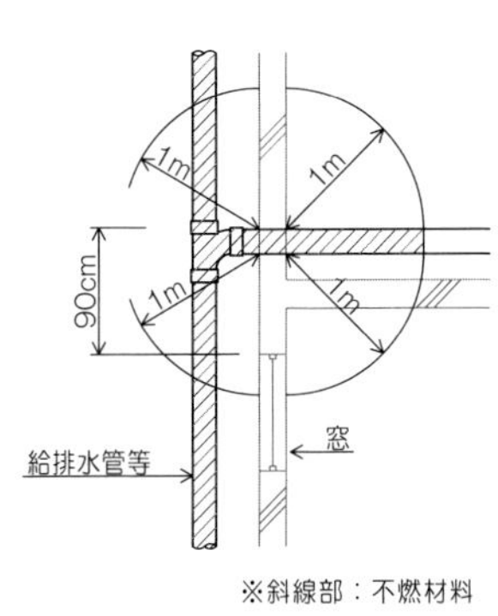

図５　スパンドレル部の貫通

換気設備

居室の換気

法第28条、令第20条の2、
令第129条の2の6、昭45建告第1826号

換気方式には自然換気方式と機械換気方式がある。自然換気方式は、窓などの開閉可能な開口を設けて換気を行う方式で、居室では床面積の1/20以上の面積にあたる換気に有効な開口を設ける必要がある。機械換気方式は、無窓居室など、自然換気とすることが難しい場合に、機械によって強制的に換気を行う方式である。

機械換気方式の有効換気量は $V=20Af/N$ で表される。

V：有効換気量（m^3/時）

Af：床面積（m^3）

N：1人当たりの専有面積（m^2）

（事務所：5 m^2）

オフィスは空調機により冷暖房を行うため、換気のために有効な窓などの開口部があっても、これらを使用しないことが想定されるので、無窓居室と同じ扱いとして換気量を決定する。

ミニキッチンの換気設備

オフィスの給湯室などでIHコンロなどの電気式コンロを設置する場合、その室は火気使用室とはみなされず法第28条による換気設備の設置は適用されない。しかし熱、水蒸気、臭気などを排出するために換気設備を設けることが望ましい。この場合の有効換気量は200 m^3/時程度を目安とする。

シックハウス対策にかかわる換気設備

法第28条の2第三号、令第20条の5～9、
平14国土告第1112号、平14国土告第1113号、
平14国土告第1114号、平14国土告第1115号、
平15国土告第273号、平14国土告第274号

内装の仕上げなどの建築資材や家具から発散されるホルムアルデヒドや揮発性有機化合物（VOC）などの化学物質が原因で、体調を崩す病気をシックハウス症候群という。この病気を防ぐため、クロルピリホスとホルムアルデヒドは使用が規制されており、とくにクロルピリホスは添付された建材の使用を禁止されている。

対象となるのは、すべての居室（法第2条第4号）である。オフィスにおいては、事務室、会議室、ロビーなどが対象となる。また、廊下、トイレなどが換気の経路となっている場合は、居室と一体の空間としてみなされるため、居室と同様に建材に対する対策や換気設備による対策が必要となる（図1、表1）。

ホルムアルデヒドを含む建材を使用する場合は、下記の3つのすべての対

策が必要である。

[内装仕上げの制限]

居室の種類および換気回数に応じて、内装仕上げに使用するホルムアルデヒドを発散する建材の面積を制限する。

[換気設備設置の義務付け]

内装仕上げなどにホルムアルデヒドを発散するおそれのある建築材料を使用しない場合でも、家具などからの発散の可能性があるので、原則としてすべての建物に機械換気設備を設置する。換気量は使用する建材に含まれるホルムアルデヒドの発散速度により異なるが、最低でも対象となる箇所の気積に対して0.3回/時が必要である。

[天井裏等の制限]

天井裏などから居室へのホルムアルデヒドの流入を防ぐため、下地材を発散の少ない建材とするか、機械換気設備を天井裏などに設置する。

第１種換気の場合（全熱交換機による第１種換気）

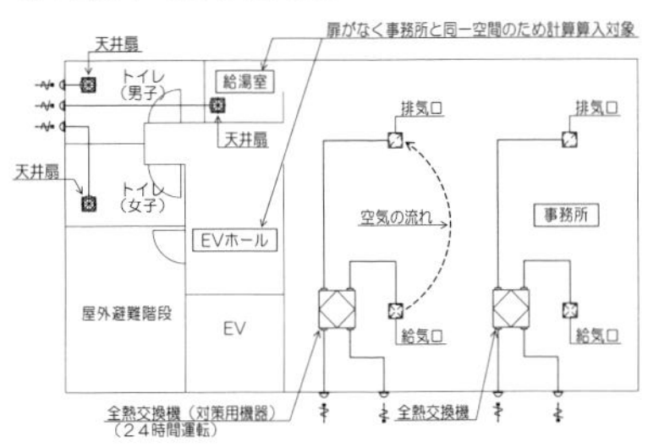

第３種換気の場合（「天井扇（排気機）＋給気口」による第３種換気）

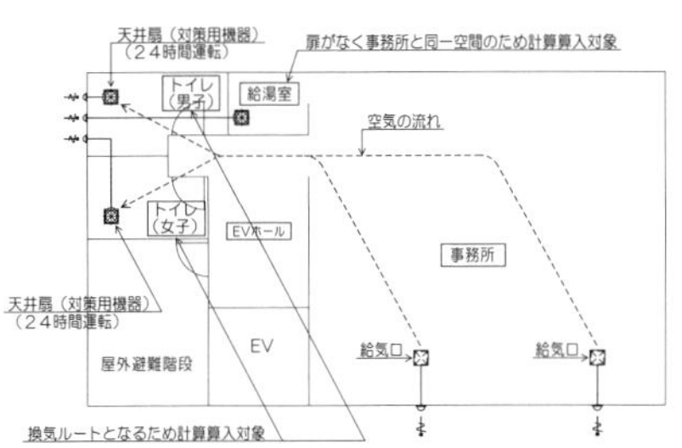

図１　シックハウス対策の対象となる箇所

表１　必要換気量算出例

必要換気量算出例（第１種換気の場合）

階数タイプ	室名	必要換気回数（回／時）	床面積（m²）	天井高（m）	室の容積（m³）	全般換気対象範囲	全般換気必要換気量（m³/時）	有効換気量（m³/時）	備考
2～9F	事務所	0.3	136.30	2.70	368.01	○	110.4	280.0	
	給湯室		4.00	2.40	9.60	○	2.9		
	ＥＶホール		10.80	2.70	29.16	○	8.7		
	トイレ（男子）		5.06	2.40	12.14	―	―		
	トイレ（女子）		3.96	2.40	9.50	―	―		
	合計		160.12		428.42		122.0	280.00	∴ OK

必要換気量算出例（第３種換気の場合）

階数タイプ	室名	必要換気回数（回／時）	床面積（m²）	天井高（m）	室の容積（m³）	全般換気対象範囲	全般換気必要換気量（m³/時）	有効換気量（m³/時）	備考
2～9F	事務所	0.3	136.30	2.70	368.01	○	110.4		
	給湯室		4.00	2.40	9.60	○	2.9		
	ＥＶホール		10.80	2.70	29.16	○	8.7		
	トイレ（男子）		5.06	2.40	12.14	○	3.6	70.0	
	トイレ（女子）		3.96	2.40	9.50	○	2.9	70.0	
	合計		160.12		428.42		128.5	140.00	∴ OK

ダクトの防火区画貫通処理

法第2条第6項・第36条、
令第112条〜第114条、
昭48建告第2563号第1・第2564号・第2565号、
昭49件告第1579号、
平12建告第1369号・第1376号・第1377号

[防火ダンパー]

防火ダンパーは火災時における空調・換気ダクト内での炎の伝播を防ぐことを目的としたダンパーで、一定温度になるとヒューズが溶けてダンパーが閉じる防火ダンパー（FD）と、熱感知器または煙感知器により電気的にダンパーを閉じる防煙防火ダンパー（SFD）がある。

空調・換気ダクトが、防火区画等を貫通する場合には、貫通部分または近接する部分に防火ダンパーを設ける必要がある（図1）。また、延焼のおそれのある部分において、外壁の開口面積が100c㎡を超える場合（丸形ダクトサイズφ125mm以上）は防火ダンパーを設ける必要がある（図2）。

また、防火ダンパーを設置する際には保守点検が容易に行えるように、一辺の長さが450mm以上の点検口を防火ダンパーに近接した天井または壁に設ける必要がある。なお、ダクトの防火区画などの貫通箇所の近くに換気用ファンが設置される場合には、防火ダンパーの点検口と換気用ファンの2つの点検口が必要になる。このような場合には、防火ダンパーをファンの点検口の近くに設置し、ダクトの防火区画などの貫通部から防火ダンパーまでを厚さ1.5mm以上の不燃材料とすることで必要な点検口を1つに減らすことができる（図3）。

[温度ヒューズの作動温度]

防火ダンパーに用いる温度ヒューズの公称作動温度は、一般の空調・換気に用いる防火ダンパーでは72℃、湯沸室、厨房などの火気を使用する室の換気に用いる防火ダンパーでは120℃とする。

オフィスにおいて、湯沸室に設置されるコンロは、IHコンロなどの電気コンロとする場合が多い。この場合、湯沸室は、火気を使用する室とは見なされず、設置される換気設備も一般換気となり、防火ダンパーの作動温度は72℃となる。ただし、確認申請窓口や所轄消防から120℃とするよう指導される場合があるので事前に確認することが望ましい。

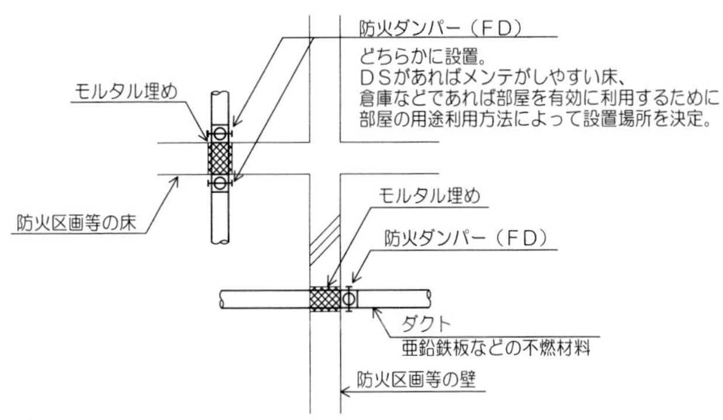

図１　防火ダンパー（FD）

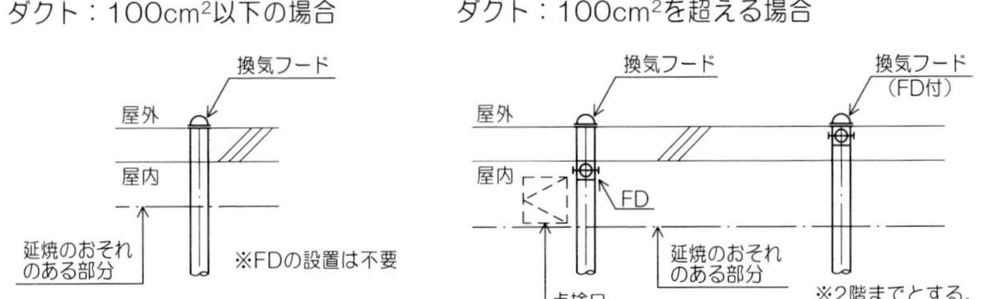

図２　延焼のおそれのある部分の防火ダンパー

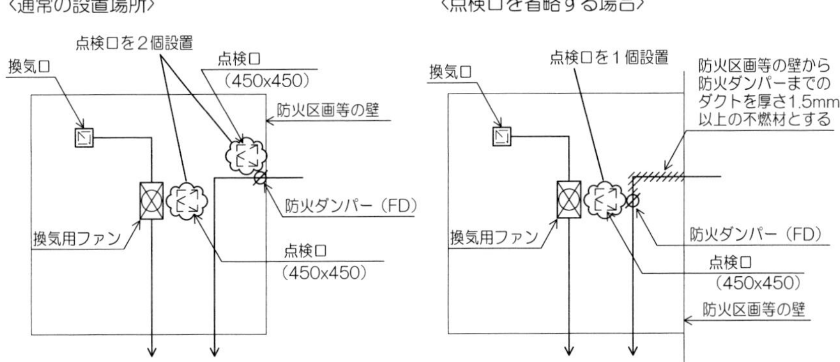

図３　防火ダンパーの設置場所

[煙感知器連動防火ダンパーの煙感知器設置場所]

煙感知器（熱煙複合式感知器を含む）は、原則として間仕切壁などで区画された場所で、当該ダンパーにかかわる風道の換気口などがある場所に設置しなければならない。

しかし、次に挙げる場所は、火災警報が発生するおそれがあるので避ける必要がある。

①換気口などの吹出口に近接する場所
②塵埃、微粉または水蒸気が多量に滞留する場所
③腐食性ガスの発生するおそれのある場所
④厨房など、正常時において煙などが滞留する場所
⑤排気ガスが多量に滞留する場所
⑥煙が多量に流入するおそれのある場所
⑦結露が発生する場所

②～⑦の場所を空調・換気する場合には、煙感知器連動のダンパーの設置場所を変更したり、設置が必要なダンパーの数が多くならないようにダクトルートを計画する必要がある。なお、やむを得ず厨房、湯沸室などの換気ダクトを縦系統で計画する場合は、当該場所と隣接した部分に煙感知器を設置し、防火防煙ダンパーを防火区画貫通部に設置する（図4）。

自動火災報知設備における煙感知器は、火災時に器具の中に煙が進入することによって、光源ランプからの一定方向であった光束が散乱することを光電素子で検知し発報する。熱感知器は、火災時の温度上昇による器具内のダイヤフラムの膨張やバイメタルの変形を検知し発報する。

こういった感知器の機能上、火災時に感知器周辺の環境を乱されることは望ましくないため、感知器は空調設備や換気設備の吹出口から離して設置する必要がある。感知器と換気設備吹出口の離隔距離は吹出方向に関係なく、1.5m以上確保する必要がある。

[スパンドレルを貫通するダクト]

防火区画の壁や床に接する外壁部分に設けられたスパンドレル（当該防火区画を含み幅900mm以上を準耐火構造、または外壁面から500mm以上突出した準耐火構造の庇、床、袖壁など防火上有効に遮られているもの）をダクトが貫通する場合には、貫通部分に防火設備（防火ダンパー）を設けなければならない（図5）。

[面積区画等を貫通するダクト]

防火壁、界壁、間仕切壁および隔壁などの区画を貫通するダクトには、温度ヒューズ、熱感知器または煙感知器（熱煙複合式感知器を含む）連動のうちのいずれかの防火ダンパーを設ける。

[異種用途または竪穴区画を貫通するダクト]

異種用途区画または竪穴区画を貫通するダクトには、煙感知器連動防煙ダンパー（SD）を設ける必要がある。ただし、当該区画をダクトが貫通する

例：湯沸室系統

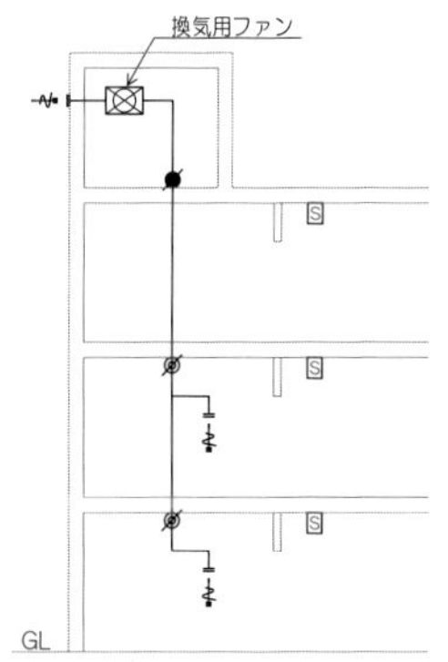

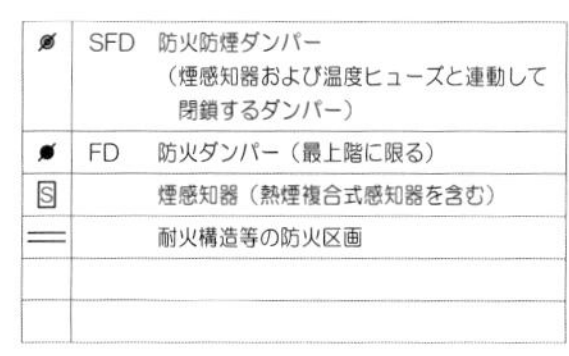

⌀（黒塗り）	SFD	防火防煙ダンパー（煙感知器および温度ヒューズと連動して閉鎖するダンパー）
●	FD	防火ダンパー（最上階に限る）
S		煙感知器（熱煙複合式感知器を含む）
＝		耐火構造等の防火区画

図４　煙感知器連動防火ダンパーの煙感知器設置場所

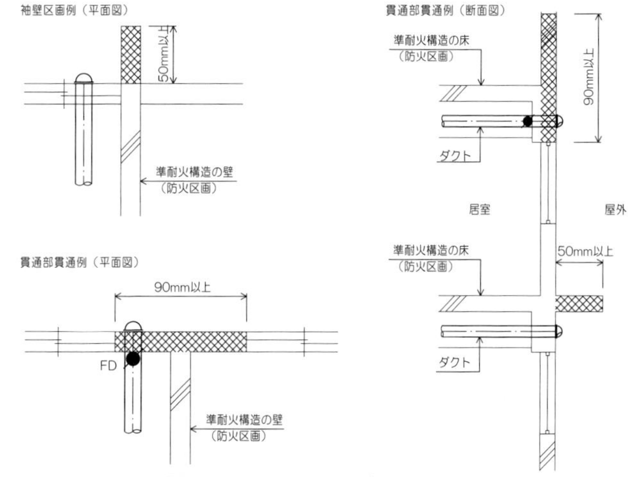

図５　スパンドレルのダクト貫通

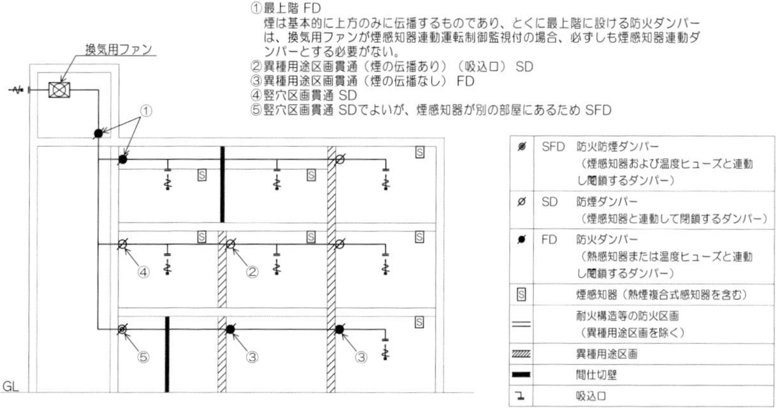

⌀（黒塗り）	SFD	防火防煙ダンパー（煙感知器および温度ヒューズと連動し閉鎖するダンパー）
⌀	SD	防煙ダンパー（煙感知器と連動して閉鎖するダンパー）
●	FD	防火ダンパー（熱感知器または温度ヒューズと連動し閉鎖するダンパー）
S		煙感知器（熱煙複合式感知器を含む）
＝		耐火構造等の防火区画（異種用途区画を除く）
▨		異種用途区画
▬		間仕切壁
┐		吸込口

図６　異種用途区画を貫通するダクトに設ける防火ダンパー

のみで、吹出口などの開口部がなく、煙の伝播がない場合は、避難および防火上支障ないものとし、煙感知器連動防煙ダンパーに替えて温度ヒューズまたは熱感知器連動の防火ダンパーとすることができる（図6）。

階段まわりのダクトの貫通

法第35条、36条、
令第21条第2項、令第116条の2第1項、令第126条の3第1項、
平12建告第1436号

[屋外避難階段付近の開口部]

屋外避難階段から2m未満の位置には換気設備の開口部を設けることは認められない。これは屋内火災により開口部から火炎や煙が噴出し、屋外避難階段を利用する人の避難に支障をきたすおそれがあるためである。ただし、設計および施工上やむを得ず屋外避難階段から2m未満の部分を換気・空調ダクトが貫通する場合は、ダクトを板厚0.8mm以上の鉄板製とし、吹出口などを屋外避難階段から2m以上離した位置に設ける措置をとること（図7）。申請窓口へ措置の有効性について確認を行ったうえで計画を進める。

[屋外階段に面する開口部]

直通階段である屋外階段は重要な避難経路になるので、屋内階段と同様に階段に面して換気設備の開口部を設けることは望ましくない（図8）。

[特別避難階段の付室などを貫通する換気・空調ダクト]

特別避難階段の付室および非常用エレベーターの乗降ロビーは、避難および消火・救助活動の拠点として重要な区画であるため、当該付室および乗降ロビーの区画に換気・空調ダクトを貫通させないこと。

[屋内避難階段の開口部およびダクト]

屋内避難階段は、火災時に火炎や煙にさらされることなく建築内部の人が安全に避難できるよう、出入口を除いて耐火構造の壁で囲むことと規定されている。したがって、階段室には、換気設備の吹出口などの開口部を設けてはならない。やむを得ずダクトが貫通する場合は、耐火構造の壁で囲い、煙の伝播がなく避難および防火上支障がないようにすること（図9）。

屋外避難階段から2m未満の範囲における開口部において配管類に関する規定の明記はない。これは、配管類はダクトとは違い、避難の際に火炎・煙にさらされる恐れが少ないためと思われる。ただし、危険がまったくないわけではないので、屋外避難階段から2m未満の範囲での配管類の貫通は控えたほうがいい。やむを得ず貫通を行う場合は、申請窓口へ事前確認を行ったうえで計画を進める必要がある。

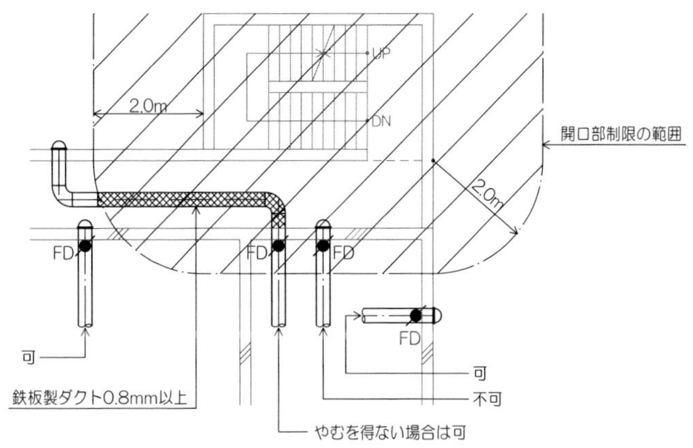

図７　屋外避難階段から2m未満の部分に設ける開口

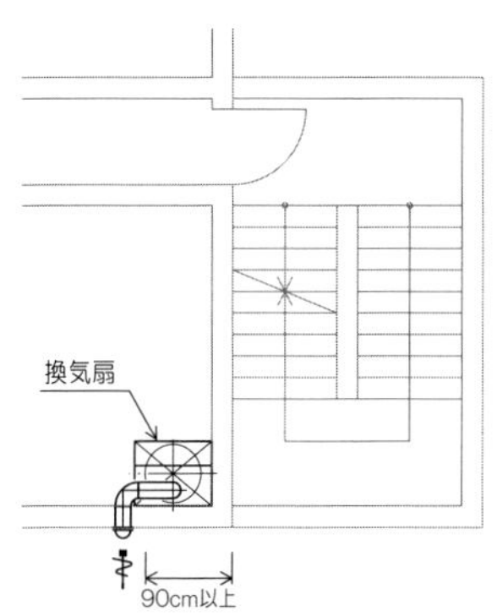

図８　屋外階段に面する換気設備の換気口

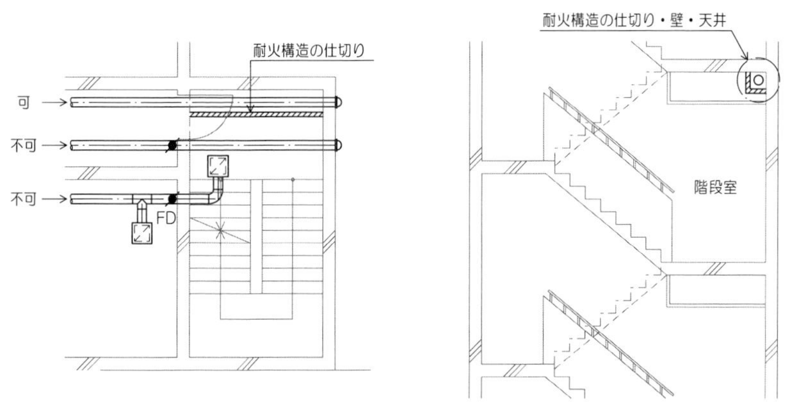

図９　屋内避難階段のダクト貫通

排煙設備

排煙設備について

法第35条、36条、令第21条第2項、令第126条の3第1項、昭44建告大1730号、平12建告大1436号

火災時において安全な避難路を確保するために、建築基準法において排煙設備の設置が義務付けられている。

小規模オフィスにおいて、建築基準法の規定により排煙設備を必要とする部分は下記の箇所となる。

・建物の居室・通路などの部分
・特別避難階段の付室
・非常用エレベーターの乗降ロビー

小規模オフィスでは特別避難階段や非常用エレベーターを設置することはまれであるため、ここでは居室・通路の排煙についての説明を行う。

また、小規模オフィスのなかでも排煙設備を設置すべき建築物およびその部分を表1に示す。排煙設備には自然排煙設備と機械排煙設備があるが、ここでは小規模オフィスで一般的な自然排煙について説明する。

排煙口の設置基準

排煙口の設置場所は、天井（屋根）または壁とし、壁の場合は原則として天井面から80cm以内かつ防煙垂れ壁の下端より上とする。また、防煙区画の一部に戸またはシャッターがある場合は、不燃材料とし、常閉式または煙感知器連動閉鎖式とする必要がある（図1）。さらに防煙区画のどの部分からも30m以内の位置に設置する（図2）。

敷地の関係上、排煙口が隣地などに近接している場合は、計画建物の外壁から敷地境界線または隣の建物の外壁まで25cm以上かつ1階分の排煙の有効面積の合計面積以上を確保する必要がある（図3）。

排煙口の内側または、外側にシャッターまたは二重サッシを設ける場合は、シャッターまたは二重サッシが閉鎖されていると排煙はできないので排煙口とは認められない。ただし、シャッターを排煙上有効な開口部のあるリングシャッターとする二重サッシは、手動開放装置で排煙口と連動して開放され、かつ、保持されるなどとすることにより排煙上有効な開口部として取り扱うことができる。

屋外階段の出入口上部に排煙のための開口部（欄間など）を設けることは煙により階段が使用できなくなるおそれがあるため望ましくない。

表1　排煙設備が必要となる規模および設置免除部分

対象建築物または建築物の部分		
階数が3以上で延べ面積が500m²を超える建築物	排煙上有効な開口部の面積の合計が当該居室の床面積の1/50未満である居室	延べ面積が1,000m²を超える建築物における床面積が200m²を超える居室
上記の対象建築物または建築物の部分の内設置免除部分		
①〜⑦	⑦	①⑦

[令126条の2第1項]
(本文)
① 高さ31m以下にある居室で、「防煙壁」で床面積が100m²以内に防煙区画されたもの
(三号)
② 階段部分、昇降機の昇降路部分等のほか、防火区画されたダクトスペース、パイプスペース等
[告示1436号-四]
(ハ-(1))
③ 高さ31m以下の建築物の部分にある室（居室を除く）で、内装仕上を準不燃材料とし、かつ、居室等に面した開口部を防火区画し、その他の開口部には戸等を設けたもの（法別表第一（い）欄の建築物の主たる用途に供する部分で地階にあるものを除く）
(ハ-(2))
④ 高さ31m以下の建築物の部分にある室（居室を除く）で、床面積100m²以下に防煙区画したもの（法別表第一（い）欄の建築物の主たる用途に供する部分で地階にあるものを除く）
(ハ-(3))
⑤ 高さ31m以下の建築物の部分にある居室で床面積100m²以内ごとに防火区画され、かつ内装仕上げを準不燃材料としたもの（法別表第一（い）欄の建築物の主たる用途に供する部分で地階にあるものを除く）
(ハ-(4))
⑥ 高さ31m以下の建築物の部分にある居室で床面積を100m²以内下とし、かつ内装下地共不燃材料としたもの（法別表第一（い）欄の建築物の主たる用途に供する部分で地階にあるものを除く）
(ニ)
⑦ 高さ31mを超える建築物の室または居室で、床面積100m²以下に防火区画し、かつ内装仕上を不燃・準不燃としたもの

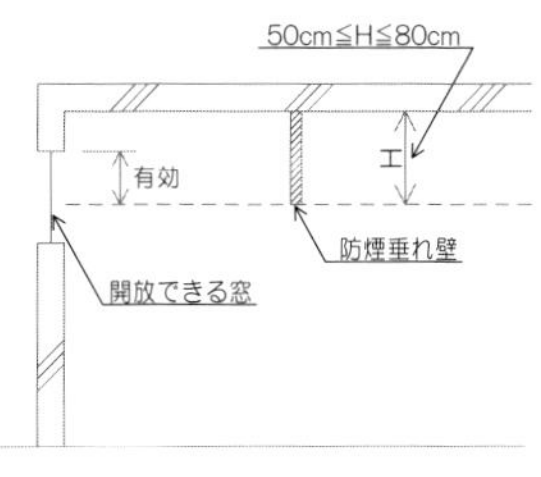

図1　排煙口の設置場所

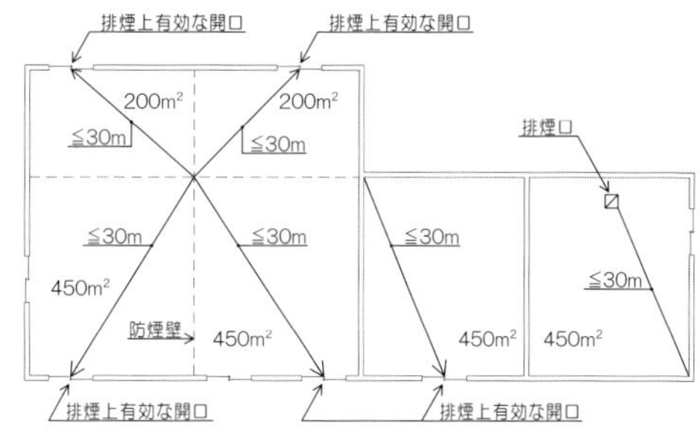

図2　防煙区画における排煙口の設置位置

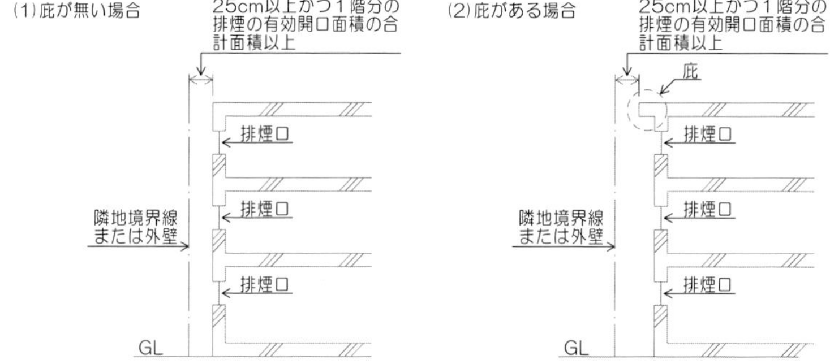

図3　排煙口と外部空間との関係

排煙口の有効面積

排煙口の有効開口面積の合計は、防火区画ごとに、その防火区画の面積の1/50以上に相当する必要がある。

排煙口の有効面積とは、天井または壁の上部より法規で定められている範囲内にある純開口面積をいう。この面積のとり方は、内法寸法を使用し、中方立などがある場合は、その見付面積を除く。

排煙上有効な開口部分の面積は、開放できる部分の面積となっているため原則として「b・h」は開放時の内法寸法による有効開口面積とする。

算定方法は、有効面積の算定面積や内法寸法の煩雑さをともなうので行政庁などによって異なる場合がある（図4）。

引違いや片引き形式のものは、開けた場合の実開口面積とする。ただし、横軸回転窓の場合は、窓の突き出す方向または天井高によっても排煙効果が異なり、有効開口面積が違ってくる。なお、有効開口部は天井面から80cm以内の部分とする（図5）。

手動開放装置

排煙口の手動開放装置の構造・設置基準については下記による。

- 単一動作ができること（レバーを引く、ボタンを押す、チェーンを引くなど）
- 壁に設ける場合は床面から0.8m以上1.5m以下の高さとする
- 天井から吊り下げる場合は床面からおおむね1.8mとする
- 見やすい方法で使用方法を表示する

法規では平面的位置の規定はないが、原則として居室内に設けること。

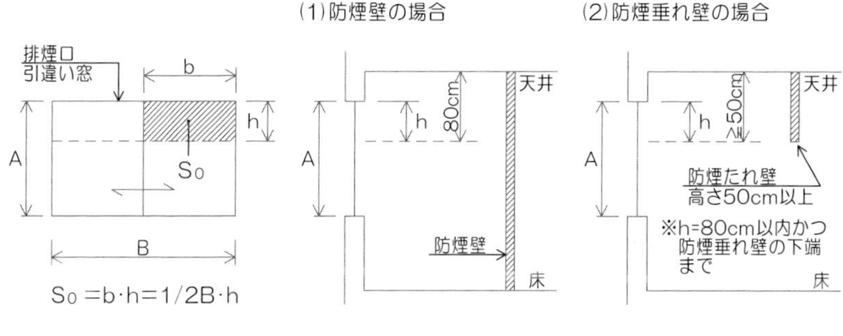

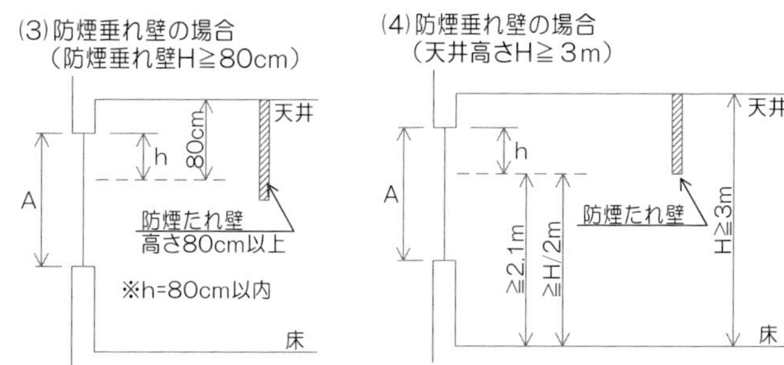

図4　排煙口の有効開口部分

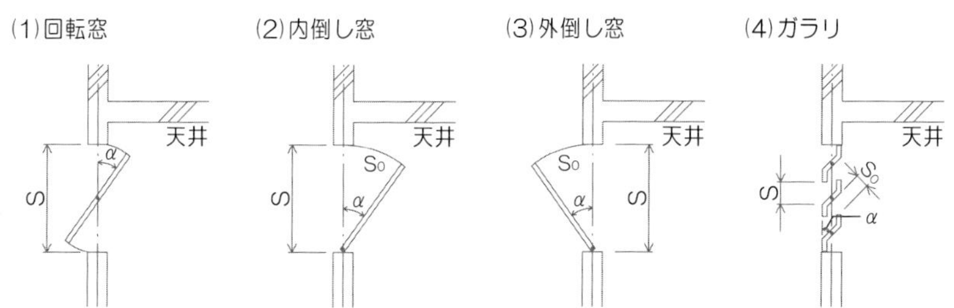

※いずれの場合も天井面から下方へ80cm以内にある部分とする

S ：開口部面積　　90度≧α≧45度のとき
S_0：有効開口面積　　　S_0＝S
α ：回転角度　　45度≧α≧0度のとき
　　　　　　　　S_0＝α/45度×S

図5　排煙口の有効開口面積

非常用照明設備

設置基準

法別表1（い）（一）～（四）、令115の3、令116の2-1-1、令126の5、昭45建告1830

非常用照明の設置対象建築物は下記である。

・建法別表第1（い）（1）～（4）の特殊建築物
・階数≧3かつ延床面積＞500m²の建築物
・延床面積＞1,000m²の建築物

上記の建築物において設置を要する部分は①居室、②居室から地上までの避難経路となる廊下、階段、通路である。また、上記の対象建築物以外の場合でも採光無窓となる居室へは設置をしなければならない。対して設置の必要ない部分を表1に示した。

避難時に必要な最低照度として、常温下で床面において水平面照度が1lx（蛍光灯の場合は2lx）以上を確保することが建築基準法上の規定となっており、各居室から地上に通じる出入口までの避難経路を確保するように器具を配置する（図1）。

適用緩和の条件

平12建告1411

設置を要する部分においても避難上支障がなければ設置の適用が緩和される（表2、図2）。避難上支障がないとは、扉の向きや幅員などの条件を満たしている場合が例に挙げられるが、これらの条件は各地域が条例で制定している場合があるため、計画地域の市役所（建築指導課）などへ確認を行う。また、採光上有効な開口部を有している必要があり、建令116の2-1-1に遵守し判断を行う必要がある。

表1　除外される建築物または部分

住宅	共同住宅・長屋の住戸内、一戸建住宅
寝室	病院の病室、下宿の宿泊室、寄宿舎の寝室、これらの類似室
公共施設	学校、体育館、ボーリング場、スキー場、スケート場、水泳場、スポーツ練習場
廊下	採光上有効に直接外気に開放された通路・廊下など
人の出入が少ない室	浴室、洗面所、便所、シャワー室、脱衣室、更衣室、金庫室、物置、倉庫室、電気室、機械室およびこれらの室と同一階に居室がない場合の避難経路とならない廊下
製造施設	無人の工場

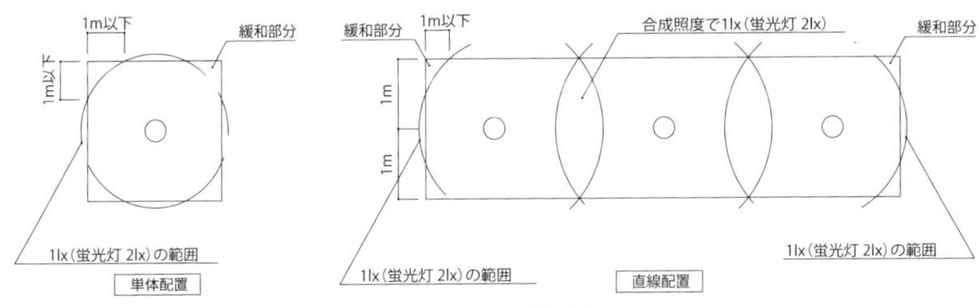

図１　器具設置例

表２　非常用照明装置の適用緩和

適用される居室	緩和条件	
	出口の種類	歩行距離
避難階の居室	避難階の屋外への出入口	≦30m
避難階の直上階または直下階の居室	避難階の屋外への出入口	≦20m
	屋外避難階段に通ずる出入口	

床面積の 1/20 以上の採光に有効な窓
一般階段
≦30m
≦30m
30m＜
≦30m
適用緩和条件：避難階の居室で屋外への出入口までの距離が30m 以内
屋外避難階段
避難階
非常照明器具
: 避難動線
: 非常照明
: 緩和される部分

床面積の 1/20 以上の採光に有効な窓
一般階段
≦20m
≦20m
20m＜
20m＜
適用緩和条件：避難階直上階の居室で屋外避難階段に通ずる出入口までの距離が 20m 以内
屋外避難階段
避難階の直上階または直下階

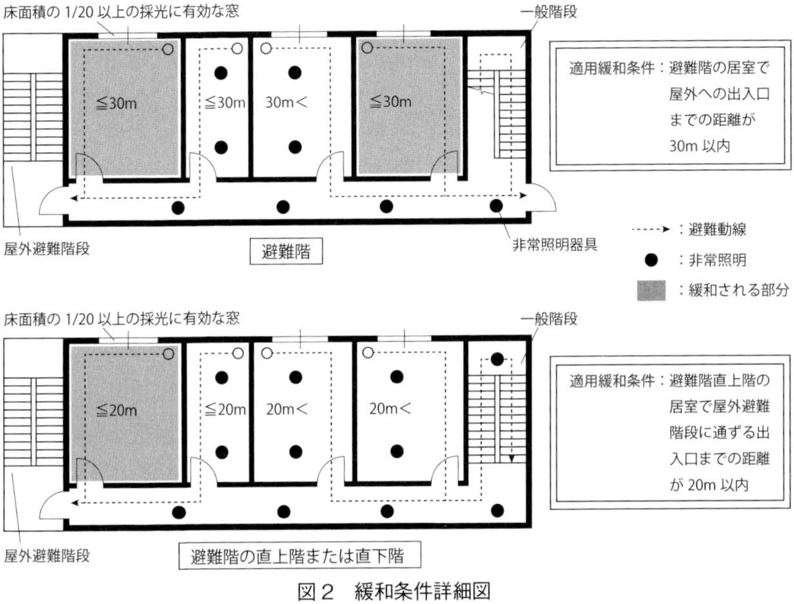

図２　緩和条件詳細図

避雷設備

設置基準

法令129の14,15
平12建告1425

建築物、工作物の高さが20mを超える場合に避雷設備の設置が必要となり、20mを超えた部分を雷から保護しなければならない。また、建築物の高さが上記の値を超えていない場合でも、屋上に設置したテレビアンテナなどの工作物が20mを超えている場合は、避雷設備を設置しなければならない。

設置が望ましい建築物

建物高さが20m未満の場合には避雷設備の設置義務はないが、20m未満であれば落雷が発生しないということではないため、以下に挙げる場合など用途や計画地域を考慮し避雷設備の設置を検討する。

・安全を重視する重要な建築物
・多雷地区にある建築物

JIS規格による保護形式の違い

JIS A 4201-2003

避雷設備についてのJIS規定には旧JIS（JIS A 4201-1992）と新JIS（JIS A 4201）があり、保護形式の考え方が異なる。1990年に制定された旧JISは保護角法を用い、一般建築物では保護角が60度以下、危険物貯蔵庫では45度以下の範囲を保護する（図1）。しかしこの保護角は、高さについての考慮がされておらず現存する高い建築物や工作物などでは実際に被害が報告されるようになった。そのため、2003年に発表された新JISは以下に挙げる高さと保護効率を考慮した保護形式となった（図2）。

・回転球体法
・保護角法
・メッシュ法

いずれも設定した保護レベルより、球体半径や、保護角度などを算出する。

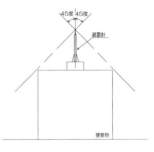

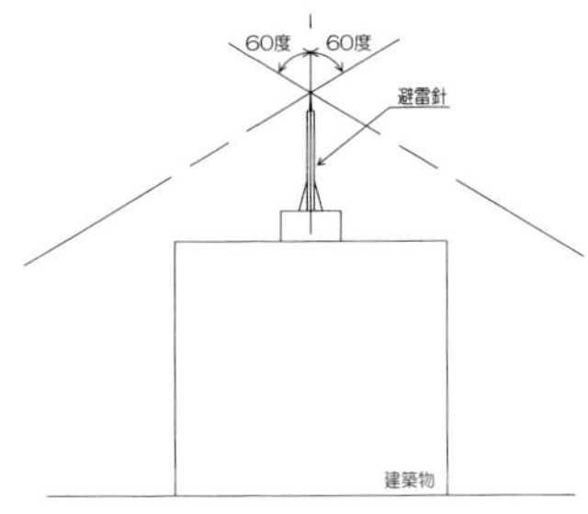

一般建築物での保護角法
（保護角：60度）

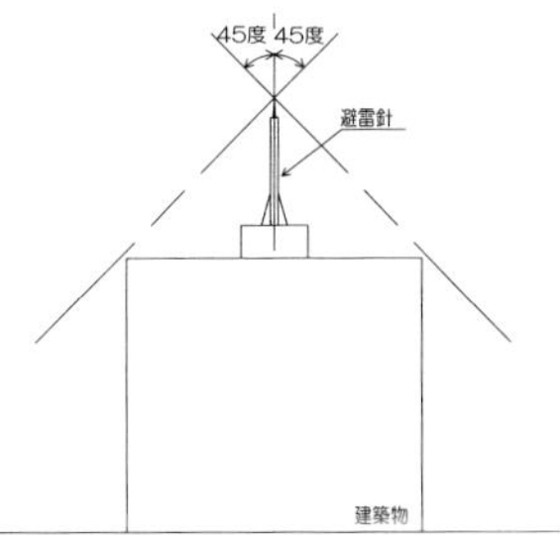

危険物用途の建築物での保護角法
（保護角：45度）

図１　旧 JIS による受雷部システム

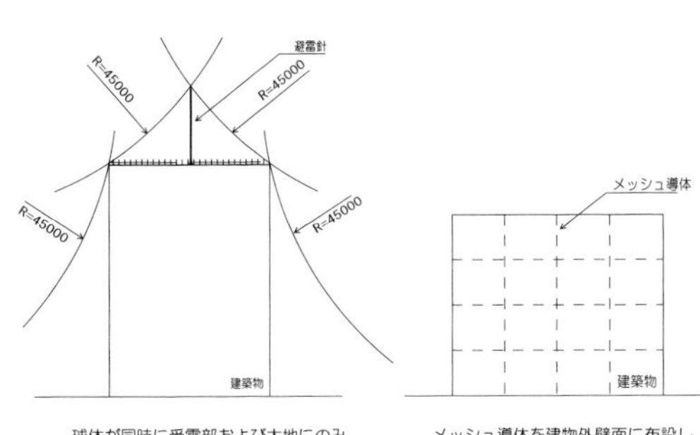

30度
30度
避雷針
建築物

球体が同時に受雷部および大地にのみ接触するように受雷部システムを設けて保護をする方法

メッシュ導体を建物外壁面に布設し、メッシュ導体で覆われた内側を保護範囲とする方法

保護角法は受雷部の上端から、その鉛直線に対して保護各を見込む稜線の内側を保護範囲とする方法
（保護角：高さにより保護角が異なる）

（1）回転球体法　　（2）メッシュ法　　（3）保護角法

図２　新 JIS による受雷部システム

消火器

設置基準

令10-1

オフィスビルでは延床面積300m²以上にて消火器の設置が必要となる。また、地階・無窓階を有する場合については該当階の床面積が50m²以上で設置が必要となる。

さらに、危険物および指定可燃物を保管・貯蔵する場合や電気設備キュービクルの設置、多量の火気使用場所（ボイラーなど）を有する場合においては該当箇所に消火器を設置しなければならない。

消火器の設置箇所については建物内各部分から消火器までの歩行距離が20m以内となるようにする。また、階ごとの設置が条件であるので、歩行距離20m以内であっても複数階の兼用はできない。

消火器の種類

令10-2

消火器の設置については能力単位による検討も必要となる。能力単位とは水バケツ8ℓ3杯分での消火を1単位とし、消火能力が水バケツに比べてどの程度あるかという尺度で設定されており、消火器の号数により能力単位が決められている（表1）。なお、能力単位についてはA火災の能力を対象としている。

事務所用途の場合、1単位/200m²が必要となり、耐火構造かつ内装制限をした場合には2倍読みの1単位/400m²が必要となる。

また、消火器の種類も火災対象によって使い分けが必要となるが、一般的には、粉末消火器と強化液消火器の2種類が多く使われている。

所轄消防によっては各階に必ず強化液消火器を1台は設置するように指導している例もあるため、設置に関しては事前に所轄消防への確認をとる必要がある。

消火器ボックス

消火器本体においては一般的に備品扱いとして納入される場合が多い。これは工事金額に含めると工事経費がかかり、備品購入とするよりも割高となってしまうからである。しかしながら企業や官庁では予算計上の関係から工事金額に含めるように指示される場合もあるため、取扱いについては発注者に事前確認をとっておいたほうがよい。消火器本体は備品扱いとしたとしても、消火器ボックスに収める場合はあらかじめ設置位置を決定し、壁内に埋め込んだり、消火栓ボックスと一体とするなどの検討を要する。設置場所については消防設備定期点検時に消防設備士が確認するため、テナント入居者が勝手に移動したりすることがないよう配慮することも大切である。

床置型消火器ケース

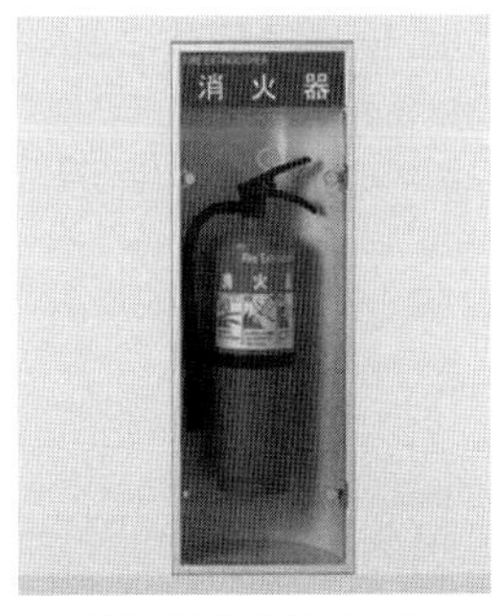

壁埋込型消火器ボックス

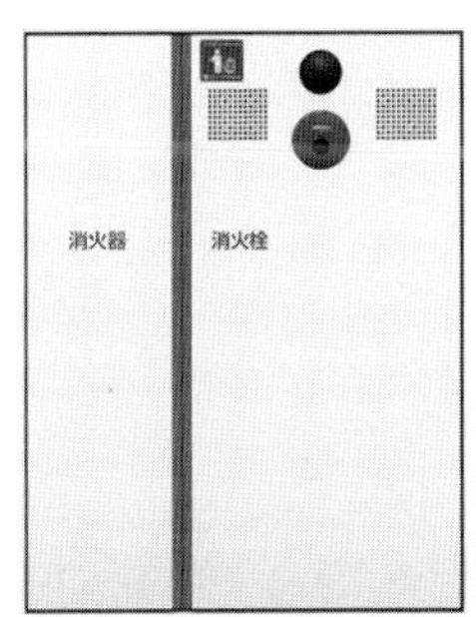

消火栓一体型

表1　消火器仕様

消火器種類	消火器サイズ	能力単位			総重量(kg)	薬剤重量(kg)	薬剤量(ℓ)	放射時間(秒)	放射距離(m)	寸法(㎜)
		A火災	B火災	C火災						
粉末（ABC）	3型	1	2	-	2.2	1.0	-	12	3～5	135x350h
粉末（ABC）	4型	1	3	-	2.6	1.2	-	11	3～5	200x394h
粉末（ABC）	5型	1	3	-	3.2	1.5	-	13	3～6	200x427h
粉末（ABC）	6型	2	3	-	3.8	2.0	-	18	3～6	200x467h
粉末（ABC）	10型	3	7	-	5.2	3.0	-	16	3～6	200x480h
粉末（ABC）	15型	4	10	-	8.5	4.5	-	19	3～7	230x520h
粉末（ABC）	20型	5	12	-	10.0	6.0	-	26	3～7	230x620h
強化液（中性）	2型	1	1	-	4.4	-	2.0	35	4～7	190x460h
強化液（中性）	3型	2	2	-	5.8	-	3.0	49	4～7	190x543h
強化液（中性）	4型	2	3	-	7.5	-	4.0	56	4～7	190x490h
強化液（中性）	6型	3	5	-	11.8	-	6.0	80	4～7	210x670h
強化液（中性）	8型	4	6	-	13.5	-	8.0	115	4～8	220x690h

※ 火災の種類：A火災（普通）、B火災（油）、C火災（電気）

屋内消火栓

設置基準

令11

オフィスビルの場合、入居するテナントとして特定防火対象物に該当する用途（物販、飲食店など）を想定する場合は、消防法における複合用途16項（イ）となる場合がある。いずれにしても延床面積700㎡以上となる場合には、屋内消火栓設備の設置対象となる。

また、4階以上の階もしくは地階・無窓階を有する場合においては、該当階の床面積が200㎡以上（特定防火対象物用途の場合は150㎡以上）となる場合に設置対象となる。

ただし、耐火構造または準耐火構造かつ内装制限をかけた場合は面積は2倍数量までとなり、耐火構造かつ内装制限をかけた場合は3倍数量まで設置免除となる。つまり、延床面積が表1に示した面積以上となる場合に屋内消火栓設備の設置が必要となる。

屋内消火栓の種類

屋内消火栓には1号消火栓、易操作性1号消火栓、広範囲型2号消火栓、2号消火栓と呼ばれる種類があり、操作人数、放水量、ホース長さ、ノズル口径などに違いがある（表2）。

広範囲型2号消火栓および2号消火栓については、4階以上の階および地階・無窓階では設置不可となっている。

屋内消火栓設置場所

対象建物を階ごとに警戒半径（2号消火栓を除いて25m半径）で包含できるように屋内消火栓を配置する。1台で包含できない場合には複数台設置し、建物すべてをカバーするように配置する。また、消火栓設置のホース長さ（1号消火栓の場合30m）＋放水距離（1号消火栓の場合7m）で対象建物のどの部分にも有効に放水できることが求められており、消火栓から室の入口が遠い場合（図1）や、外部からの出入口しかないゴミ置場などを設ける場合には、ホースの取回しルートを配慮して屋内消火栓の設置場所を決定する必要がある。

表１　屋内消火栓設置基準

	地上１階から３階	４階以上の階もしくは地階・無窓階
耐火（内装制限なし）、準耐火（内装制限）	700×2＝1,400 m^2	200×2＝400 m^2
耐火（内装制限）	700×3＝2,100 m^2	200×3＝600 m^2

表２　屋内消火栓の種類と仕様

		１号消火栓	易操作性 １号消火栓	広範囲型 ２号消火栓	２号消火栓
操作人数	（人）	２人以上	１人	１人	１人
放水量	（ℓ／分）	130	130	80	60
放水圧力	（MPa）	0.17 ～ 0.7	0.17 ～ 0.7	0.17 ～ 0.7	0.25 ～ 0.7
警戒半径	（m）	25	25	25	15
ホース長さ	（m）	30(15x2)	30	30	20
ホース口径	（mm）	40	30	25	25
ノズル口径	（mm）	13	13	10	8
ポンプ吐出能力	（ℓ／分）	150	150	90	70
立ち上がり管	（mm）	50	50	40	32
水源の水量	（m^3）	2.6	2.6	1.6	1.2

※ ポンプ吐出能力については消火栓設置個数を乗ずる（最大２個）
※ 水源の水量については消火栓設置個数を乗ずる（最大２個）

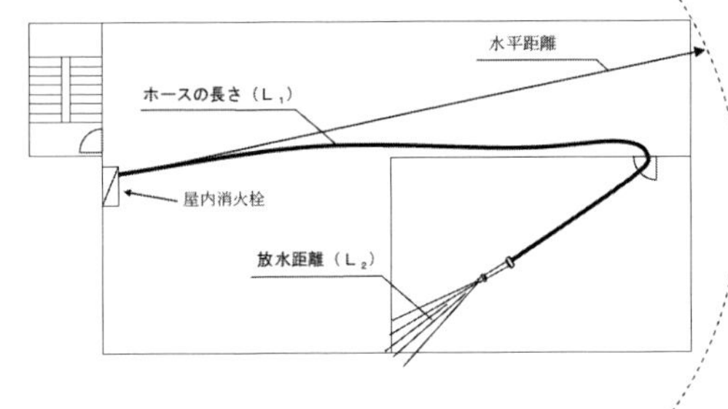

屋内消火栓の種類	水平距離（m）	ホースの長さ（m）L$_1$	放水距離（m）L$_2$
１号消火栓	25	30	7
易操作性１号消火栓	25	30	7
２号消火栓	15	20	10
広範囲型２号消火栓	25	30	7

図１　消火栓から室の入口が遠い例

連結送水管

設置基準

令29

防火対象物用途にかかわらず建物規模により設置が必要となる。地階を除く階数が5階以上かつ延床面積6,000m²以上、または地階を除く7階以上となる場合において連結送水管を設置する。

放水口および送水口の設置位置

放水口は建物を50m半径で包含できる位置とし、3階以上の各階に設置する。設置場所は階段室などの消防隊が火災箇所を通らずに到達でき、かつ有効に消火活動を行うことができる場所とする。上記箇所に設置できない場合は、室入口から5m以内の範囲であれば認められる。放水口は収納ボックス（幅40cm×高さ50cm以上）（写真1、写真2、写真3、写真4）に収め、赤色灯を設置し、見やすい箇所に標識を設ける。また、設置高さは床面から50cm以上100cm以下の位置とするよう定められている。また、11階以上（条例によっては31mを超える階）に設ける際には双口形とし、放水用のホースおよびノズルを格納した収納ボックス（幅80cm×高さ50cm以上）を設置しなければならない。

送水口の設置位置は消防車の寄付きが可能な位置とし、エントランス周辺が望ましい。前面道路に面した場所に設け、消火活動のために到着した消防隊が送水口を探すのに時間がかからないようにする。送水口のホース接続口高さは地盤面から50cm以上100cm以下の位置とし、見やすい箇所に標識を設ける。形状は壁埋込式（写真5）とスタンド式（写真6）とがあり、双口形とする。

送水配管

連結送水配管には配管内を常に充水しておく湿式と、水を抜く乾式とがある。11階以上（条例によっては31mを超える階）に設置する場合は高置水槽を設けて充水させる湿式を採用する。乾式の場合には、消火活動や送水試験後に配管内の水が抜けるよう排水用バルブを設ける。特例として、屋内消火栓の竪配管と連結送水配管を兼用することも可能となる。

設置後10年を経過した連結送水配管は、3年ごとに耐圧性能点検を実施する必要がある。

写真１　単口放水口ボックス

写真２　双口放水口ボックス

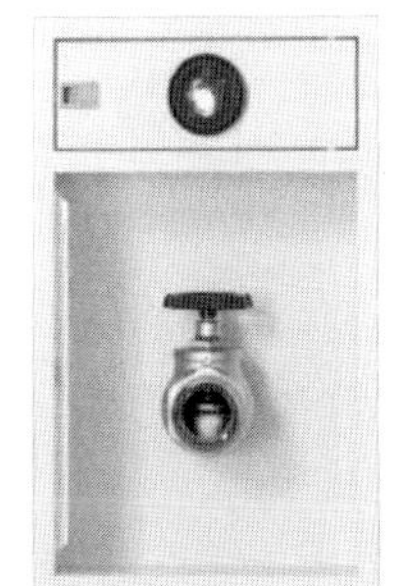

写真３　単口放水口ボックス（内部）

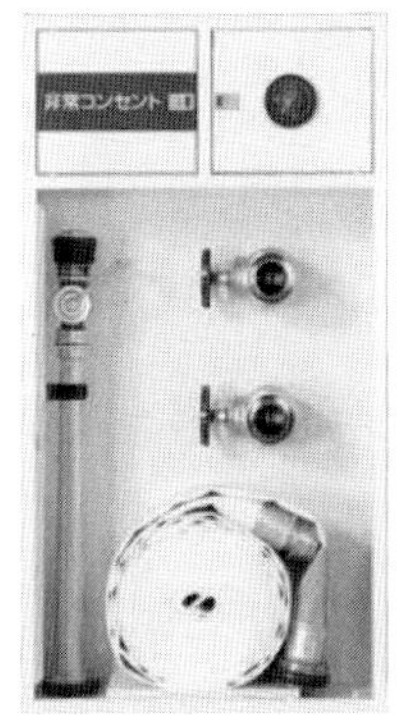

写真４　双口放水口ボックス（内部）

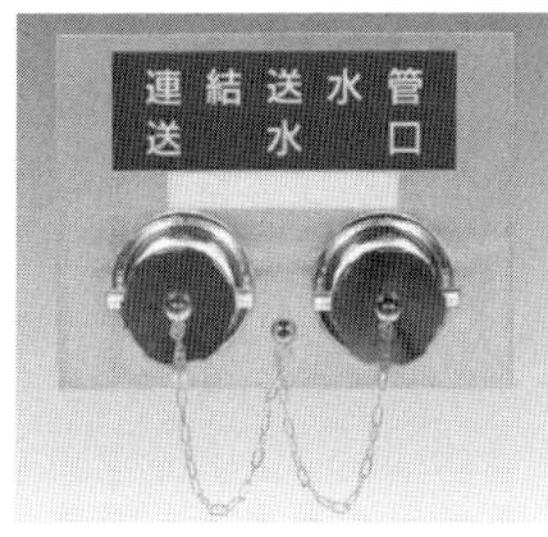

写真５　壁埋込式送水口

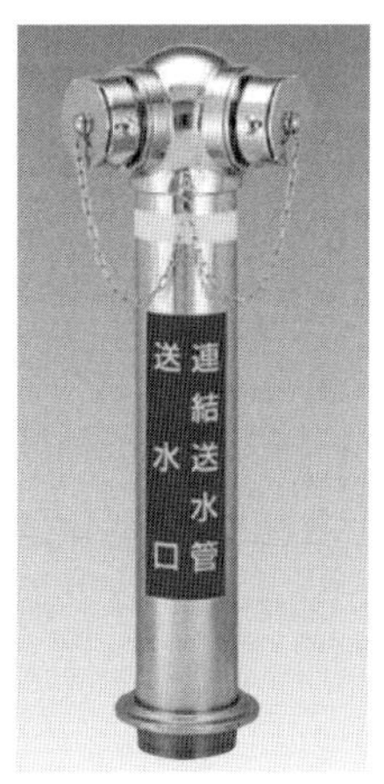

写真６　スタンド式送水口

誘導灯・誘導標識設備

誘導灯の設置基準

令26、規28の3

防火対象物15項では地階、無窓階、11階以上に誘導灯の設置の義務が定められている。

参考建物は地階なし、9階建てだが、全階無窓階であるため誘導灯設備を設置する必要がある。この時「無窓階」の判断基準として消防法上の基準で考えなければならず、建築基準法の「採光上の無窓」とは基準が異なるため注意しなければならない。

誘導標識の設置基準

平22・4・9消防予177

誘導標識は全防火対象物に設置義務があるため参考建物も設置の対象となる。ただし、誘導灯を設置した場合、誘導灯の有効範囲内には誘導標識の設置を行う必要がない。

また、消防法施行規制の改正により一部小規模小売店舗などでは、条件を満たした場合には、高輝度蓄光式誘導標識が誘導灯の代替品として使用できるようになった。

誘導灯の設置箇所

避難口誘導灯を設置する箇所は以下のとおりである（図1）。

- 屋内から直接地上へ通ずる出入口
- 直通階段の出入口
- 上記2カ所の避難口に通ずる廊下または通路に通ずる出入口

通路誘導灯においては避難口誘導灯から有効範囲内に設置する。通路誘導灯間の配置は、それぞれの有効範囲を合算した範囲で設置する（図2）。

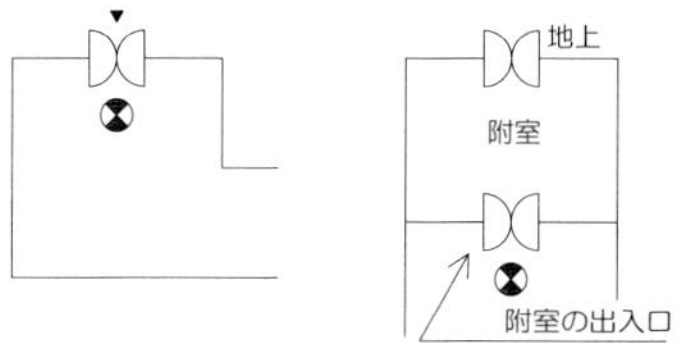

(1)　屋内から直接地上へ通じる出入口（付室が設けられている場合にあっては当該付室の出入口）

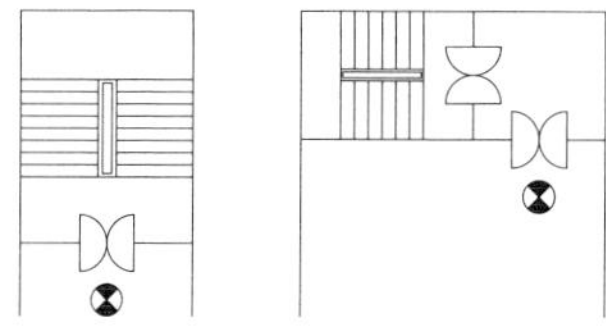

(2)　直通階段の出入口（付室が設けられている場合にあっては当該付室の出入口）

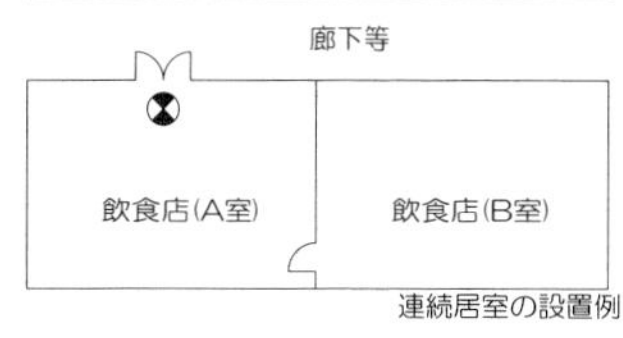

(3)　(1)、または(2)に掲げる出入口に通ずる廊下、または通路に通じる出入口

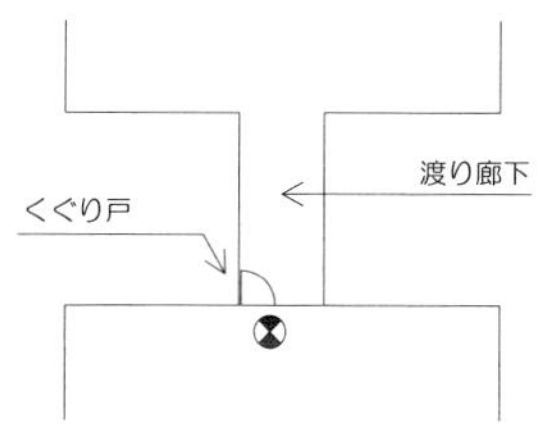

(4)　(1)、または(2)に掲げる出入口に通ずる廊下、または通路に設ける防火戸で直接手で開くことができるものがある場所

図１　誘導灯の配置例

(い)　上図(1)および(2)に掲げる避難口誘導灯の有効範囲

(ろ)　上図(3)および(4)の避難口に対する通路誘導灯の有効範囲

(は)　通路誘導灯間の有効範囲

図２　避難口誘導灯、通路誘導灯の有効範囲

表１　避難口・通路誘導灯の有効距離

区分		距離（m）	
		避難方向を示すシンボルのないもの	避難方向を示すシンボルのあるもの
避難口	避難口Ａ級	60	40
	避難口Ｂ級	30	20
	避難口Ｃ級	15	—
通路	通　路　Ａ級	—	20
	通　路　Ｂ級	—	15
	通　路　Ｃ級	—	10

自動火災報知設備

設置基準

令21

下記の条件に該当する場合には、自動火災報知設備が必要となる。

・延床面積1,000m²以上
・床面積300m²以上の地階・無窓階
・床面積300m²以上の3階以上の階
・11階以上の階
・地階または2階以上の階にある200m²以上の駐車場

設置免除部分

令21-3、規23-2

オフィスビルではスプリンクラー、水噴霧、泡の3種類の消火設備を法令で定められた技術基準にしたがって設けたうえ、地階、無窓階、11階以上の階を除き、前述の消火設備の対象範囲内であれば自動火災報知設備の設置は免除される。

感知器設置免除部分

令21-2-3、令32
規23-4-1

以下のような場所には感知器の設置が免除される。

①主要構造部を耐火構造とした建築物の天井裏の部分（図1）
②天井裏で天井と上階の床との間の距離が0.5m未満の場所（図2）
③外部の気流が流通する場所で、感知器によっては当該場所における火災の発生を有効に感知することができないもの
④不燃材料でつくられている防火対象物またはその部分で、出火源となる設備や物資がなく、出火のおそれが著しく少なく、延焼拡大のおそれがないと認められるもの
⑤耐火構造の壁でつくられ、各階または2の階以下ごとに水平区画が施され、かつ、その開口部に防火戸またはこれと同等以上のものが設けられているパイプシャフトなど

③には軒下などが該当する。ただし、外部に面する部分から5mを超える場所は上記規定に含まれず、感知器の設置が必要になる（図3）。④には便所などが該当する。所轄消防によっては、ある出力以上の電気便座の設置した場合や、トイレットペーパーが可燃物とみなされる場合など、感知器の設置を指示されることがあるので確認が必要である。⑤のパイプシャフトなどは④にも関わり、明確な決まりがないため所轄消防と協議すること。

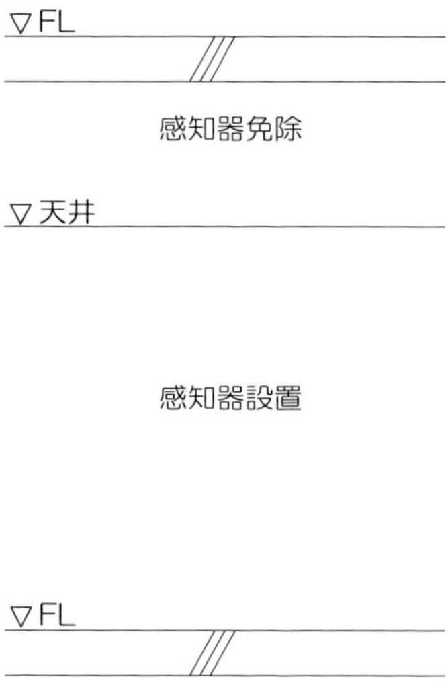

図１　耐火構造天井裏

図２　耐火構造以外天井裏

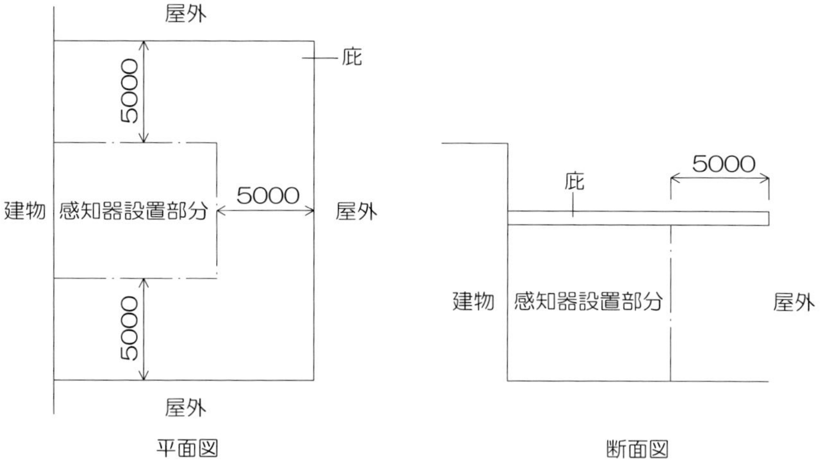

図３　外部感知器設置部分

非常警報設備

設置対象となる設備

オフィスビルの場合の設置対象設備は、非常ベル、自動式サイレン、放送設備である（写真1）。非常警報器具・設備の設置基準は収容人数もしくは階数での判断となる。収容人数が50人以上の場合、もしくは地階または無窓階の人数が20人以上の場合は非常ベルと自動式サイレンを設置する。地上階が11階以上もしくは地階が3層以上の場合は放送設備の設置に加え、非常ベルもしくは自動式サイレンを併置する。

緩和条件

[非常警報器具が免除される場合]

自動火災報知設備または非常警報（非常ベル・自動式サイレン・放送設備）が設置されている場合は、その有効範囲内部分の非常警報器具を省略することができる。

[非常警報設備が免除される場合]

非常ベル、自動式サイレンまたは放送設備を設置しなければならない建築物に自動火災報知設備を設置した場合は、その有効範囲内の部分については非常ベルなどの非常警報設備を省略することができる。

非常ベル

携帯用拡声器

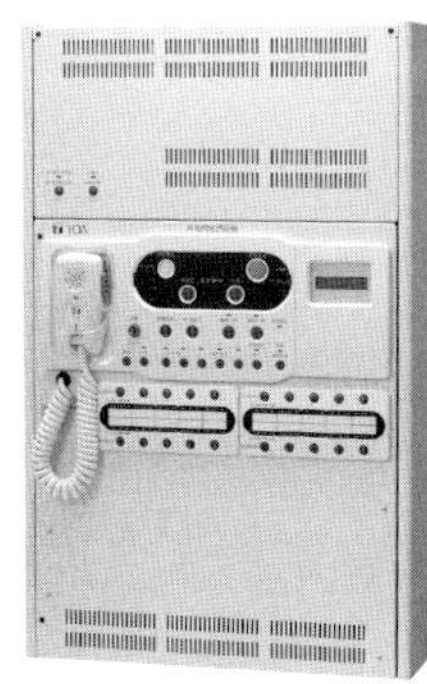
非常放送装置

手動式サイレン

写真１　非常警報器具・種類の参考例

省エネ法改正の変遷

省エネ法の内容

省エネ法とは略称であり、正式名称は「エネルギーの使用の合理化等に関する法律」（以降本書においては「省エネ法」と呼ぶ）で、経済産業省資源エネルギー庁において昭和54（1979）年に制定された法律である。

省エネ法の規制される事業分野としては工場等、輸送、住宅・建築物、機械器具等の4つの分野となり、建築に大きく関わる分野は住宅・建築物の分野となる。建築物に対しては「エネルギーの使用の合理化に関する建築主等及び特定建築物所有者の判断の基準」（通称、建築主の判断基準）により、建築主に対して告示により建築物の断熱性能や設備機器性能などに規制が設けられている。

省エネ基準改正

昭和54年省エネ法制定以降、昭和55年に省エネ基準が制定され、その後平成5、11、15、25年と改正がなされるたびに、内容の厳格化、対象範囲の広範が行われている（表1）。とくに平成25年の改正においては、建物全体の省エネルギー性能をよりわかりやすく把握できる基準とするため「一次エネルギー消費量」を指標とした建物全体の省エネルギー性能を評価する基準に改正され、従来の省エネ計算の手法から大きく変更がなされた。

省エネ基準今後の改正

省エネ基準においては「低炭素社会の実現に向けた建築物における取り組み」（図1）において、2030年を目標に建築物におけるゼロエネルギー化実現に向けてロードマップが示されており、建築物の規模により順次省エネ基準適合の義務化が図られることが決定している。また今後は新築建築物において省エネ基準への適合判定制度が導入され、確認申請時に省エネ基準について適合判定通知書の添付が必要となる。また、特例措置として、省エネ性能を向上させるための設備導入を行った場合には容積率の緩和特例が受けられるなどの優遇措置がとられる。今後、建築物のエネルギー消費性能の向上は必須となり、さらに積極的に省エネに配慮した設計を行うことが社会から求められる時代となる。

表1　省エネ基準改正の変遷

省エネ基準 （告示）	改正内容
昭和 55（1980）年	・省エネ基準の制定
平成 5（1993）年	・省エネ基準に関する告示改正
平成 11（1999）年	・京都議定書を受け改正
平成 15（2003）年	・省エネ措置の届出義務化 ・ポイント法の導入 ・省エネ措置が著しく不十分な場合の指示・公表
平成 25（2013）年	・一次エネルギー消費量基準の導入 ・外皮熱性能基準をＰＡＬ*として見直し ・簡易評価方法として従来のポイント法からモデル建物法へ変更

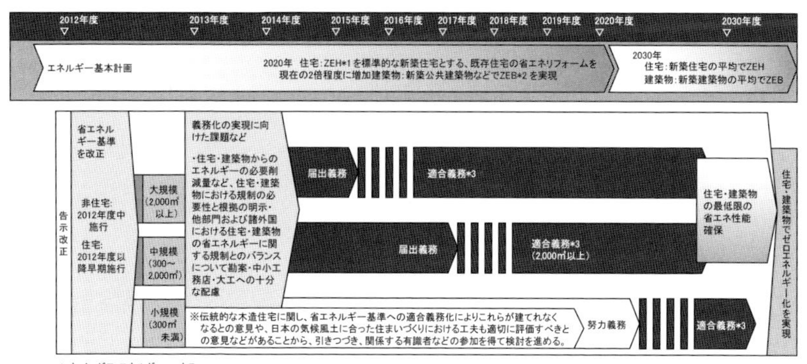

*1：ネット・ゼロ・エネルギー・ハウス
*2：ネット・ゼロ・エネルギー・ビル
*3：義務化の水準は見直し後の省エネ基準を基本に、義務化導入時点での省エネ基準達成率等を勘案して設定。

図1　低炭素社会の実現に向けた住宅・建築物における取り組み
（出典：低炭素社会に向けた住まいと住まい方推進会議中間とりまとめ）

省エネ法届出

省エネ法届出

現行の省エネ法（平成25改）では延床面積が300㎡を超える場合に新築・増改築時に届出を行うことが義務化されている。また、大規模改修時においてもその内容によっては規制対象に該当する。

延床面積2,000㎡を基準とし、第一種特定建築物（2,000㎡以上）、第二種特定建築物（300㎡以上2,000㎡未満）に分類され、届出対象となる行為、省エネ措置が基準に照らして不十分であった場合の罰則規定、定期報告の対象などに違いがある。届出対象範囲については表1を参照されたい。

第二種特定建築物における省エネ基準届出

省エネ法届出に関し、省エネ基準に適合しているかを示すためには、省エネ計算が必要となる。平成25年省エネ基準改正により計算手法が大きく変更され、独立行政法人建築研究所のホームページで公開されているWEBプログラムにて評価を行うことが可能となった。ただし、このWEBプログラムを用いたとしても建築、設備ともに詳細な情報の入力が必要となり、労力を要する。このため、中規模建築（5,000㎡以下の非住宅建築物）の場合は「モデル建物法」と呼ばれる簡易評価法により基準値を求めることが可能となった。

モデル建物法概要

モデル建物法とは、建物用途ごとに基準モデルとなる建物を設定し、計画建物により算出した設計値を基準モデルによる基準値で除した値が1.0以下であれば基準をクリアしているとみなされるという簡易な計算方法である（図1）。省エネ計算は外皮性能と設備性能について計算を行う。外皮性能については新年間熱負荷係数（PAL*：パルスター）という指標を用い、設備性能については一次エネルギー消費量にて評価を行う。

「モデル建物法入力支援ツール」は以下WEBページより使用可能である。

http://www.kenken.go.jp/becc/

表1　省エネ法届出対象建築物

（出典：国土交通省ＨＰ（平成 25 年改正省エネルギー基準パンフレット）
http://www.mlit.go.jp/common/000996591.pdf）

	第一種特定建築物	第二特定建築物
対象規模（床面積）	2,000m² 以上	300m² 以上、2,000m² 未満
省エネ措置の届出対象となる行為	新築、一定規模以上増改築	新築、一定規模以上増改築
	屋根、壁または床の一定規模以上の修繕または模様替	—
	空気調和設備等の設置または一定の改修	—
届出義務違反	50 万円以下の罰金	
届出に係る省エネ措置が基準に照らして著しく不十分である場合の措置	指示	勧告
		—
	命令（正当な理由なく、指示に係る措置をとらなかったとき）	—
	命令違反の場合、100 万円以下の罰金	—
定期報告の対象	省エネ措置の届出をした者	省エネ措置の届出をした者（住宅を除く）
	届出事項に係る維持保全の状況	届出事項に係る維持保全の状況（空気調和設備等の省エネ措置に限る）
報告義務違反	50 万円以下の罰金	
報告事項が著しく不十分である場合の措置	勧告	勧告

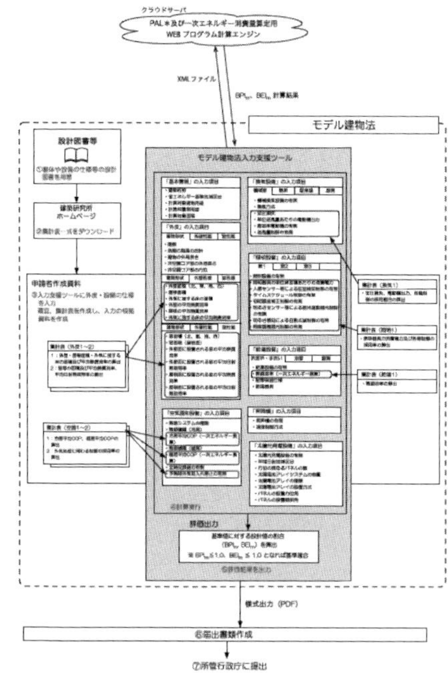

図1　モデル建物法入力支援ツールを用いた入力、届出の流れ

（出典：国土交通省国土技術政策総合研究所資料「モデル建物法による非住宅建築物の外皮性能及び一次エネルギー消費量評価プログラム解説」）

モデル建物法による外皮性能（PAL*）の算定方法

新基準PAL*において入力項目は表1に示すように基本情報5項目、PAL23項目ある。基本情報における地域区分においては日本を8つの地域に区分している。表2にておおよその都道府県による区分を示すが、標高などにより同一都道府県であっても区分が異なる。詳細は省エネルギー基準の告示にて確認されたい。

建物形状入力

PAL項目に関しては建物形状から、ペリメーター面積の算出を行う。計画建物において床面積が最大の階の外周長さ、および非空調コア部の外周長さをそれぞれ求める。非空調コア部についてはエレベーター、階段など各階同一位置にある非空調部分を対象としている。ペリメーターゾーン面積については外周長さから自動計算される。次に、非空調コア部の方位を入力する。方位については4方位からの選択となっており、各方位±45度の範囲内を1方位とみなしてよいとされる。次に、方位ごとの外壁面積および外気に接する床面積、屋根面全体の面積（塔屋階の床面積を含む）を算出して、入力を行う。

断熱および窓仕様の入力

外壁および外気に接する床、屋根について熱的性能を表す平均熱貫流率の計算を行う。モデル建物法においては計算の簡略化を図るため、入力支援ツールより用意された表計算プログラム集計表にて自動計算が可能となっている。詳細な部材を入力する必要がなく、プルダウンメニューにて表示される断熱材の種類と、設計図にて示された厚みを入力すれば、平均熱貫流率が自動計算される。

次に窓面の平均熱貫流率、平均日射熱取得率の計算を行う。窓面の平均熱貫流率も壁面と同様に集計表にてガラスの種類とブラインドの有無を選択すれば自動計算される。日射熱取得率については日除け効果についても考慮される。日除け効果係数は集計表同様、入力支援ツールより用意された日よけ効果係数算出ツールにて方位およびひさし形状と寸法を入力すれば求めることが可能となっている。

表１　モデル建物法入力項目（PAL*）

種別	区分	NO.	モデル建物法の入力項目
基本情報		C1	建物名称
		C2	省エネルギー基準地域区分
		C3	計算対象建物用途
		C4	計算対象室用途（集会所などのみ）
		C5	計算対象面積
外皮	建物形状	PAL1	階数
		PAL2	各階の階高の合計
		PAL3	建物の外周長さ
		PAL4	非空調コア部の外周長さ
		PAL5	非空調コア部の方位
	外壁性能	PAL6	外壁面積 - 北
		PAL7	外壁面積 - 東
		PAL8	外壁面積 - 南
		PAL9	外壁面積 - 西
		PAL10	屋根面積
		PAL11	外気に接する床の面積
		PAL12	外壁の平均熱貫流率
		PAL13	屋根の平均熱貫流率
		PAL14	外気に接する床の平均熱貫流率
	窓性能	PAL15	窓面積 - 外壁面（北）
		PAL16	窓面積 - 外壁面（東）
		PAL17	窓面積 - 外壁面（南）
		PAL18	窓面積 - 外壁面（西）
		PAL19	窓面積 - 屋根面
		PAL20	外壁面に設置される窓の平均熱貫流率
		PAL21	外壁面に設置される窓の平均日射熱取得率
		PAL22	屋根面に設置される窓の平均熱貫流率
		PAL23	屋根面に設置される窓の平均日射熱取得率

表２　地域区分

地域区分	都道府県名
1 地域 2 地域	北海道
3 地域	青森県、岩手県、秋田県
4 地域	宮城県、山形県、福島県、栃木県、新潟県、長野県
5 地域 6 地域	茨城県、群馬県、埼玉県、千葉県、東京都、神奈川県、富山県、石川県、福井県、山梨県、岐阜県、静岡県、愛知県、三重県、滋賀県、京都府、大阪府、兵庫県、奈良県、和歌山県、鳥取県、島根県、岡山県、広島県、山口県、徳島県、香川県、愛媛県、高知県、福岡県、佐賀県、長崎県、熊本県、大分県
7 地域	宮崎県、鹿児島県
8 地域	沖縄県

モデル建物法による設備性能（一次エネルギー消費量）の算定方法

一次エネルギー消費量

平成25年省エネ法改正により、従来の設備指標であった設備システムエネルギー消費係数（CEC）に代わり、一次エネルギー消費量にて評価を行う方法に変更となった。また、太陽光発電など再生可能エネルギーの採用によって建物全体のエネルギー消費量の削減効果も評価されることとなった。

一次エネルギー消費量の評価対象設備については、従来のCECと同様の、空調・換気・照明・給湯・昇降機の5設備が対象となる。

モデル建物による一次エネルギー消費量算出方法

算出方法はPAL*同様、モデル建物法による一次エネルギー消費量算定用WEBプログラムを用いる。従来ではポイント法により評価ポイントを加算する方式によっていたが、WEBプログラムに示された設備仕様を選択することで簡易的に算定が可能となっている。モデル建物法による設計値をモデル建物の基準値で除した値をBEImにて評価し、1.0以下となれば基準をクリアしているとみなされる。

モデル建物法においては各設備についてPAL*同様、入力支援ツールより用意された表計算プログラム集計表にて自動計算が可能となっている。入力項目は表1に示すように各設備を合わせて58項目あり、設備設計図面から必要設備仕様を読み取り集計表に入力を行う。設備項目に関しては該当する設備がない場合はWEBプログラム入力時に「評価しない」にチェックを入れることにより、計算結果に反映されないようになる。すべての項目の入力を行い、再計算をクリックするとBEImが表示される。

モデル建物法では一次エネルギー消費量の値は表示されずにモデル建物との比率のみとなっている。

なお、モデル建物法の対象となるのは空気調和設備において個別分散型空調を採用する場合に限定されており、セントラル方式や氷蓄熱パッケージ、地域冷暖房施設からの熱供給を受ける場合においては評価することができない。この場合、通常の計算方法により一次エネルギー消費量を求める必要がある。5章に参考建物の評価結果を掲載しているので参照されたい（196ページ）。

表１　モデル建物法入力項目

種別	区分	NO.	モデル建物法の入力項目
空気調和設備	全体	AC0	空気調和設備の評価
	システム	AC1	熱源システムの種類
	熱源	AC2	熱源機種（冷房）
		AC3	熱源効率（冷房）の入力方法
		AC4	冷房平均 COP（一次エネルギー換算）
		AC5	熱源機種（暖房）
		AC6	熱源効率（暖房）の入力方法
		AC7	暖房平均 COP（一次エネルギー換算）
	外気処理	AC8	全熱交換器の有無
		AC9	予熱時外気取入停止の有無
機械換気設備	全体	V0	機械換気設備の評価
	「機械室」および「便所」の場合	V1	機械換気設備の有無
		V2	換気方式
		V3	電動機出力の入力方法
		V4	全圧損失
		V5	単位送風量あたりの電動機出力
		V6	高効率電動機の有無
		V7	送風量制御の有無
	「駐車場」および「厨房」の場合	V1	機械換気設備の有無
		V2	換気方式
		V3	電動機出力の入力方法
		V4	全圧損失
		V5	単位送風量あたりの電動機出力
		V6	高効率電動機の有無
		V7	送風量制御の有無
		V8	計算対象床面積
照明設備	全体	L0	照明設備の評価
	評価対象室用途ごとに	L1	照明設備の有無
		L2	照明器具の消費電力の入力方法
		L3	照明器具の単位床面積あたりの消費電力
		L4	人感センサーなどによる在室検知制御の有無
		L5	タイムスケジュール制御の有無
		L6	初期照度補正制御の有無
		L7	明るさセンサーなどによる昼光連動調光制御の有無
		L8	明るさ感知による自動点滅制御の有無
		L9	照度調整調光制御の有無
給湯設備	全体	HW0	給湯設備の評価
	「洗面所・手洗い」および「浴室」の場合	HW1	給湯設備の有無
		HW2	熱源効率の入力方法
		HW3	熱源効率（一次エネルギー換算）
		HW4	配管保温仕様
		HW5	節湯器具
	「厨房」の場合	HW1	給湯設備の有無
		HW2	熱源効率の入力方法
		HW3	熱源効率（一次エネルギー換算）
		HW4	配管保温仕様
		HW5	節湯器具
		HW6	計算対象床面積
昇降機	全体	EV1	昇降機の有無
	制御方式	EV2	速度制御方式
太陽光発電設備	全体	PV1	太陽光発電設備の有無
	地域	PV2	年間日射地域区分
	システム	PV3	方位の異なるパネルの数
	パネルごとに	PV4	太陽電池アレイシステムの容量
		PV5	太陽電池アレイの種類
		PV6	太陽電池アレイの設置方式
		PV7	パネルの設置方位角
		PV8	パネルの設置傾斜角

各種法規チェック

中小オフィスビルを設計する場合、確認申請に関わる設備設計法規をチェックする必要があるが、その代表的なものは下記に関するものである。

[建築基準法（建基法)]

建基法では、建物の階数、地階の有無、面積、高さなどによって必要設備が規定されているが、たとえば、無窓の居室に関する機械換気設備、シックハウス関連換気設備、防火防煙区画を貫通する部分に設けるダンパー、防火区画を貫通する配管などの太さ、排煙設備、非常用照明設備、避雷設備などがある。

[消防法]

消防法では、建基法と同様に階数、面積などによって必要とする設備が規定されるが、対象階が消防法上の無窓階か否か、また収容人員や建物の構造(耐火構造・内装制限)などによっても設置基準が異なる。

[建築物における衛生的環境の確保に関する法律（ビル管法)]

ビル管法は、建築物の維持管理に関し環境衛生上必要な事項などを定めることにより、衛生的な環境の確保を図り、公衆衛生の向上および増進に資することを目的とする法律である。オフィスでは延べ面積3,000㎡以上が対象となり、室内環境基準や外気導入量、外気取入口の高さなどが規定されている。

[省エネ法(平成25年省エネルギー基準)]

従来PAL/CECの略称で呼ばれていた省エネルギー判断基準は、平成25年4月に外皮の熱性能基準PAL*と設備全体の一次エネルギー消費量基準に改正された。外皮の熱性能基準は建築物の外壁、窓などを通しての熱の損失防止のための措置であり、平成26年4月に新基準が施行された。一次エネルギー消費量基準は、空調・換気・照明・給湯・昇降機・コンセント(事務機器)・太陽光発電などの一次エネルギー消費量の合計値が基準値以下となるように建築および設備計画を行う。ただし、5,000㎡以下の中小ビルに関しては、より手間のかからないモデル建物法が採用できる。

[その他]

そのほか下記に示す各種法規も建築設備に関係する部分を包含しているため、注意してチェックする必要がある。

・航空法、駐車場法、水質汚濁防止法、騒音・振動規制法、電気事業法、内線規程、など

また、地域によって条例・指導があるため、建設地において対象となる各種関係法規を確認する必要がある。

設備システムの設定

建築計画の基本構想段階において建物全体の構造、階数、延床面積などが決定され、簡単なスケッチができあがった段階で、想定される各種設備システムを仮定し、それに関連した設備スペースなどの情報を建築計画に反映させる必要がある。とくに建築の平面計画におおいに影響する空調機械室、電気室、ポンプ室ならびに設備シャフト（DS、PS、EPS）の大きさと配置位置情報を決定することが重要となる。

そのためには設備設計者としての経験と各種システムの特徴を整理すると同時に過去の同種類の建築のデータを参考にする必要がある。給排水衛生設備と電気設備に関してはどの建物でも大きな違いはないが、空調設備に関しては過去の経験が最も重要で、経験のある設備技術者であれば建築概要にザッと目を通したときに、自然と空調設備システムがイメージされ、そのイメージにしたがって後の作業を進めていく。

衛生器具

大便器の選び方

大便器は汚物を流すために衛生器具のなかでも接続される配管口径が大きく、その設置位置によって排水シャフトとの関係、床下寸法の決定に大きく影響する。

大便器からの排水方法は床上排水と床下排水に大別される。床上排水タイプの便器は、プラン上どうしても梁上に便器を配置せざるを得ない場合でも排水配管の接続が可能となり、また大便器と排水竪管からの距離が大きく排水勾配が確保できないような場合でも、勾配のスタート位置を高く設定できるため、竪管への接続が可能となる。

基準階トイレにおいては便器の配置と配管ルートが各階で共通となることから、便器とライニングと配管がセットとなったシステムトイレ（写真1）の採用も有効となる。

洗浄方式の種類

大便器の洗浄方式は多様に存在するが、近年では節水型の便器が採用される傾向にある。サイホン作用を誘発し、従来の洗浄方式より少ない水量で洗浄能力を高めたものとなっている。洗浄水量は従来フラッシュバルブでは12ℓ/分必要であったものが4.8ℓ/分程度で済むようになっている。

一方フラッシュバルブ方式（写真2）は連続使用が可能なため、使用頻度の高い便所では有効である。給水接続口径は25Aとなるため、便器の設置台数が多くなると給水管口径が太くなってしまう。

ロータンク方式（写真3）は給水接続口径が15Aであるため給水管口径が細くてもよい。タンクレス式便器（写真4）も給水接続口径は15Aでよいが、水圧が低い場合には使用できない。フラッシュタンク便器（写真5）は、従来のフラッシュバルブ方式のようにロータンク方式でありながら連続排水を可能とし、接続口径も15Aとなっている。

その他機能

洗浄便座機能は今や必須条件となっている。パブリック用途では擬音装置付とし、操作性のよい壁リモコンタイプ（写真6）が主流である。リモコンにはボタンを押す力を利用して発電を行うことで電源が不要の製品もある。

写真１　システムトイレ
給水・排水配管とライニングがセットとなっており、収まりが共通化され現場の施工性が向上する。

写真２　フラッシュ
バルブ式便器

写真３　ロータンク式便器

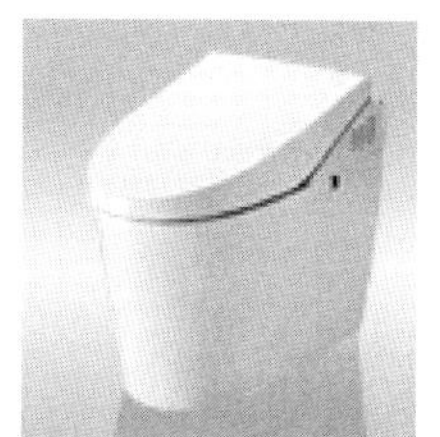

写真４　タンクレス式便器

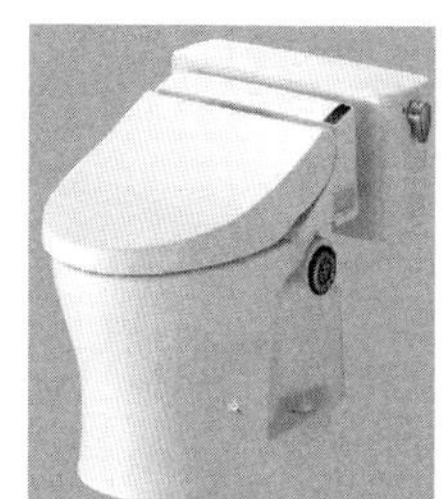

写真５　フラッシュタンク式便器

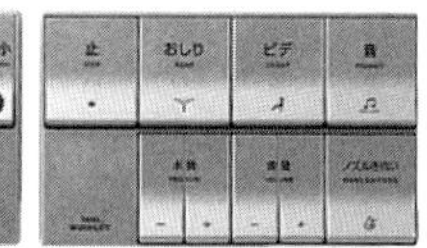

写真６　洗浄便座リモコン
ボタンを押す力で発電を行うため、電源の接続や乾電池交換を不要としている。

給水設備システム

給水使用量算定方法

給水設備システムを選定するにあたっては、はじめに計画建物の日使用給水量を算出し、給水量に見合った給水方式を検討する。オフィスビルにおける日使用給水量はその建物を利用する人員から求める。建物用途によって1人当たりの1日使用給水量は異なるが、一般的なオフィスビルでは1人当たり約100ℓ/日を見込む。利用人員は執務室の床面積当たり0.2人/m^2と想定し、執務室面積によって算出する。オフィスビルにおける延床面積に対する執務室面積の割合は、およそ60％前後といわれているので、延床面積から利用人員を求めることができる。例として参考建物における日使用給水量を求めると、16.5m^3/日となる（式1）。

給水方式の決定方法

給水方式は主として次の3つがある。

・水道直結給水方式
・水道直結増圧給水方式
・受水槽＋加圧給水ポンプ方式

それぞれの特徴については表1を参照されたい。

方式の決定には、給水使用箇所までの高さと同時使用水量が大きな要因を占める。そのほか水道料金によっても比較を行い計画建物における最適なシステムを決定する。

水道料金は水道事業者によって大きく異なるため、計画地の水道局にて基本料金、従量料金の調査を行う。引込口径による給水負担金が発生する場合には、直結増圧方式を採用すると負担金の金額が大きくなる場合もあり、受水槽方式としたほうがコストが抑えられることもある。

給水方式の決定

参考建物においては受水槽容量算出（式2）に基づき設置スペースとランニングコストの節約を配慮し、直結増圧給水方式を採用することとした。増圧給水ポンプについては利用人員より計画水量を予測する算定式（式3）により水量を算定し、引込口径を決定する。ポンプの選定についてはポンプメーカーに給水量、建物高さなどの条件を提示し、給水計算書の作成を依頼することも可能である。

式 1　日使用給水量の求め方

・日使用給水量はその建物を利用する人員から求める。
・事務所ビルでは 1 人当たり約 100ℓ/日
・利用人員は執務室の床面積当たり 0.2 人/m^2 を想定し、延床面積に対する執務室面積の割合を 60%とし、延床面積から利用人員を求める。

（延床面積）×（執務室面積割合）×（人員密度人/m^2）
×100ℓ/人・日＝日使用給水量

参考建物延床面積 1,376.11m^2 より日使用給水量を求めると

1376.11×0.6×0.2 ＝ 165.13 ≒ 165 人
165 人 ×100ℓ/人・日＝ 16500ℓ/日＝ 16.5m^3/日

表 1　各給水方式の特徴

給水方式	特徴
水道直結給水方式	水道本管から直接配管して給水を行う。本管給水圧力に依存するため一般的に 2 階建て程度の低層建物に採用される。本管給水圧力が高い地域では 5 階建て程度まで給水可能な場合もある。
水道直結増圧給水方式	直結給水管の途中に増圧ポンプを設置し、水道本管圧力よりも高い給水圧力が必要な場合においても直結給水が可能となる。受水槽設置スペースが不要となり、清掃にかかる維持費が低減される。
受水槽＋加圧給水ポンプ方式	水道直結増圧給水方式の場合水量および増圧能力に限度があり、水道事業者によっては受水槽設置を指導される。また、受水槽方式の場合断水などが発生したときでも水槽に貯水されている水を使用することができる。

式 2　受水槽方式受水槽容量の求め方

受水槽有効容量
受水槽の有効容量は日使用給水量の 40 ～ 60%とし、一般には 50%で設計する。
有効容量Ｖ＝日使用給水量（m^3）×0.5
日使用水量を 16.5m^3/日とすると　16.5m^3/日 × 0.5 ＝ 8.3m^3 ≒ 9m^3
呼称容量は有効容量の 20%アップ　呼称容量　V ＝ 9.0×1.2 ＝ 10.8m^3 ≒ 11m^3
受水槽は一般的にパネル組立となっており、パネルサイズは 1 m ×1 m
もしくは 1m×0.5m として水槽サイズを算定する。
水槽の高さを 2m と仮定すると 5.5m^2 の水槽が必要となり
2×3、2.5×2.5 などのサイズ選定となる

式 3　増圧給水ポンプ人員より計画使用水量を予測する算定式

Q：瞬時最大使用水量（ℓ/分）　P：人数（人）
1 ～ 30 人　$Q = 26P^{0.36}$
31 人～　　$Q = 15.2P^{0.51}$
参考建物 165 人より水量を求めると
$Q = 15.2 \times 165^{0.51} = 15.2 \times 13.52 = 205.5$ℓ/分

給水設備配管材および口径、弁類の選定

給水配管の種類

給水は飲用水にもなることから、配管については衛生的なものを選定する必要がある。

以前は鉛管から有害物質が溶出したり、鉄管から赤水と呼ばれる鉄サビが溶出する問題があったが、近年では鉛管は使用されなくなり、鉄管も内面が塩ビなどでライニングされた配管になっている。さらには接着のみで接合が可能な樹脂配管が多く使われるようになっている。また、可撓性のある架橋ポリエチレンやポリブデン管も施工性がよいことから使用頻度が高い。各配管の特徴は表1を参照されたい。

給水配管の口径選定

配管の口径は使用水量をもとに決定する。配管内に流れる水量が大きくなると配管抵抗が大きくなり、流速も増大する。配管内の流速が大きいと、騒音の発生や、水栓を閉止したときに配管内の圧力が急激に上昇するウォーターハンマーと呼ばれる現象が生じて、器具や配管接続部に対して大きな負担がかかる。そのため配管内の流量に応じた配管口径を選定する必要がある。

選定にあたっては図1にあるような摩擦抵抗線図を使用する。配管材ごとに摩擦抵抗が異なるため、使用する配管の摩擦抵抗線図により口径を選定する。流量により、摩擦抵抗を0.3kPa程度、流速が2.0m/秒以下となるよう配管口径を線図より読み取る。

弁類の種類

弁類は給水設備の構成部材として配管の次に重要なものとなっており、流量を調整したり、流体の流れを制御したりするために必要なものである。代表的な弁類は表2を参照されたい。選定にあたっては配管材と同性能のものを採用する。たとえば塩ビライニング鋼管の場合は弁類においてもライニング性能を低下させることのないよう、ライニングが施されているものとする。例としては「管端コア内蔵バルブ」と呼ばれるものがあり、配管接合部においても管端部の配管切断部からサビを発生させることがないような構造となっている（図2）。

表１　給水配管の種類と特徴

材質	種類	配管表面色	特徴
	塩化ビニルライニング鋼管（VLP-VA）	茶色	鋼管の内面を塩化ビニルでライニングしたもの。鋼管表面は錆止め処理のみ。
	塩化ビニルライニング鋼管（VLP-VB）	メッキ色	鋼管の内面を塩化ビニルでライニングしたもの。鋼管表面は亜鉛メッキ処理されている。
	内外面塩化ビニルライニング鋼管（VLP-VD）	青色	鋼管の内面を塩化ビニルでライニングしたもの。鋼管表面もライニング処理されている。
鋼管	ポリエチレン粉体ライニング鋼管（SGP-PA）	茶色	鋼管の内面をポリエチレンでライニングしたもの。鋼管表面は錆止め処理のみ。
	ポリエチレン粉体ライニング鋼管（SGP-PB）	メッキ色	鋼管の内面をポリエチレンでライニングしたもの。鋼管表面は亜鉛メッキ処理されている。
	内外面ポリエチレン粉体ライニング鋼管（SGP-PD）	青色	鋼管の内面をポリエチレンでライニングしたもの。鋼管表面もライニング処理されている。
	ステンレス鋼管	銀色	強度、耐食性、耐久性に優れている。継手の種類が多くある。
	塩化ビニル管（VP）	灰色	塩ビ製配管。継手接合は接着となる。
	耐衝撃性塩化ビニル管（HIVP）	濃紺色	塩ビ配管に比べ耐衝撃性を持たせ外力に対して破損しにくい。
樹脂管	架橋ポリエチレン管	白色	可とう性があり長尺で使用できるため継手接合を少なくできる。
	ポリブデン管	ベージュ色	特徴はポリエチレン管と同等でありながら価格が低め。
	耐震性高性能ポリエチレン管	青色	耐震性、耐食性に優れ可とう性がある。

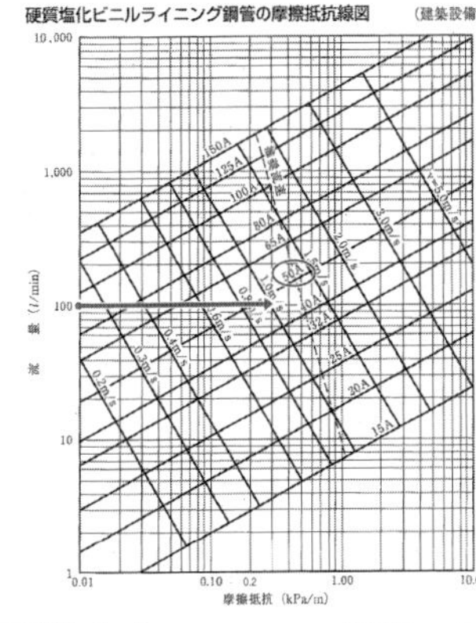

例）流量100ℓ/分の場合の、配管口径を40Aにしたときに流速が推奨流速を超えるため、50Aを選定する。このときの摩擦抵抗は配管1m当たり0.2kPaとなる。

図１　硬質塩化ビニルライニング鋼管の摩擦抵抗線図（出典:空調衛生学会便覧）

表２　給水弁類の種類

名称	役割
止水弁	給水を止めたり、流量の調整に用いる
逆止弁	給水の流れ方向を制限する弁。１方向にのみ流れ逆方向には内蔵弁により流れない構造
フレキ管	機器の接続部に用いる可撓性のある配管。ゴム製、ステンレス製などがある
エア抜き弁	配管内の空気を抜くための弁。空気が溜まると内蔵の浮き子が作動し空気のみを排出する
緊急遮断弁	受水槽出口配管などに用いられ、感震器からの信号により管路を遮断し水槽の水が流出するのを防止する
減圧弁	給水圧力を減少させ、設定圧力とするために用いる弁
バキュームブレーカー	大便器フラッシュバルブなどに用いられ配管内が負圧になった場合に空気を吸い込み逆流を防止する弁
定流量弁	圧力が変動しても流量を一定に保つために用いる弁

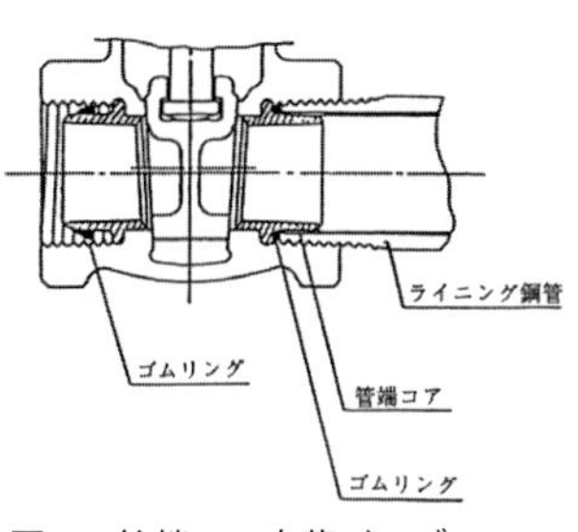

図２　管端コア内蔵バルブ

給湯設備システムの選定

給湯の特徴（エア抜き）

水は温度が高くなるほど気体を溶かす能力が低下するため、水を温めると溶存酸素など溶け込んでいた空気が分離する。溶存酸素は腐食性が高く、配管や機器の寿命を低下させるばかりか、配管内に滞留した空気が流れを阻害し湯の出の悪化を招くなどの弊害を生ずる。このため、給湯システムにおいては配管内に溜まった空気を追い出すためエア抜き弁などの設置を考えなければならない（写真1）。また、配管を立ち上げ横引きしてから立ち下げると山形の配管になり、この山形の部分に空気が溜まる。空気は動くことができないため配管内の給湯の流れを止めてしまう。この山形の配管を神社の鳥居になぞらえて鳥居配管といい、避けるべき配管方法である。湯を循環させるポンプ内部の圧力の低くなる部分では、ほかの部分よりさらに空気が分離しやすくなっているため、エア抜きに対する注意が必要である。

給湯の特徴（水の膨張）

水の密度は約4℃のときに最も大きく、これを冷却しても過熱しても膨張する。給湯の供給に使用される60℃では1.7％程度の膨張があり、これを配管系外に逃がす（逃がし弁、写真2）か、あるいは溜める（膨張タンク）システムが必要になる。適正な措置をとらないと配管に膨張の応力がかかり、継手部分などから漏水が起こってしまう。また配管直管部が長いほど温度変化による配管自体の伸び量が大きくなるため、伸縮継手や配管継手を組み合わせて伸び量を吸収させるといった対応が必要である。

給湯システムの種類

オフィスビルでは給湯室での飲用給湯または洗い物用の給湯への使用が想定される。これらの用途の場合は、使用量はそれほど多くなく利用時間も短いため、局所給湯方式が一般的である。給湯室へのガス給湯器の設置は、排気ガス換気の問題や安全性からあまり好まれない。近年では電気温水器を用いることが多く、飲雑両用タイプや、タイマーを内蔵し利用の少ない時間は通電を停止し省エネ運転が可能なものがある（写真3）。

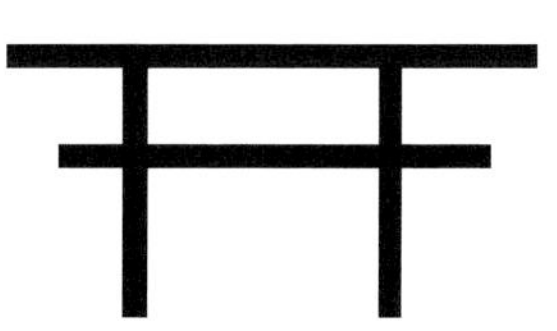

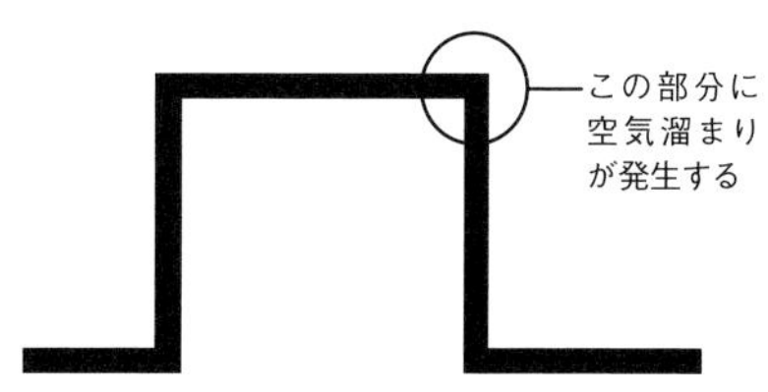

鳥居配管
上部に凸形の配管は空気溜まりが発生するためやってはいけない

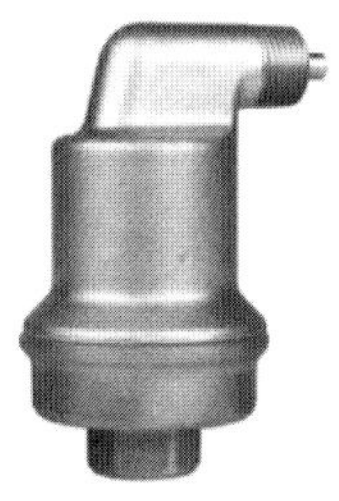

写真１　自動エア抜き弁
配管内に溜まった空気を自動的に配管外に排出する役割を果たす。排出時に水が一緒に出ないように改良されているタイプもある

写真２　安全逃がし弁
電気温水器などに設置し、配管内の圧力が上昇すると自動的に排水を行い、圧力を逃がす役割を果たす

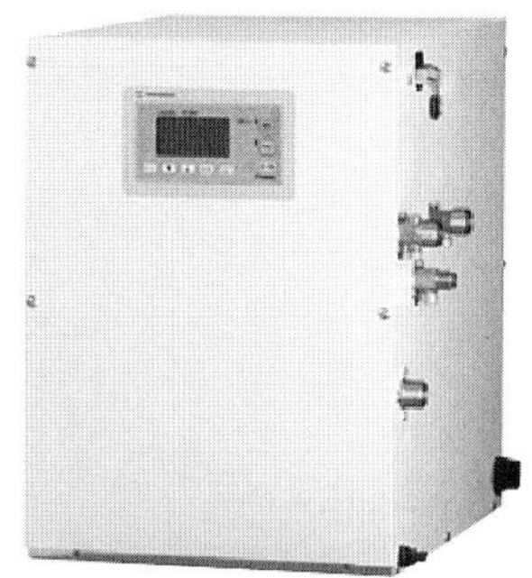

写真３　電気温水器
ミニキッチンシンク下などに設置し、給湯を供給する。タイマー機能により、夜間など湯の使用が少ない時間帯は通電を停止し、省エネ運転を行う

排水通気設備

屋内排水の考え方

オフィスビルでは水回りをコア部分にまとめて計画し、パイプスペース（PS）を適切に設ければ、平面上での衛生器具から排水竪管への配管ルートの検討は比較的容易となる。配管勾配と梁貫通のレベルに注意し、梁貫通位置については構造設計者への確認を行う。

排水竪管の口径選定は、その竪管に接続される器具の種類と個数を集計して行う。排水器具種類ごとに負荷単位が設定されており（表1）、配管に接続される器具を集計して負荷単位合計により配管口径を算出する。なお、接続される配管の口径は器具のトラップ口径以上でなければならないことに注意する。

配管勾配については配管口径によって最小勾配が設定されている（表3）。

排水竪管から屋外排水桝へ接続するためには、排水を横引きに流れ方向を変える必要があるが、排水は曲がり部分にて排水障害のトラブルが起きやすい。複数の曲がりを設ける場合は、1つの曲がりからおおよそ2m以上の直管部分を設けてから次の曲がりを設ける必要がある。また、上階からの排水横引配管に最下階排水を接続してはならない。これは上階からの排水が排水障害などによる最下階の排水口からの噴き出しを避けるためである。

屋外排水の考え方

屋内排水から公共下水道への放流を行うため、屋外に排水配管を敷設する。屋内排水と異なる点としては、土中に埋設されているため漏水や詰まりなどのトラブルが発見しにくいことが挙げられる。このため屋外排水には必ず桝を設け、配管に異常が見られたときには桝から点検を行うようにする。排水桝は基本的に排水の曲がり、および会所に設ける。また、直管部分においても、配管径の120倍以内の長さごとに桝を設けること。

屋外排水桝の考え方

屋外桝は大きく分類すると汚水用のインバート桝と雨水用のため桝と呼ばれるものがある。インバート桝（図1）は底部に排水の流れ方向を決めるための溝がつけられており、曲がりや合流に対応している。一方、雨水ため桝（図2）は雨水内の土砂を取り除くために設け、桝底部から排水流出口まで150mm以上の泥たまりを設ける。また、汚水との合流部では、汚水管からの臭気が流入しないようにトラップ機構を有するトラップ桝（図3）を用いる。

表１　排水管径と許容最大器具排水負荷単位数

器具	トラップ最小口径	排水負荷単位	器具	トラップ最小口径	排水負荷単位
大便器（私室用）	75	4	洗濯流し	40	2
〃（公衆用）	〃	6, 8*	汚物流し	75	6
小便器（壁掛け形）	40	4, 5*	調理用流し	〃	2
〃（ストール形）	50	〃	〃（湯沸し場用）	〃	3
洗面器	30	1	洗面流し（並列式）	〃	〃
手洗器	25	0.5	床排水	50	3
水飲器または冷水器	〃	0.5		75	5
掃除流し（台形トラップ）	65	2.5	標準器具以外のもの	40	2
掃除流し・雑用流し	40 ～ 50	〃		50	4
連合流し	40	〃	排水ポンプなどの機器　吐出量 3.6ℓ / 分ごと		2
〃（ディスポーザー付）	〃	4			

＊集中利用（使用頻度の高い）の場合に用いる。

表２　衛生器具のトラップ口径と器具排水負荷単位

管径 (mm)	許容最大器具排水負荷単位数							
	排水横枝管[1)]	３階建てまたはブランチ間隔３を有する１竪管	３階建てを超える場合		排水横主管および敷地排水管			
			１竪管の合計	１階分または１ブランチ間隔の合計	勾配			
					1/192	1/96	1/48	1/24
30	1	2	2	1	—	—	—	—
40	3	4	8	2	—	—	—	—
50	6	10	24	6	—	—	21	24
65	12	20	42	9	—	—	24	31
75	20	30	60	16	—	20	27	36
100	160	240	500	90	—	180	216	250
125	360	540	1,000	200	—	390	480	575
150	620	960	1,900	350	—	700	840	1,000

＊排水横主管の枝管は含まない。

表３　排水横管の勾配

管径（mm）	勾配
65 以下	1/50 以上
75, 100	1/100 〃
125	1/150 〃
150 以上	1/200 〃

＊標準流速 0.6 ～ 1.5 m/ 秒

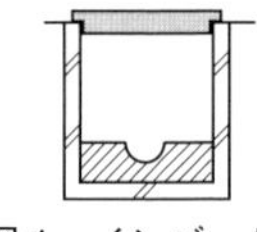
図１　インバート桝

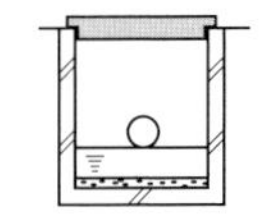
図２　雨水ため桝

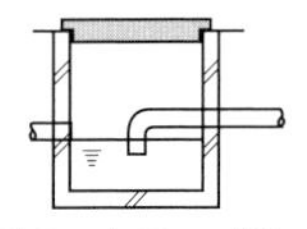
図３　トラップ桝

通気の考え方

排水システムにおいては単に配管を接続しただけではその機能は満足されず、適切に排水を行うためには、通気配管と排水配管を対として構成する必要がある。通気の最も重要な機能は排水トラップの保護にあり、通気が適切に設けられていないとトラップ内の封水が切れたり（誘導サイホン作用）、封水が吹き出す（はねだし作用）ことがある。これは排水管内においては排水と空気が一緒に運ばれており、配管内での液体と気体の挙動が異なるために起こる。液体である排水は重力にしたがって下流へと流れていくが、配管の曲がり部分や合流部分において配管断面を排水で満たされてしまうと配管内の空気は逃げ場がなくなる。間に挟まれた空気は圧力が高くなったり低くなったりし、排水口から吹き出したり吸い込んだりする。こういったトラブルを防ぐため排水の間に挟まれた空気の逃げ道を形成するのが通気管の役目である。

通気管の種類

通気管はその使用する箇所や役割によって図1のような種類がある。

排水竪管において上部と下部に通気管を接続し、押し込まれる空気と吸引される空気の圧力変動を逃がす。排水横枝管においては最上流の排水器具の下流側に通気管を接続する（図2）。

通気管の末端は大気に開放させるが、通気管が接続する排水管は下水道管とつながっているため、その開放部において臭いや下水管内で生じるガスが出てくる。このため通気管の末端開放位置は図3のように開口部からの離れについて規定がある。

特殊通気システム

開口部と通気口の開放位置については制約があり、建築プランによっては規定の寸法が確保できない場合や、寒冷地においては通気口から冷気が入り込み、排水管内排水の凍結を引き起こすおそれがある。そのような場合には特殊通気システムを使用する（図4）。特殊通気システムでは器具内に特殊な弁が設けられており、配管内の圧力が負圧になると弁が開放され排水管内に空気を取り込むことができる。普段は弁が閉じられているため屋内に設置しても排水管内の臭気が出ることはない。

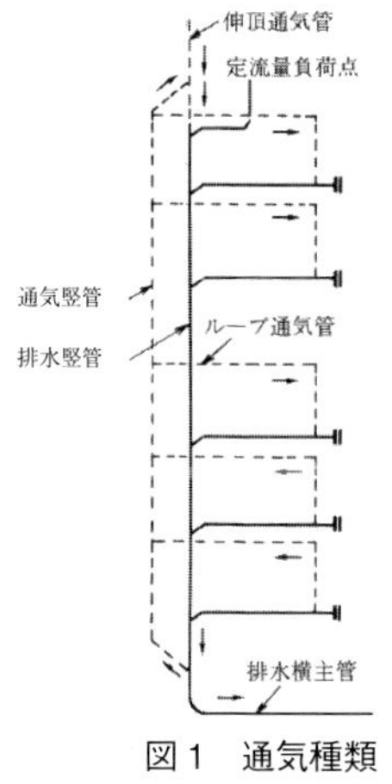

図１　通気種類

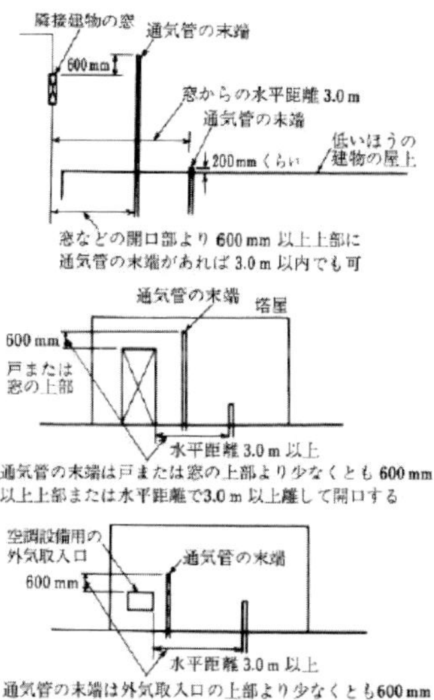

図３　通気管開口部からの離れ

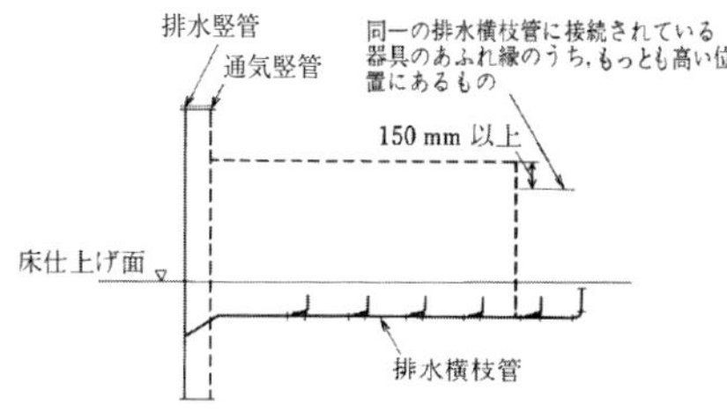

図２　ループ通気取出位置 第一トラップの下流側に接続

（図１、２，３　出典：空気調和・衛生工学便覧）

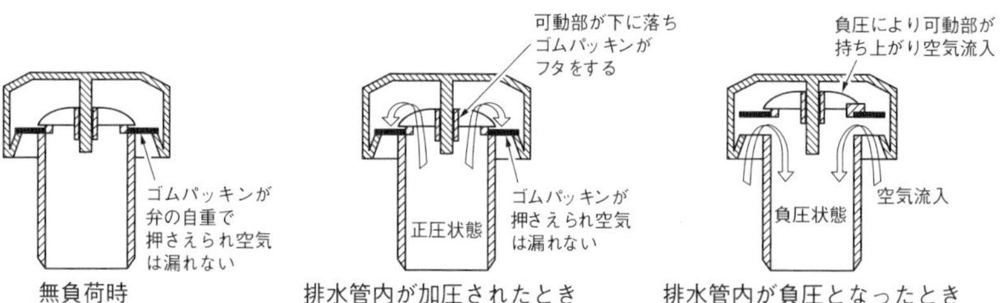

図４　特殊通気システム（ドルゴ通気）（出典：森永エンジニアリングカタログ）

ガス設備

ガスの種類

都市ガスが整備されている地域では都市ガスの利用が可能であるが、そのほかの地域ではプロパンガスでの供給となる。

都市ガスは電力会社とは異なり、1つのガス会社が供給している地域が広範ではなく、水道のように行政区で供給エリアが決まっているものでもないため、事前にガス会社に問合せを行い、計画地が供給可能エリアであるかの確認が必要となる。また、ガス会社ごとに供給されるガスの種類が異なっており、発熱量にも違いがあるため、ガス器具の選定時にはその土地の都市ガスの種類に適合する器具かを確認する必要がある（表1）。

プロパンガスでの供給の場合は、ビル全体のガス消費量を求め、ガス発生量とガスボンベ交換周期をもとにガスボンベの必要本数を算出する。ガス発生量は外気温によって変化し、低温であるほどガスの気化量が減少するため、必要ボンベ数は増加する。寒冷地では電気ヒーターにより強制的にガスを気化させるベーパーライザーを用いることもある。

また、ボンベ必要本数が多くボンベ置場のスペースが大きくなってしまう場合には、バルクタンクと呼ばれる固定式の大型タンクを設置し、ガスを補充する方式も選択可能である。

ガス配管

ガス漏洩のリスクのため、ガス配管は敷設場所について細かな規定がある。原則パイプシャフト内に配管を敷設し、外部からの損傷を受けにくくする。また電気設備との離隔のために隔壁を設けるなどの措置が必要となる。これらは何らかの外力が働いたときに電気のスパークが漏洩ガスに引火した場合、ガス爆発を起こす危険があるためである。テナントビルの場合は、入居するテナント用途によってはガス設備が必要となることが想定されるため、メインシャフトにガス配管を敷設し、各テナントエリアへの分岐配管までを用意し、以降はテナント工事にて配管の敷設およびガスメーターの設置を行うものとして計画する。この場合はガス消費量が未定であるため、配管口径の選定においては供給ガス会社と協議を行い選定するのが望ましい。

表1　都市ガスの種類

ガス用品検定グループ	ウォッベ指数（WI）[*1]		燃焼速度（MCP）[*2]		対応する供給ガスグループ
	最低	最高	最低	最高	
13A	52.7	57.8	35	47	13A
12A	49.2	53.8	34	47	12A
6A	24.5	28.2	34	45	6A
5C	21.4	24.7	42	68	5C
L1	23.7	28.9	42.5	78	6B, 6C, 7C
L2	19.0	22.6	29	54	5A, 5AN, 5B
L3	16.2	18.6	35	64	4A, 4B, 4C

注　＊1　ウォッベ指数（WI）とは、ガス器具に対するガスの入熱量（入力）を表現しようとする指数で、ガスの単位体積当たりの総発熱量［MJ/m^3］をガスの比重の平方根で除したものをいう。

＊2　燃焼速度（MCP）とは、燃焼が周囲に伝播されていく際に、火炎が火炎面に垂直な方向に未燃焼混合ガスのほうへ移動する速度をいう。なお、燃焼速度はガスの成分、空気との混合割合、混合ガスの温度、圧力などによって異なる。

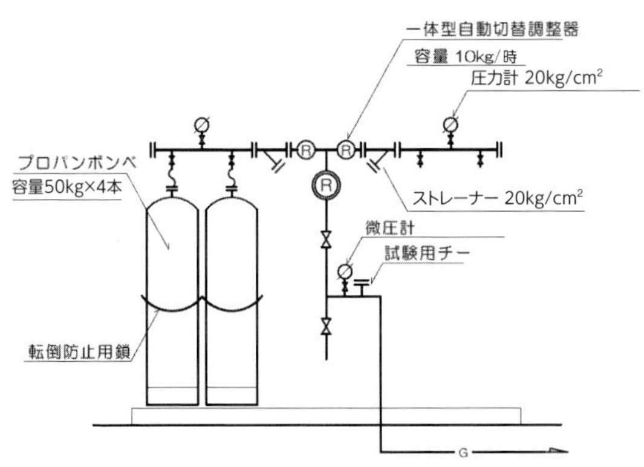

図1　LPG ボンベまわりの配管

消火設備システム

屋内消火栓

消火設備は消防法に準拠して設けるため、その内容の詳細は2章にて述べている（40～45ページを参照）。この章では消火ポンプの起動から放水までの一連動作について説明する。

屋内消火栓はスプリンクラー設備と異なり人為的な消火活動のために設けており、建物使用者が操作を行い初期消火活動に利用する。このため操作手順についての説明書きを、屋内消火栓ボックス扉表面もしくは裏面に表示している。

消火ポンプは火災信号を受けると起動するようになっているため、火災感知器による発報もしくは火災発見者が消火栓ボックス併設の発信器ボタンを押すことによって消火ポンプは運転を開始する。このとき、表示灯が点滅し、ベルが鳴動する。その後消火栓ボックス内に格納されているホースを伸ばし、バルブを開き、先端のノズルから放水を行う。このため、消火にあたってはホースを伸ばす人とバルブを開く人の2人が必要になる。易操作性1号消火栓はノズル部分に開閉機能を有しており、1人でも消火活動が行えるようになっている（表1）。

連結送水管

連結送水管は屋内消火栓と異なり、消防車が到着した後に消防隊が消火を行うための設備である。

火災時においても消防隊が連結送水管放水口まで安全に到達できる必要があるので、放水口は避難階段や非常用エレベーターホールに設置する。また、高層建物で火災が発生した場合にエレベーターが使用不可の状態であると、消防隊は階段を使用して火災発生階に到達しなければならず、ホースを担いで階段を上がると時間がかかってしまうために、高さ31mを超える階に設置する放水口にはホースとノズルをボックス内に格納することが義務付けられている。

屋外には消防車のポンプからの水を送る送水口を設置するが、送水口の位置も火災発生時に迅速に見付けることができるよう、エントランス付近など見やすい場所に設置する必要がある。植栽の横などに送水口を設置するケースがよく見られるが、送水口が植栽に隠れてしまっていると、消防立入検査時に植栽を伐採するよう指導を受けることがある。

表１　屋内消火栓作業手順

１号消火栓使用方法 （２人以上で操作）	易操作性１号消火栓および２号消火栓使用方法 （１人で操作可能）
1. 発信機 (起動ボタン兼用) を押す。ポンプが起動すると赤色表示灯が点滅（起動確認灯が点灯) する。 2. 消火栓の扉を開け、１人がホースが折れないよう延長し、出火元へ向かう（長すぎる場合は 15m ホース１本にする）。 3. 残る１人がバルブを全開にする（送水を確認した後、ホースの折れなどを直しながら補助を行う）。 4. 火元に向かって放水する。 ＊ ノズルを放すと水圧の反動力でノズルが暴れ、負傷するおそれがあることに注意。 5. 消火後、消火栓バルブを完全に閉鎖し、起動ボタンを元に引き戻し、火災受信機を復旧させる。 6. 消火栓ポンプ室に行き、制御盤で停止（OFF）ボタンを押しポンプを停止させる。 ホースを延長する前にバルブを開けるとホースに水が充満しホースを取り出せなくなることがある。操作手順は必ず守ること。	1. 消火栓ボックス内のバルブを開放する。バルブ開放と同時に消火ポンプが起動する。 2. ホースを延長する。 3. 筒先を構え、ホースのノズルコックを開放し、放水する。

換気設備

オフィスにおいて換気が必要な部屋には、執務空間、トイレ、ミニキッチン、倉庫などがある。

換気によって、執務空間では入居者の呼吸による室内の酸素濃度の低下および二酸化炭素濃度の上昇を防ぐ。トイレでは臭気の排出を行う。ミニキッチンでは湯の使用時に発生する水蒸気、調理器具利用時の排熱や湿気を排出する。

換気方式として、自然換気、第一種換気、第二種換気、第三種換気がある（図1）。ここではオフィスの換気方法として一般的な第一種換気および第三種換気について説明を行う。

第一種換気

給気・排気用としてそれぞれ専用の換気ファンを設置し、強制給排気を行う方式を第一種換気という。給排気の各ファンをダクトの途中に設置する中間ダクトファンとすると、給気口、排気口を別に設置することができ、換気効率がよく、意匠的にも望ましい位置とすることが可能である。

[全熱交換型換気扇]

第一種換気の一種として、全熱交換型換気扇がある。これは、外部の空気と室内の空調された空気を、機械の中で仕切（エレメント）を挟んで熱的に接触させることによって、取り入れた外気を冷房時は冷やし、暖房時は暖めることができ、外気負荷の軽減につながる（図2）。オフィスでは天井埋込ダクト形、天井埋込カセット形の全熱交換型換気扇の採用が一般的である。

第三種換気

排気を換気ファン、給気を給気口を設け自然に行う方式を第三種換気という。外部からの取入口と給気口の設置場所が離れすぎていると、その間のダクトが抵抗となり、より抵抗の少ない扉などから給気が行われるおそれがある。場合によっては風切り音が発生する。防止のためには、ダクトの延長距離を2m程度以内とする、ダクトを太くして抵抗を少なくするといった対応が必要である。また、換気において外部からの給気の取入口と外部への排気の排出口は十分な離隔距離を確保し、排気された空気が給気口から室内に入ってしまうショートサーキットが起きないようにする。とくにトイレや電気調理器の排気は臭気があるため排出口は給気口1.5m以上離すことが望ましい。

自然換気
自然給気、自然排気による方式

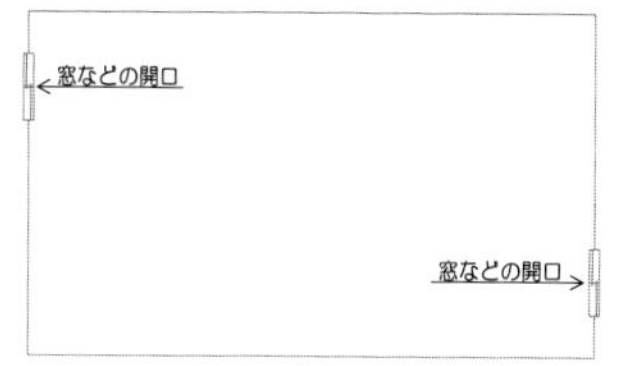

第１種換気
給気ファン、排気ファンによる強制給排気方式

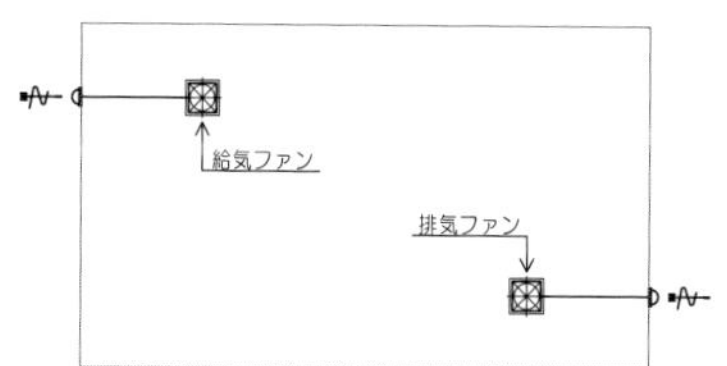

第２種換気
給気ファンによる強制給気、自然排気による方式

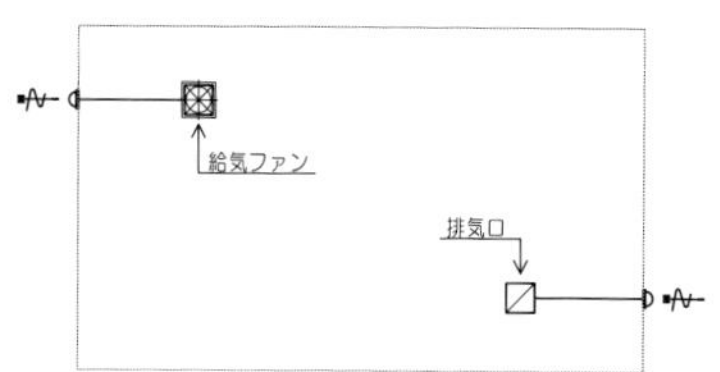

第３種換気
排気ファンによる強制排気、自然給気による方式

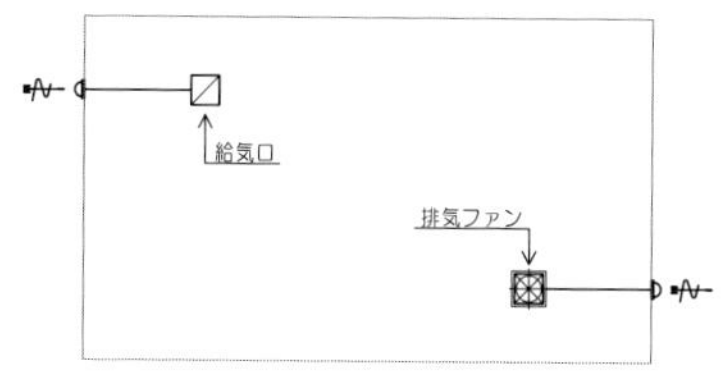

図１　各種換気方法

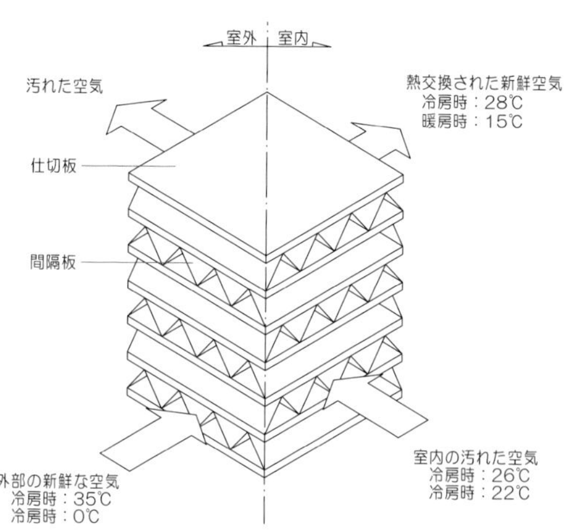

図２　全熱交換器の概念図

空調方式

空調方式には、吸収式冷温水発生器による冷温水を利用した中央熱源方式、ガスエンジンによるガスヒートポンプエアコンによる方式などがある。小規模オフィスにおいては、高効率化、室外機の省スペース化が進んでいる電気による空冷ヒートポンプエアコンを選定することが一般的である。

また、電気による空冷ヒートポンプエアコンは、機種も複数あることから、オフィスの規模・形状・使用方法（テナント対応など）に適した機器を選定しやすい。

以降、電気式空冷ヒートポンプエアコンについて説明する。

空調機の機種について

[ビル用マルチエアコン]

1台の室外機に対して、複数の室内機を接続することができるため室外機の設置スペースは省スペースで済む。

空調系統を階ごととする場合には、各階系統の室外機を1台ずつ設置することとなるので、冷媒管も各階1本となり、ほかの空調方式に比べて配管スペースも省スペースで済む（図1）。

ただし、各階を複数の事務所（テナント）に分割して空調系統も分ける場合は、室外機の台数も増えるためスペース検討時に注意が必要である。

室内機は、天井埋込カセット形、天井ダクト形、天井吊形、壁掛形など多種類が用意されている（室内機の種類は84ページ以降を参照）。

[店舗・オフィス用エアコン]

1台の室外機に対して1台の室内機を設置するセパレートタイプが主体である。故障時や老朽時は、対象の室外機と室内機のセットごとに交換できるため、比較的安価で済む。

各階を複数の事務所（テナント）に分ける場合や、各事務所の規模が小さい場合は、能力の小さい室外機もあるためビル用マルチエアコンより対応しやすいケースもある。

冷媒管の本数は室外機と室内機のセット数分必要となるので、屋上に室外機をまとめて設置する場合では、室外機回りに配管が集中し広いスペースが必要となる。建物内のPSもビル用マルチエアコンに比べスペースを広く確保する必要がある（図2）。各階に室外機置き場を設けることができれば配管の延長距離を短くすることが可能であり、冷媒管用のPSを設ける必要がなくなる（図3）。

なお、メーカーによっては1台の室

外機に対して室内機が複数のマルチタイプもある。ただし、機器能力に制限がある場合や、室内機の個々の温度設定ができず複数台の室内機を１つのコントローラーで温度設定しなければならないなどの制限がある場合もあるため、採用時は注意が必要である。

室内機は、ビル用マルチエアコンと同様の機種が用意されている。

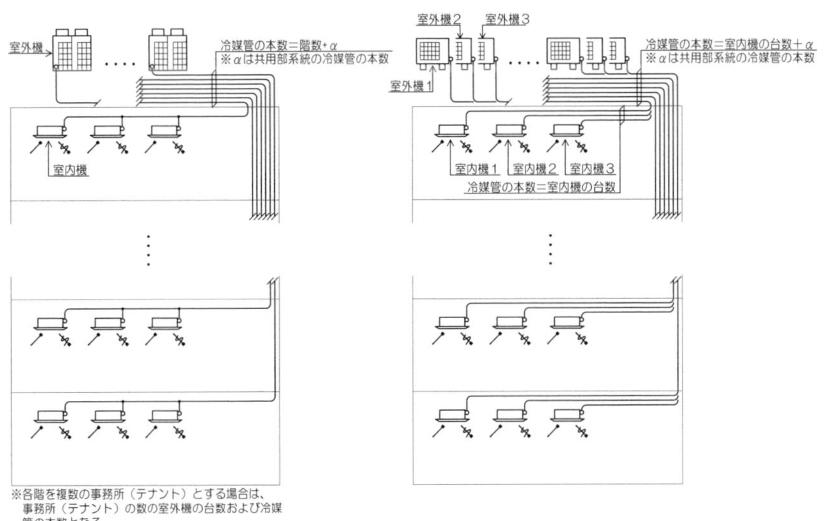

図１　ビル用マルチエアコンの概略

図２　店舗・オフィス用エアコンの概略

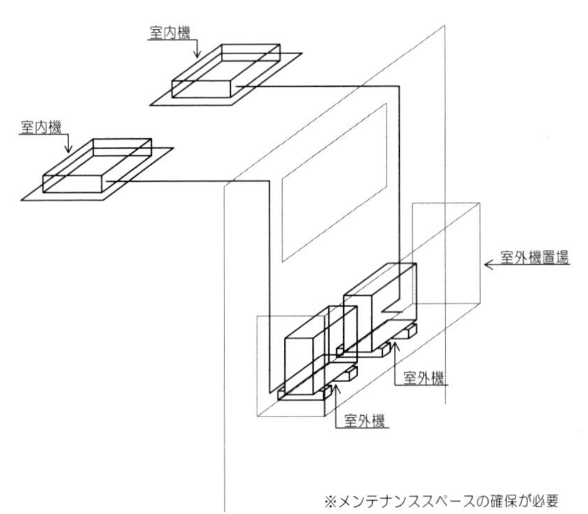

図３　店舗・オフィス用エアコンの概略（各階に室外機置場を設ける場合）

[ルームエアコン]

オフィスにおいてルームエアコンを用いることは少ないが、小規模オフィスビルの場合、空調方式の選択肢として検討するのも1つの方法であると思われる。

室外機と室内機の組合せは店舗・オフィス用エアコンと同様に、1台の室外機に1台の室内機が接続されるセパレートタイプが主体である。ただし、室内機の機種は、壁掛形、天井埋込カセット形が主体で、ビル用マルチエアコン、店舗・オフィス用エアコンに比べて少ない。

ほかの方式よりも安価であるが、室内機の種類が少ない、冷媒管の延長距離が短いなどの制限があるので、採用には十分な検討が必要である。

空調負荷の算出

空調機を選定するにあたり、空調負荷を算出する必要がある。詳細計算は設計完了時までに行う必要はあるが、設計開始のスペース検討を行う時点では、負荷計算に必要な情報（壁の厚み、各方位の開口面積、ガラスの仕様、断熱材の厚さ・仕様など）をすべて決定することは難しい。このような場合、想定の空調負荷として、面積当たりの値を想定して計算を行う。

想定値として冷房負荷を150～250W/m^{2}の間の値を使用する（参考建物における面積当たりの空調負荷は200W/m^2）。想定値の数値の幅は、床面積、屋外に面したガラス面積、床面積に対するガラス面積、断熱材の厚さ・仕様、収容人員数の違いによるものである。また、建設地が寒冷地域なのか温暖地域によっても変わってくる。なお、床面積に対して外部に面したガラス面積が極端に大きい場合は、想定値を使用せず、詳細計算を行うことが望ましい。

計算結果によっては、空調機器が大きくなり収まりが悪くなる、もしくは竣工後のランニングコストが大きくなるなどの問題が起きることが予想される。事前に詳細計算を行うことで、断熱材の厚さ・仕様、ガラスの仕様の変更を行う、意匠的に庇や袖壁を設け直射日光を遮るなどの検討を行うための資料にもなる。

詳細計算を自分で1から行うのは時間がかかるため、空調機メーカーが公開している負荷計算ソフトの利用、もしくは空調機メーカーに計算を依頼することが一般的である。

表１　負荷計算表の例

熱貫流率計算表

件名：　参考建物

壁体の種類	壁体の構造	番号	材料通番号	材料名	厚さ t (mm)	伝導率 λ	熱抵抗 t/λ	熱貫流率
OW-1		－	140	外部熱伝達	－	23.3	0.044	
		1	25	ＡＬＣ板	125	0.12	1.04167	
		2	120	空気層（半密閉）			0.07	
		3	32	石膏(ｾﾝﾁｭﾘ)ﾎﾞｰﾄﾞ	9.5	0.21	0.04524	
		4	32	石膏(ｾﾝﾁｭﾘ)ﾎﾞｰﾄﾞ	12.5	0.21	0.05952	
		－	141	内部熱伝達	－	9.31	0.112	
							1.37243	0.73
OW-2		－	140	外部熱伝達	－	23.3	0.044	
		1	9	花こう岩	30	2.18	0.01376	
		2	20	モルタル	5	1.6	0.00313	
		3	25	ＡＬＣ板	125	0.12	1.04167	
		4	120	空気層（半密閉）			0.07	
		5	32	石膏(ｾﾝﾁｭﾘ)ﾎﾞｰﾄﾞ	9.5	0.21	0.04524	
		6	32	石膏(ｾﾝﾁｭﾘ)ﾎﾞｰﾄﾞ	12.5	0.21	0.05952	
		－	141	内部熱伝達	－	9.31	0.112	
							1.38932	0.72
OW-3		－	140	外部熱伝達	－	23.3	0.044	
		1	25	ＡＬＣ板	100	0.12	0.83333	
		2	120	空気層（半密閉）			0.07	
		3	32	石膏(ｾﾝﾁｭﾘ)ﾎﾞｰﾄﾞ	9.5	0.21	0.04524	
		4	32	石膏(ｾﾝﾁｭﾘ)ﾎﾞｰﾄﾞ	12.5	0.21	0.05952	
		－	141	内部熱伝達	－	9.31	0.112	
							1.1641	0.86
IW-3		－	141	内部熱伝達	－	9.31	0.112	
		1	32	石膏(ｾﾝﾁｭﾘ)ﾎﾞｰﾄﾞ	9.5	0.21	0.04524	
		2	32	石膏(ｾﾝﾁｭﾘ)ﾎﾞｰﾄﾞ	12.5	0.21	0.05952	
		3	120	空気層（半密閉）			0.07	
		4	25	ＡＬＣ板	100	0.12	0.83333	
		－	141	内部熱伝達	－	9.31	0.112	
							1.2321	0.81

壁体の種類	壁体の構造	番号	材料通番号	材料名	厚さ t (mm)	伝導率 λ	熱抵抗 t/λ	熱貫流率
FL-3		－	141	内部熱伝達	－	9.31	0.112	
		1	149	カーペット類	3	0.081	0.03704	
		2	52	ゴムタイル	3	0.4	0.0075	0.9
		3	42	合板	12	0.19	0.06316	
		4	120	空気層（半密閉）			0.07	
		5	19	コンクリート（普通）	130	1.4	0.09286	0.89
		6	2	アルミ	4	204	2E-05	0.48
		－	140	外部熱伝達	－	23.3	0.044	
							0.42657	2.27
FL-4		－	141	内部熱伝達	－	9.31	0.112	
		1	149	カーペット類	3	0.081	0.03704	
		2	52	ゴムタイル	3	0.4	0.0075	0.9
		3	42	合板	12	0.19	0.06316	
		4	120	空気層（半密閉）			0.07	
		5	19	コンクリート（普通）	130	1.4	0.09286	0.89
		6	120	空気層（半密閉）			0.07	
		7	32	石膏(ｾﾝﾁｭﾘ)ﾎﾞｰﾄﾞ	9.5	0.21	0.04524	0.83
		8	63	岩綿吸音板	9	0.064	0.14063	
		－	141	内部熱伝達	－	9.31	0.112	
							0.75042	2.62
OG-1								
		1	50	普通ガラス 8t				0.95
								0.95

件名　：参考建物　　備考：　　日付：

	室名	事務室						階高	3.6	室面積	153.4	外夏	DB	35	RH	58	X	0.0207	外冬	DB	1.2	X	0.0021
	系統			階数	2階			天井高	2.7	室容積	414.2	内夏	DB	26	RH	50	X	0.0105	内冬	DB	22	X	0.0082
									夏期取得熱量												冬期損失熱量		
	方位	内壁外壁	壁体の種類	面積A ㎡	K	SC遮蔽係数	A×K	ﾌﾞﾗｲﾝﾄﾞ係数	9時		10時		12時		14時		16時		18時		Δt	F	損失熱量
									ETD	取得熱量	ETD	取得熱量	ETD	取得熱量	ETD	取得熱量	ETD	取得熱量	ETD	取得熱量	℃		kcal/H
天井		I	FL-4	168.4	1.33		224		4.5	1,008	4.5	1,008	4.5	1,008	4.5	1,008	4.5	1,008	4.5	1,008	14.56		3262
		I	FL-4	-15.1	1.33		-20.1		4.5	-91	4.5	-91	4.5	-91	4.5	-91	4.5	-91	4.5	-91	14.56		-293
床	B2	0	FL-3	85	2.34		198.9		3.6	717	4.6	915	6.6	1,313	8.6	1,711	8.6	1,711	7.6	1,512	20.8	1.2	4965
		I	FL-4	167.6	1.33		223		4.5	1,004	4.5	1,004	4.5	1,004	4.5	1,004	4.5	1,004	4.5	1,004	14.56		3247
		I	FL-4	-15.1	1.33		-20.1		4.5	-91	4.5	-91	4.5	-91	4.5	-91	4.5	-91	4.5	-91	14.56		-293
		I	FL-4	-85	1.33		-113.1		4.5	-509	4.5	-509	4.5	-509	4.5	-509	4.5	-509	4.5	-509	14.56		-1647
外壁	NE2	0	OW-2	10.5	0.72		7.6		15.6	119	15.6	119	12.6	96	11.6	89	10.6	81	9.6	73	20.8	1.1	174
	SE2	0	OW-1	3.7	0.73		2.8		14.6	41	17.6	50	17.6	50	14.6	41	11.6	33	9.6	27	20.8	1.05	62
	SW2	0	OW-1	66.1	0.73		48.3		4.6	223	6.6	319	9.6	464	15.6	754	20.6	995	19.6	947	20.8	1.05	1055
	NW2	0	OW-3	25.3	0.86		21.8		4.6	101	6.6	144	8.6	188	10.6	232	16.6	362	20.6	450	20.8	1.1	499
内壁		I	IW-3	15.3	0.81		12.4		4.5	56	4.5	56	4.5	56	4.5	56	4.5	56	4.5	56	14.56		181
ｶﾞﾗｽ（貫流）	TS	0	OG-1	57.3	5.8		332.3		6.3	2,094	7.3	2,426	8.7	2,892	9	2,991	8	2,659	6.3	2,094	20.8	1.1	7604
	TS	0	OG-1	14.4	5.8		83.5		6.3	527	7.3	610	8.7	727	9	752	8	668	6.3	527	20.8	1.1	1911
	TS	0	OG-1	13.2	5.8		76.6		6.3	483	7.3	560	8.7	667	9	690	8	613	6.3	483	20.8	1.05	1673
	TS	0	OG-1	0.8	5.8		4.6		6.3	29	7.3	34	8.7	41	9	42	8	37	6.3	29	20.8	1.05	101
ｶﾞﾗｽ（日射）	NE	0	OG-1	57.3	5.8	0.76	332.3	0.66	245	7,042	92	2,644	43	1,236	43	1,236	36	1,035	20	575	20.8		
	E	0	OG-1	14.4	5.8	0.76	83.5	0.66	491	3,547	319	2,304	43	311	43	311	36	260	20	144	20.8		
	SE	0	OG-1	13.2	5.8	0.76	76.6	0.66	409	2,708	341	2,258	93	616	43	285	36	238	20	132	20.8		
	SW	0	OG-1	0.8	5.8	0.76	4.6	0.66	42	17	43	17	147	59	377	151	402	161	153	61	20.8		
	(1)	壁体よりの熱負荷計								19,025		13,777		10,037		10,662		10,230		8,431	計		22,501

番号	室内より発生する熱負荷 種類	数量		負荷率	顕熱負荷（SH） W・単位	顕熱負荷（SH） W	潜熱負荷（LH） W・単位	潜熱負荷（LH） W		
(2)	人体	28	人	－	55	1,540	64	1,792	換気損失	
(3)	照明（白熱灯）		W/㎡		1		－	－	回数（回）	
	照明（蛍光灯）	20	W/㎡	1	1.17	3,590	－	－	顕熱	
(4)	機器発熱（モーター:1/2HP迄）		HP		1,240		－	－	潜熱	
(5)	ＯＡ機器発熱		KW		1,000		－	－	換気量	
(6)	その他発熱		KW		1,000		－	－	(一般換気扇)(m3)	
(7)	換気熱取得								顕熱	
	(ｲ) 回数(回/H)		回	－	－	1	－		潜熱	
	(ﾛ) 換気量(一般換気扇)　(m3/H)		m3/H	－	－		－		(空調換気扇)(m3)	560
	(ﾊ) 換気量(空調換気扇)　(m3/H)	560	m3/H	－	－	483	－	1,281	顕熱	1,038
	(注) 空調換気扇仕様	(ｴﾝﾀﾙﾋﾟｰ効率)	夏季：	71	%　冬季：	73　%			潜熱	766
	計				(8) 顕熱計	5614	(9) 潜熱計	3073	計	1,804
(10)	(1)+(8)　取得顕熱合計　(W)	24,639		19,391	15,651	16,276	15,844	14,045		
(11)	(10)x1.1　取得顕熱総合計　(W)	27,102		21,330	17,216	17,903	17,428	15,449	合計	24,305
(12)	(11)+(9)x1.1 取得全熱合計　(W)	**30,483**		**24,711**	**20,597**	**21,284**	**20,809**	**18,830**	安全率(1.1)	**26,736**
(13)	単位面積当りの熱量　(W/m2)	199		162	135	139	136	123		175

空調室内機の種類と特徴

空調負荷が決定したところで、次に機器の選定を行う。

ここでは機器は前述のビル用マルチエアコン、店舗・オフィス用エアコン、ルームエアコンのいずれかとすることとする。

室内機は、メーカーごとに若干の仕様の違いはあるが、一般的な機種として、天井埋込カセット形、天井ダクト形、天井吊形、壁掛形がある。

空調を行う部屋の形状、窓の位置などから機種、台数を決定する。

[天井埋込カセット形]

小規模なオフィスでは、最も一般的な機器である。1方向吹出形、2方向吹出形（写真1)、4方向吹出形（写真2）がある。

機器本体は天井内に設置され、吹出口、吸込口が一体となったパネルが天井面に露出されるため、天井仕上げ分を設置スペースに加えることができ、比較的天井懐が小さくて済む（図4)。

また、天井露出のパネルにフィルターが設置されているためフィルターの清掃がしやすい。メーカーによっては、パネルをはずすことでメンテナンスが可能だが、電気配線、冷媒・ドレン配管の接続を行うため、機器本体の横に点検口を設置することが望ましい。

天井面にパネルが露出で設置されるので、照明器具などのほかの天井露出器具との設置位置の調整が必要である。また、空調機が梁と干渉する場合、梁を避けた位置が意匠的・機能的に望ましくない場所になる場合がある（図5)。そのため事前に機器類の配置を行い、梁との干渉がある場合は、梁の移動が可能か構造設計者との調整を行うことが望ましい。

[天井ダクト形]

空調機本体を天井内に設置し、さらに空調機本体と吹出口・吸込口（以降吹出口等）までのダクトの敷設を行う方法である（写真3、図6)。

天井面には吹出口等のみが現れる。吹出口等の位置を決定してからダクトによって空調機本体と接続することが可能なため、照明器具などとの配置の調整を行いやすい。ただし、空調機と吹出口等の間に梁がある場合は、ダクトと梁の干渉に注意が必要であり、場合によっては梁貫通の検討を行う。

機器を天井内に設置するので、機器のメンテナンス用として天井面に点検口が必要である。フィルターは、吸込口に設置する場合と機器の付属品を使用する場合がある。吸込口に設置する場合は、吸込口の形状によってはフィルターを設置することができないものもあるのでメーカーに確認する必要がある。機器の付属品を使用する場合は機器設置スペースが大きくなる傾向がある。また、天井内のフィルター交換スペース、フィルター交換用の点検口などのスペース検討が必要である（図7)。

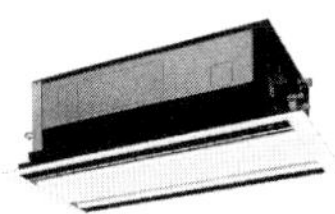

写真１　天井埋込
カセット形（2方向）

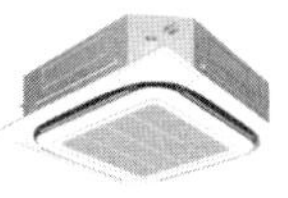

写真２　天井埋込
カセット形（4方向）

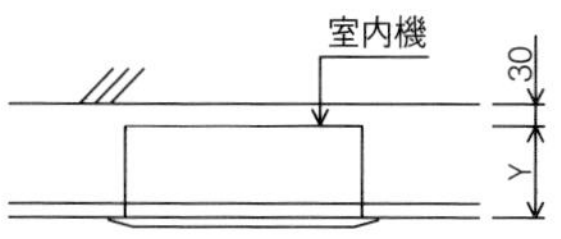

Y:機器高さ＝天井面からの寸法
ただし、グリルの高さは除く

図４　天井埋込カセット形 設置スペース

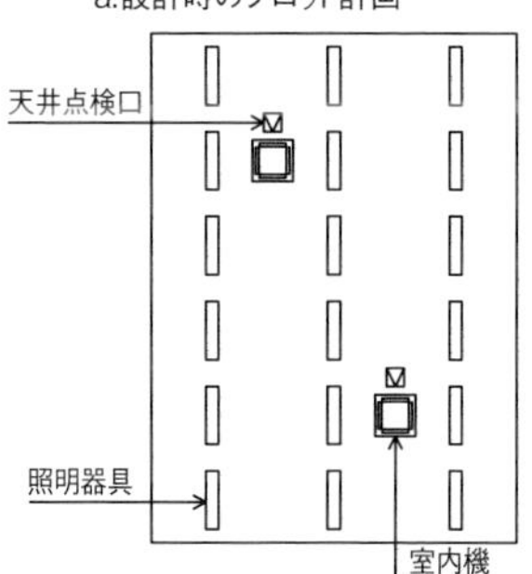

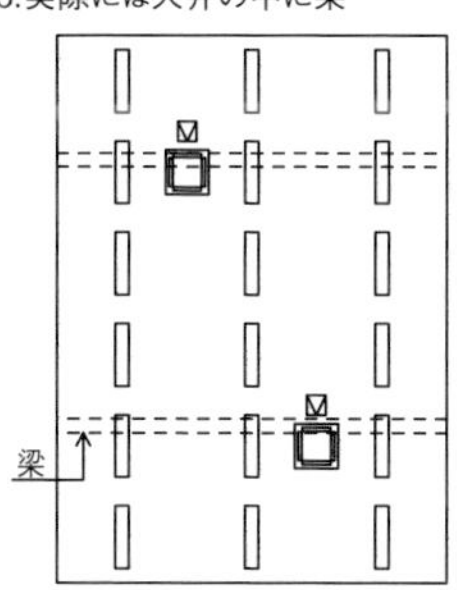

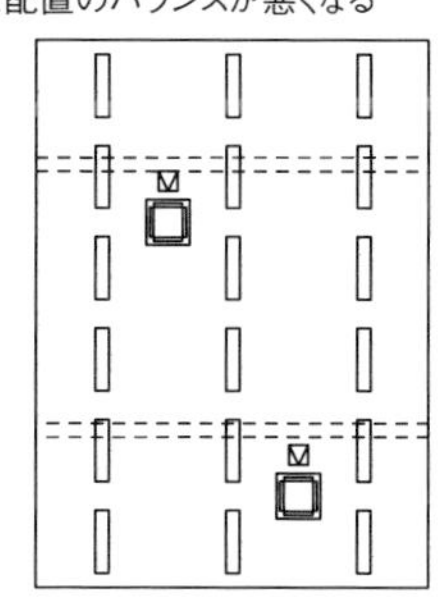

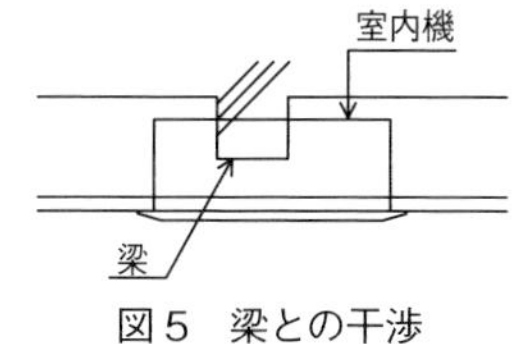

図５　梁との干渉

写真３　天井ダクト形

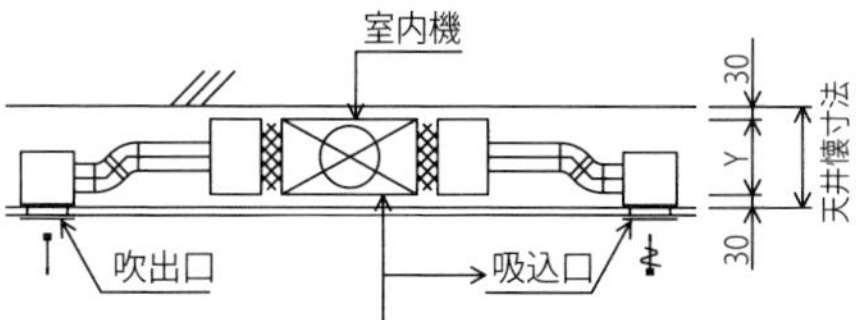

機器本体か吸込口にフィルターを設ける。
機器本体の場合、オプションで設置することが多い。

※天井懐寸法は有効寸法

図６　天井ダクト形 設置スペース

※メーカーによっては機器本体下部にも点検口が必要になる。

図７　天井ダクト形 天井点検口

[天井ビルトイン形]

この機種は、天井埋込カセット形と天井ダクトタイプの複合タイプであり、吹出は任意の位置に吹出口を設置してダクト接続を行い、吸込口として空調機付属品のパネルを機器本体の下に設置するのが一般的な設置方法である（写真4、図8）。

吹出口はダクト延長によって意匠に合わせて設置場所を調整できる。吸込口は既製品となるが、フィルター付きのためメンテナンス性はよい。

[天井吊形]

空調機本体が室内に露出で設置される方法である（写真5、図9）。

階高を低く設定しているが天井高さを高く計画したい場合や、天井埋込カセット形、天井ダクト形などのほかの方法では空調機本体やダクトが天井内に収まらない場合などに採用する。

天井懐は埋込タイプの照明器具を設置することができる程度の寸法を確保すればよいので、天井を高く設定できる。場合によっては照明器具も露出タイプとし、ケーブルを通すことができるスペースのみ確保することもある。

天井懐が少ない場合、冷媒管、ドレン管も天井内配管とすることができないことが多く、その場合には露出配管とする必要があるため、配管ルート、ラッキング、塗装など配管の仕上げの検討が重要になる。

[床吹出し空調方式]

小規模オフィスにおいては一般的な方法ではないが、壁ビルトイン形もしくは天井ダクト形空調機を用いた空調方式に床吹出空調方式がある（写真6、図10）。

オフィスの空調方式は、天井に空調機を設置して、天井から吹き出して天井から吸い込む方法が一般的である。しかしこの方法は、暖房時に執務空間（床から2m以下の範囲）と天井付近との温度差が大きくなり不快に感じることが多い。冷房時には室内の上下温度の差が問題になることは少ない。

この問題の解決方法として、床吹出空調方式がある。空調された空気を床から室内に吹き出すことによって、床付近の執務空間のみ空調を行うことができるので、暖房時における室内の上下の温度差は小さくなる。一方、冷房時においては、天井付近の温度が執務空間より高くなる傾向にある。天井からの空調方式が部屋全体を空調するのに対し、床吹出空調方式は執務空間のみの空調を行うので省エネにもなる。

ただし、床吹出空調を行う場合は、床下に空調空気を流すスペースが必要である。OAフロアであれば、床下の空間を確保しやすく、吹出口も設置場所を固定せず、什器の配置によって移動が可能となる。

写真４　天井ビルトイン形

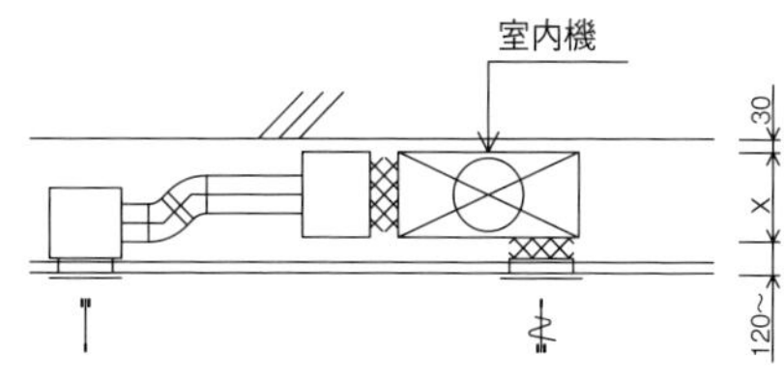

図８　天井ビルトイン形 設置スペース

写真５　天井吊形

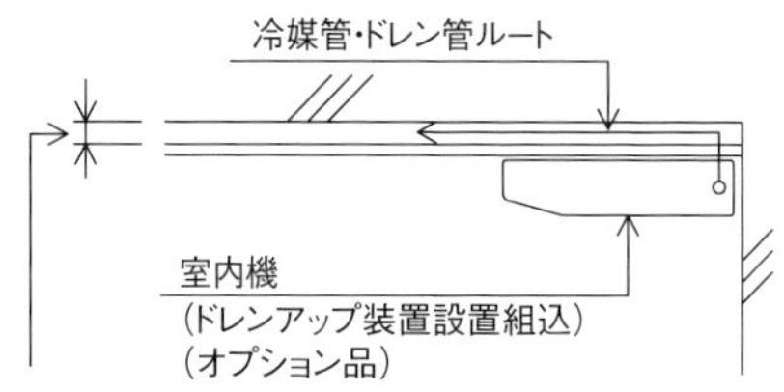

照明器具を設置、ケーブルを敷設できる
程度の天井懐でも可
コンクリート打放しも可

※冷媒管・ドレン管を図のように天井内に敷設できない場合は、室内露出、室外露出などの配管ルートの検討が必要

図９　天井吊形 概略図

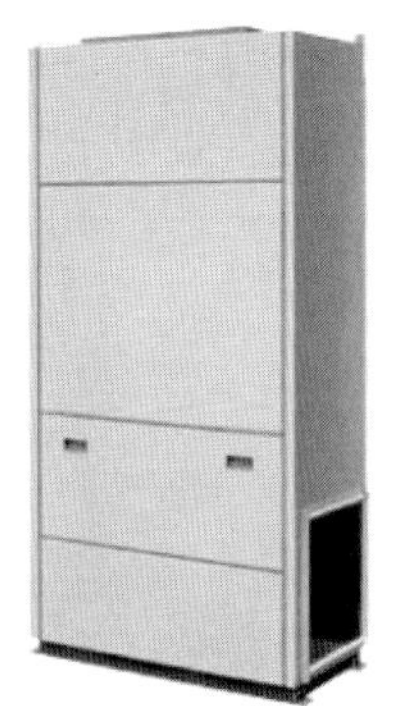

写真６　壁ビルトイン形

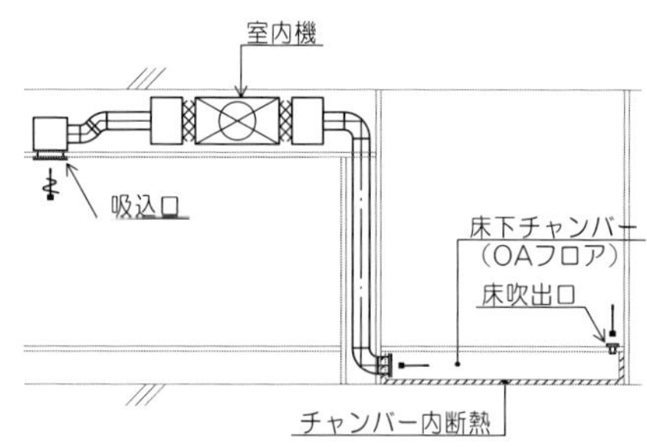

図10　床吹出空調方式 概略図

排煙設備

排煙計画上の注意点

階段、エレベーターシャフト、吹抜け、アトリウム、光庭など複数階にわたり上下に連続した竪穴は、火災時に煙突効果により火や煙の伝播経路となりやすく、煙の制御が難しくなるので、煙を入れない計画とする必要がある。

階段室は避難経路となるため長時間にわたり煙から守る必要があることから、居室との間に防煙のため廊下、前室などを設けることが望ましい。階段室の扉は原則常時閉鎖とする。

PS、EPSを設ける場合は、区画を竪穴区画とせず水平区画（層間区画）とすることが施工や防火区画の処理のしやすさから一般的である。

上下間を区画する床は、安全上重要な防火区画であると同時に、十分な防煙性能を確保する必要がある。カーテンウォールや設備配管が床を貫通する場合は、火や煙の伝播の原因とならないよう施工時に十分注意すること。

居室を機械排煙とする場合は、排煙により居室内が負圧となるため、扉の開閉に支障が出ることがある。

排煙設備の種類

排煙方法は自然排煙と機械排煙に大別される。

[自然排煙方式]

直接外気に面する窓や排煙口から温度差を利用して排煙する方法で下記のような特徴がある。

・機構が簡単で動力電源も不要、保守管理が行いやすい
・温度差を利用しやすい
・天井高が高く、排煙口を高所に設置すれば排煙効率が上がる。ダクトを使用しないので、ダクトの脱落、防火区画貫通を考慮する必要がない
・煙の流れ、排出量の制御が難しい
・外部の風による影響を受けやすく、建物が密集している場合はビル風による影響も考えられる

[機械排煙方式]

排煙ファンによって強制的に排煙を行う方法で下記のような特徴がある。

・建物の形状や外部環境に影響されない
・所定の排気量を確保しやすい
・排煙ファンを確実に運転させるために非常用の予備電源の設置・保守点検が必要
・排煙ダクトのスペース、ルートを確保する必要がある
・排煙口が同時に開放した場合の風量バランスを考慮しダクト計画を行う

必要がある

・区画の圧力差が著しく大きくならないよう配慮が必要

以上のことから、小規模オフィスにおいては、機械排煙の採用はスペース的、コスト的に難しいことが予想されるため、ここでは自然排煙にて計画を行うことを前提に解説を行う。

なお、自然排煙方式と機械排煙方式の併用は、双方のシステムの機能を相互に損なうため好ましくない。併用となるおそれがある場合は、自然排煙となる区画も機械排煙とすること。

防煙区画の種類

防煙区画には間仕切り区画と垂れ壁区画があり、不燃材料でつくりまたは覆われた、間仕切壁、扉または垂れ壁で区切られた区画である（図1）。

垂れ壁は、煙を一時蓄え煙の層を厚くして排煙効果を高めるため、できるだけ深くすることが望ましい。天井の一部を上げてその中に排煙口を取り付けることも有効な方法である（図2）。

防煙垂れ壁にガラスを使用する場合は、飛散防止・防火の観点から線入ガラスまたは網入ガラスの使用が望ましい。

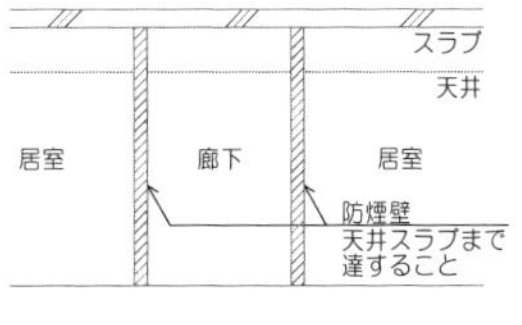

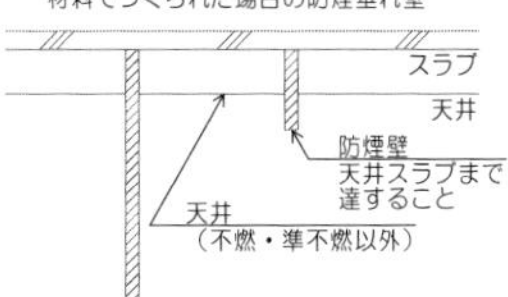

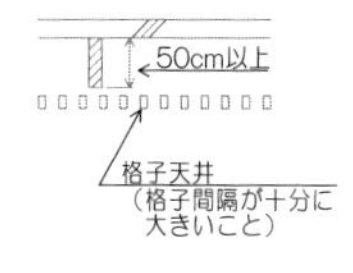

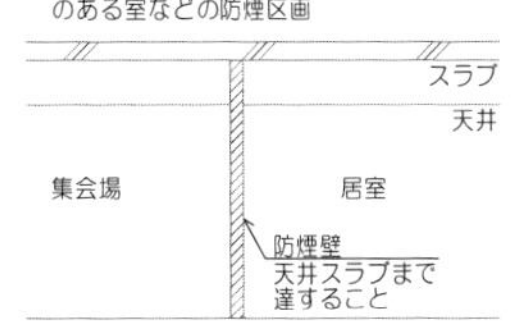

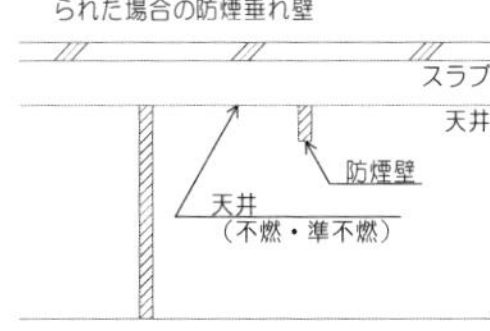

図1　防煙区画の種類

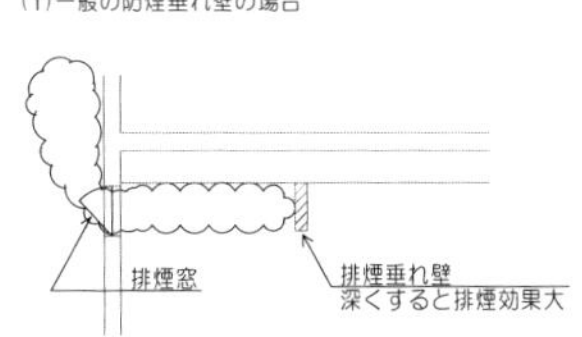

図2　防煙垂れ壁の役目

電力引込設備

電力引込設備は電力会社配線網から電力を引き込むために必要な設備である。ここでは前述の理由から高圧引込に関して記述を行う（12ページ参照）。必要な設備は引込方法（架空引込、地中引込）により異なる。

架空引込の計画

架空引込の概略図を図1に示す。架空引込の場合、敷地内に構内引込柱を設け架空で高圧線を引き込む。

引込柱の敷設条件として以下のようなものがある。

- ・引込線の引込角度が電力会社電柱に対して水平角度が45度以上、電線に対して仰角60度以上確保できる位置に設置する
- ・電力会社の引込電源柱から構内引込柱まで3m以上確保する。引込線の地上高は6m以上確保する
- ・引込線と建築物側方まで1.2m以上、上方まで2m以上確保する。引込柱から隣地境界線まで2.1m以上確保する
- ・引込線が別敷地の上空を通過しないよう設置する

引込柱構造はコンクリート柱とし、電力会社と需要家の責任分界点となる気中負荷開閉器（PAS）（写真1）を設ける。

地中引込の計画

地中引込の場合、高圧キャビネットと呼ばれる盤（電力会社負担）を設ける（図2）。高圧キャビネットの設置基準は以下となる。

- ・24時間出入り可能な屋外地上階で、保守・点検用に前面には1,500mmの操作スペースを確保する
- ・高圧キャビネット前面に化粧扉を敷設する場合には、上方200mm以上、側方250mm以上の離隔距離をとる。扉は鍵なし、ガラリ付とする

高圧キャビネットから道路まで高圧引込用配管を敷設しその配管を利用し高圧線を引き込む。キャビネット盤内には電力会社と需要家の責任分界点となる地中負荷開閉器（UGS）（写真2）を設ける。

高圧引込配管の構造、突出位置・深さは電力会社と協議のうえ決定する。

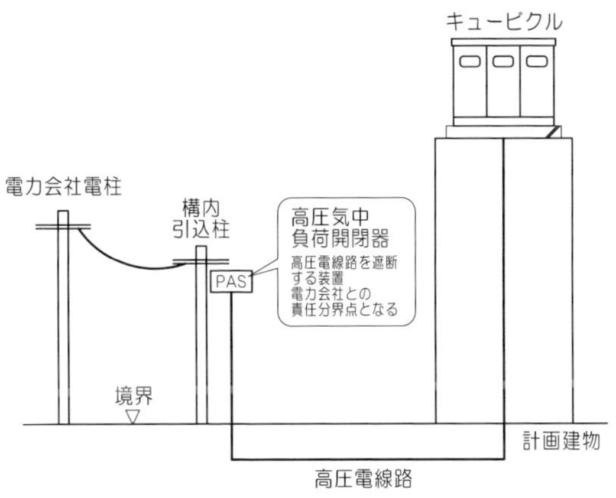

図１　架空引込概略図

写真１　気中負荷開閉器

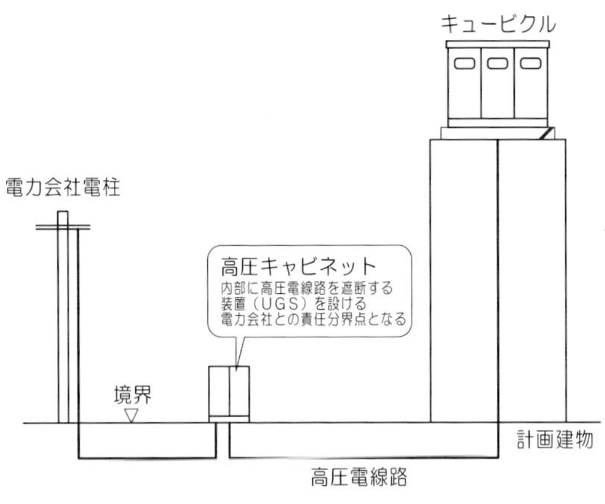

図２　地中引込概略図

写真２　地中負荷開閉器

高圧受変電設備

高圧受変電設備とは

高圧受変電設備は電力会社から供給される高圧の電気を変圧器により低圧の電気に変成し建物に供給する設備である。

受変電設備は配電盤、変圧器、保安開閉装置、計測装置などの機器から構成される。これら機器を金属箱に収めたキュービクル（写真1）が採用されることが多い。キュービクルは屋内屋外どちらにも設置することが可能である。

受変電設備の計画

[負荷容量の算出]

受変電設備容量を算定するためにはその建物内で使用する電灯、コンセント、給排水ポンプ、エレベーター、空調機などの負荷容量を集計する必要がある。しかし負荷容量がすべて判明するのは設計の終盤であるため、初期段階では想定値をもとに設計を進める。想定負荷容量は表1の値に延床面積を乗じて算出する。

[受変電設備容量の算出]

想定負荷に需要率を乗じて、電灯、動力の最大需要電力を求め、受変電設備容量を以下の式より算定する。

受電設備容量＝（最大需要電力/変圧器効率×全負荷総合力率）×100(%)

[変圧器の計画]

変圧器は一般に電灯用、動力用の変圧器を複数台設置する。電灯用では単相変圧器を設置する。変圧器容量が100kVAを超える場合は複数台設置し負荷の平衡を図る。動力用では三相変圧器を設置する。

受変電設備の種類

受変電設備は受電点の主遮断装置の形式によりCB型とPF・S型に分けられる。CB型は遮断装置に遮断器(CB)、PF・S型は高圧限流ヒューズ（PF）と高圧交流負荷開閉器（LBS）を用いている。各方式の単線結線図を図1、図2に示す。両方式でそれぞれ最大受電設備容量が定められており、より安全性が高いCB型では2,000kVAまで、PF・S型では300kVAまでの容量としなければならない。

写真１　キュービクルの列

表１　建物別の負荷密度、需要率

建物種別	負荷密度（VA/m²）				需要率（%）
	電灯	一般動力	空調動力	全負荷	
事務所ビル	50 ～ 70	10 ～ 30	30 ～ 80	90 ～ 180	60 ～ 70
ホテル	70 ～ 80	30 ～ 35	30 ～ 40	130 ～ 155	30 ～ 40
店舗デパート	53	25	26	104	40 ～ 50

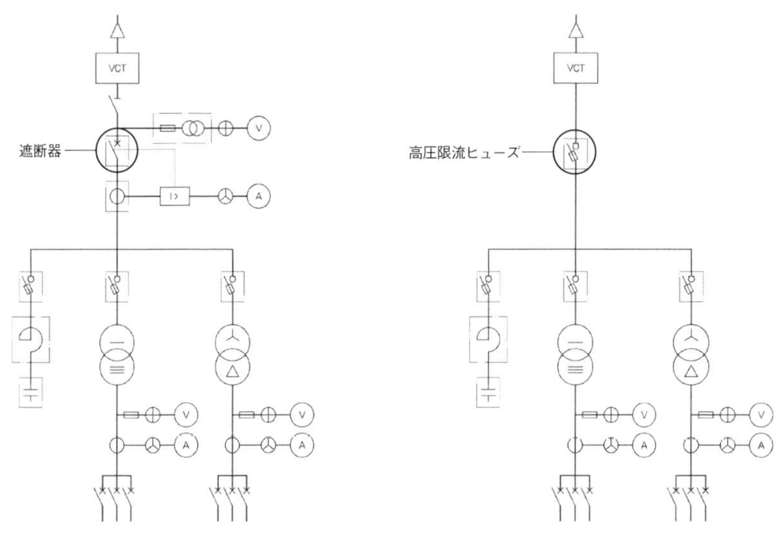

図１　CB 型単線結線図

図２　PF・S 型単線結線図

幹線設備

幹線方式

幹線設備とは受変電設備で降圧した電気を建物内の各所に設けられた分電盤、動力制御盤まで送る配電線路を指す。幹線計画においては、その建物用途に適した敷設が重要となる。

[単独配線方式]

各分電盤まで幹線を単独で敷設する方式である。オフィスビルは計量区分が明確に分かれることが一般的なため、この方式が採用されることが多い。電気事故が起きた際にも他負荷への影響が最小限となり、信頼性が高い方式である（図1）。

[分岐配線方式]

複数の分電盤への負荷をまとめて1本の幹線で送る方式である。各負荷が小さい場合に採用できる。幹線本数が少なくなり経済的であるが、電気事故があった際には幹線につながる系統すべてで電気が使用できなくなる（図2）。

配線方式

中小オフィスビルで採用が一般的な幹線の敷設方式に以下の方式がある。

[金属管配線]

金属管内に配線を敷設する方式。機械的な強度は一番高い。また防火区画貫通処理が簡単になる。しかし、たて系統では電線の支持が難しく、金属管内に敷設するためケーブルの放熱がしにくくなる（写真1）。

[ケーブルラック配線]

ケーブルラック上に配線を敷設する方式。将来の負荷増設に対応しやすいが、金属管配線と比較して区画貫通処理が複雑になる（写真2）。

幹線の計画

[許容電流]

幹線に流すことができる電流の最大値を許容電流という。この値を超えた電気を流すと幹線の異常発熱が起こり火災の原因となる。そのような事態を防ぐため、接続される負荷の電流値より大きい電流に対応した幹線を選定する。その際、敷設状況によって放熱のしやすさが異なるため、許容電流値も変化することに注意する。

[幹線保護]

許容電流以上の電流が幹線に流れないように、幹線の許容電流値以下の容量をもつ遮断器を設ける。

[電圧降下]

幹線亘長が長い場合、回路中の電気

抵抗の影響から電圧降下が生じる。電気機器は所定電圧を確保しないと運転が正常に行われないため、電圧を確保できる適正な幹線サイズを決定する。

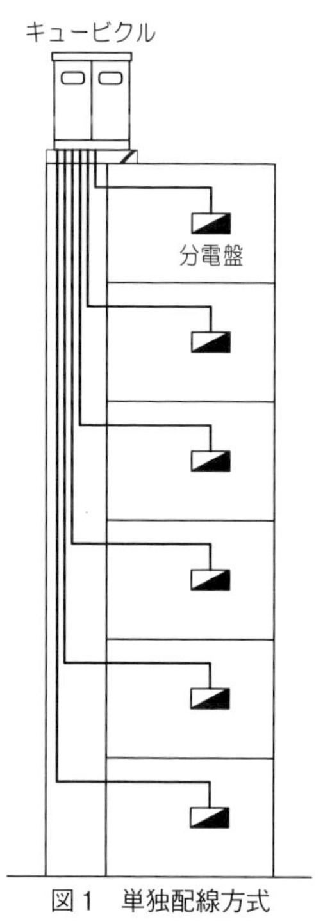

図1　単独配線方式

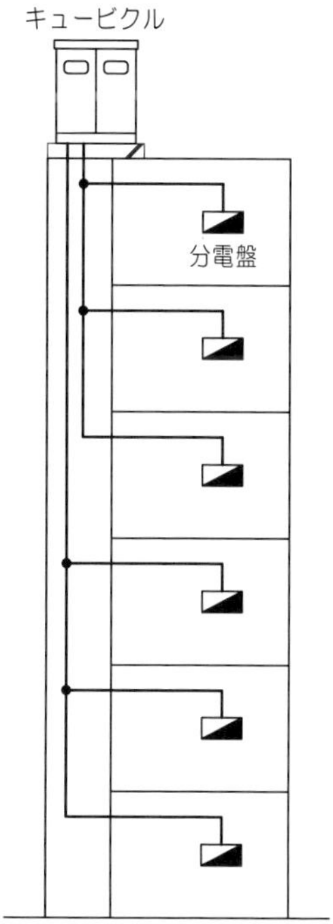

キュービクル

分電盤

図2　分岐配線方式

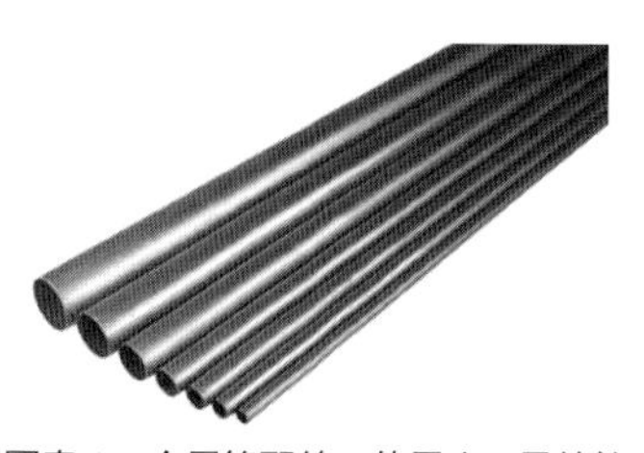

写真1　金属管配線に使用する電線管

写真2　ケーブルラック配線

コンセント設備

OAフロア

近年、電気機器の発達により建物内において電気を使用する機器が増えてきている。そのため電気の供給場所となるコンセントの設置数や回路設定に注意して計画を行う必要がある。

また、オフィスでは業務のOA化・IT化にともない、床の下に一定の高さの空間を設けたOAフロアとすることが一般的である（図1）。OAフロアにすることで、各種配線の床下収納や、コンセントなどの取出口を床面に取り付けることができ、オフィス内のレイアウト変更が容易になるという利点がある。

コンセントの設置個数

一般的なオフィスでは15m²当たり1個、OA化を考慮したオフィスの場合は8m²に1個のコンセントを設置することが好ましい。なお、コンセント1口から多数の機器に電気を供給する「たこ足配線」と呼ばれる電源需要は、発熱発火のおそれがあり危険なため、余裕のある配置計画を行う。

回路設定

コンセントの負荷は一般的に150VA/個と想定して計算する。複数のコンセントが1つの回路に接続されている場合、回路についての最大電流は20Aとなり、合計20Aを超える電気機器を使用することはできない。また、コピー機やエアコン、電気温水器、温水洗浄式便座などは消費電力が1,000W以上であるため、ほかのコンセント回路と接続せず専用回路として計画する（表1）。なお、1回路あたりのコンセント接続個数は3～4個として計画する。

コンセントの取付位置

コンセントは原則として外壁以外の壁または床に設置する。取付高さは一般的に床上0.3mとする。屋外に設置する場合は、接地端子付防雨形のコンセントとし、取付高さは雨水の浸入を考慮して屋内設置時よりも高い床上0.5m以上とする。

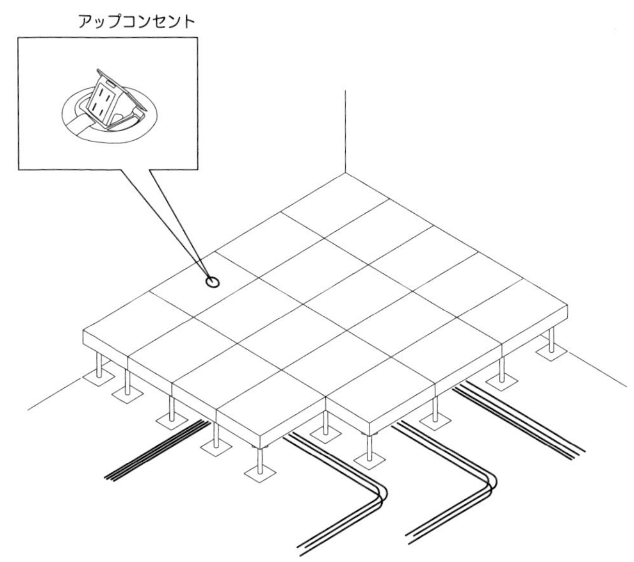

図1　OA フロアの例

表1　コンセント負荷容量

負荷名称	電圧（V）	負荷容量（W）
デスクトップパソコン	100	100 ～ 300
ノートパソコン	100	50 ～ 100
液晶モニター	100	20 ～ 60
インクジェットプリンタ	100	10 ～ 50
複合機	100	1,000 ～ 2,000
シュレッダー	100	300 ～ 600
スキャナ	100	5 ～ 40
プロジェクター	100	80 ～ 400
電子レンジ	100	1,000 ～ 1,500
電気ケトル	100	900 ～ 1,300
電気温水器	100-200	1,200 ～ 3,000
電気洗浄便座	100	300 ～ 1,500

照明計画

照明設備では明視性はもちろん、機能性、快適性、安全性など多様な条件を考慮し計画を行う必要がある。

近年、長寿命・高発光効率・低発熱などが特徴のLED照明が普及している。電気代の削減やランプ交換作業の頻度を減少できるなど、利点が多いことからオフィスビルの照明計画においての採用が一般化しつつある。

照明方式の決定

照明方式は下記の3つに大別できる。

[全般照明]

室内全体が均一な照度になるように照明する方式。原則的に等間隔で照明器具を配置する。

[局部照明]

机上など作業に必要な部分のみ照明を行う方式。

[タスクアンビエント照明]

全般照明（アンビエント照明）と局部照明（タスク照明）を併用する方式であり、オフィスや工場などの利用者の手元など局所的に高照度が必要な場合に行う（図1）。

参考建物においては、全般照明によって控えめの照度で室内全体を照明し、局部照明として局所的に作業面を明るく照明するタスクアンビエント照明方式にて計画を行う。

照度

人々の諸活動や職務が安全、容易、かつ快適に行えるような視環境をつくるための照度基準がJIS Z 9110により規定されている。オフィスの作業面の照度は750lx以上が必要であり、この必要照度を確保するよう照明器具の選定および配置計画を行う必要がある。

本書の参考建物では、タスクアンビエント照明方式により計画を行うため、全般照明の必要照度を300lxに設定する。アンビエント照度を下げる際は、空間の明るさ感を考慮して照度を設定する必要がある。

対象室において設置を検討している照明器具の被照明面の平均照度を求める、あるいは必要照度を把握している状態で照明器具の台数を求める方法として、光束法による平均照度の計算式（式1）がある。この計算式に基づき配置計画を行う。

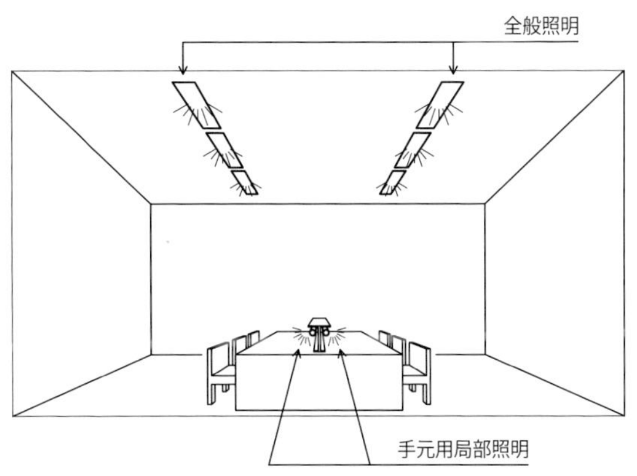

図1　タスクアンビエントの例

式1　光束法による照度計算式

$$\text{所要平均照度}：E = \frac{N \cdot F \cdot M \cdot U}{A} \ 〔lx〕$$

E：平均照度〔lx〕
A：作業面の面積〔m^2〕
N：ランプ本数〔本〕
F：ランプ1本当たりの光束〔lm〕　…光源から出てくる光の量であり、数値はメーカーカタログに記載
M：保守率　…光源の働程や器具のほこりなどにより光束が減少するため、これらを補う目的であらかじめ見込んでおく係数
U：照明率　…光源から出た光のうち、作業面に到達する光の割合（下図中①②③④の割合）

保守率

照明器具の種類	点灯経過時間 20,000時間
露　出　形	0.81
下面開放形（粗目ルーバ）	0.77
簡易密閉形（カバー付）	0.72
完全密閉形（パッキン付）	0.81

※表上の保守率はLED光源の光束維持特性を20,000時間とした場合かつ、一般に使用される場所においてのLED照明器具の保守率とする。

照明率

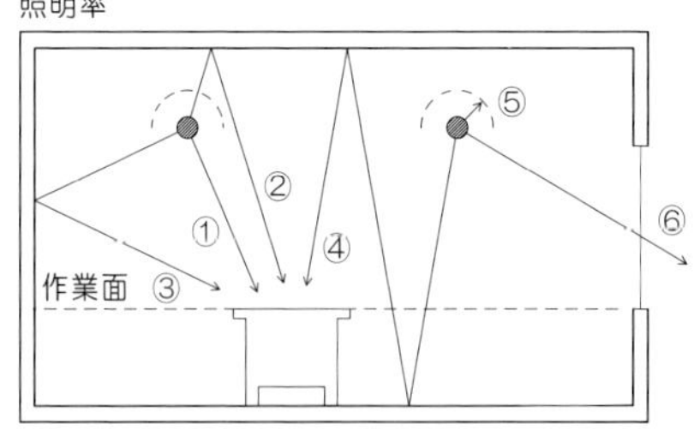

①：光源から直接作業面に到達する光
②：天井から反射する光
③：壁から反射する光
④：床の反射による光
⑤：照明器具の反射板や拡散材で吸収される光
⑥：窓の外へ出てしまう光

配置計画

光束法による計算式によって設置する灯数が決定した後、配置計画の際には光源の種類、器具形状、配光に注意し配灯を行う（図2）。照度や灯数が同じ場合でも上記の注意項目によって空間の見え方が大きく異なる。そのため、メーカーのHPに記載されている配光データなどを参考にし計画を行う。また天井の形状、空調室内機の吹出口、防災機器なども十分に考慮する。

配灯位置の決定ならびに器具の選定後には、3次元ツールなどの照度分布ソフトを使用し平均照度の再確認を行うことが望ましい。

照明制御システム

照明制御システムは照明設備の運用面における省電力、および空間の照明演出のために用いられる。照明制御は自動、手動の2つに大別され、それぞれに複数の制御方法がある。

[自動制御]

・人感センサー

人の熱や動きに反応し、照明器具を点滅させる制御方法。廊下やトイレなどの常時は人がいない空間に効果的である

・昼光センサー

昼光により室内に入る明るさを検知し、照明の明るさを制御する

・スケジュール管理

あらかじめ設定したタイマーやスケジュール機能との連動により点灯/消灯、調光率を制御する

・初期照度補正

照明器具の余分な明るさを調光により抑える制御方法。一般的に蛍光灯に使用する

[手動制御]

・手元スイッチ

照明器具の回路を壁付の手元スイッチにより直接点滅操作するもの。なお、調光器を用いて照明器具に供給される電力量を調整し制御を行うものもあり、器具単体や複数台での調光が可能である。位相制御方式やPWM方式などといった制御方式が一般的であり、制御の際に信号線を必要としていたが、LED器具の出現により無線信号による送信方式も登場してきている

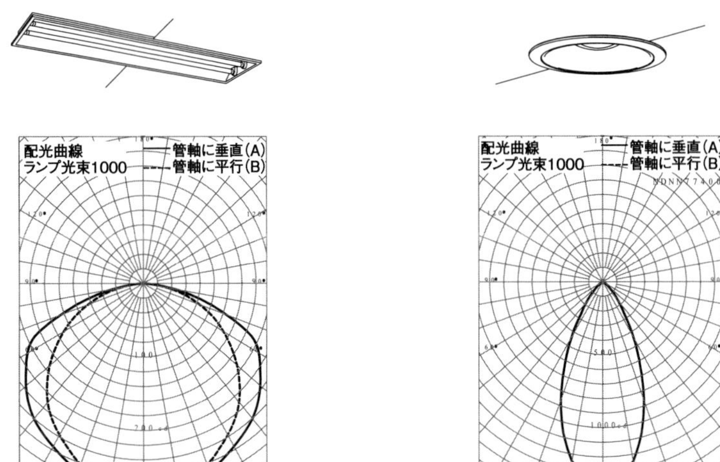

図２　照明器具の配光データ例

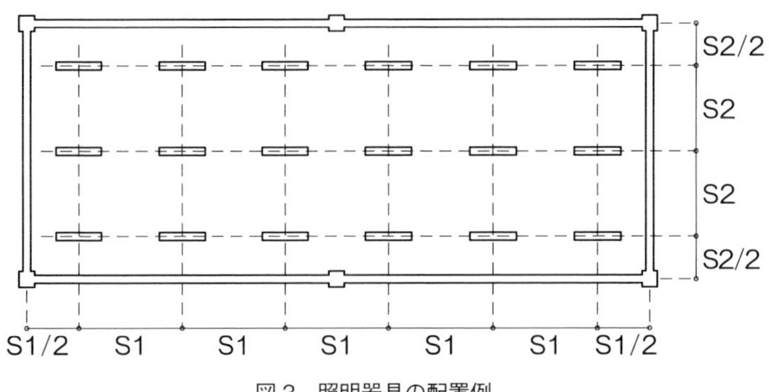

図３　照明器具の配置例

非常用照明・誘導灯設備

非常用照明の配置計画

[器具の選定]

従来、非常用照明のランプの種類は小型のハロゲンランプが一般的であったが、2014年11月よりLED光源を採用した非常用照明器具の使用が可能となった。LED光源タイプの高い経済性、省エネ性および径の小型化による意匠性の向上の面から、使用が一般的となっている。また、非常用照明器具は単体で設置するほかに、ベースライトと一体型の非常用照明器具もあるため、配置や経済性を考慮し計画を行う。

[器具の配置]

建築基準法の確認により該当する居室、廊下、階段などへの設置を行う（設置基準については36ページを参照）。非常用照明器具は消費電力、設置高さにより非常照度の確保範囲が異なるため、有効範囲は各メーカーの配光データをもとに確認を行うこと。

非常用照明の設置は単体配置、直線配置、四角配置の3つの方法がある。直線配置、四角配置は合成照度で1lx確保できればよい（図1、表1）。

誘導灯の配置計画

[器具の選定]

誘導灯には避難口に設置する避難口誘導灯、避難口まで誘導する通路誘導灯があり、避難経路に沿って配置の計画を行う。なお、どちらもA、B、C級と器具の大きさに選択肢があるので、歩行距離の有効範囲により適切な器具を選定する（47ページの表1を参照）。

[器具の配置]

建築基準法上、二方向への避難経路の確保が規定されており、非常時に容易に避難できるように避難経路に沿った配置を行う。

誘導灯の設置が不要となる場合があり、免除条件は次のとおりとなる。

・主要な避難口に設置する誘導灯
・避難口からの歩行距離
・避難口を容易に見通しかつ識別が可能

これらはおもに廊下での条件となり、階段または傾斜部分では適用されない。また、誘導灯を容易に見通しかつ識別することができない例として、0.4m以上の梁、防煙壁、一定高さ以上のパーテーション、吊広告の存在などがある。このため、設置の有無は建物の使用方法や家具の配置なども考慮して検討すること（図2、3、4）。

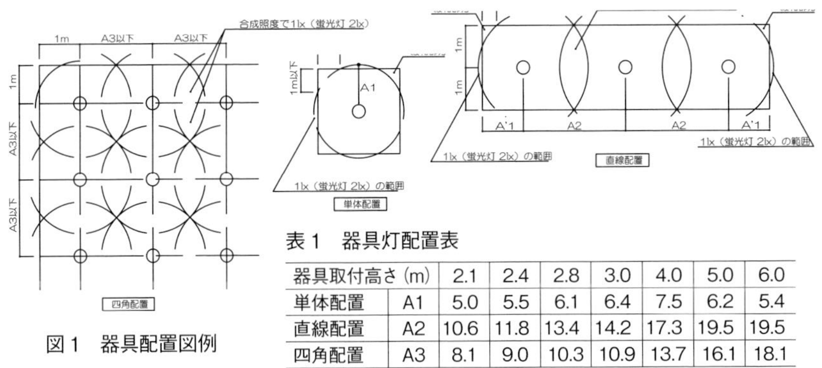

図1　器具配置図例

表1　器具灯配置表

器具取付高さ (m)		2.1	2.4	2.8	3.0	4.0	5.0	6.0
単体配置	A1	5.0	5.5	6.1	6.4	7.5	6.2	5.4
直線配置	A2	10.6	11.8	13.4	14.2	17.3	19.5	19.5
四角配置	A3	8.1	9.0	10.3	10.9	13.7	16.1	18.1

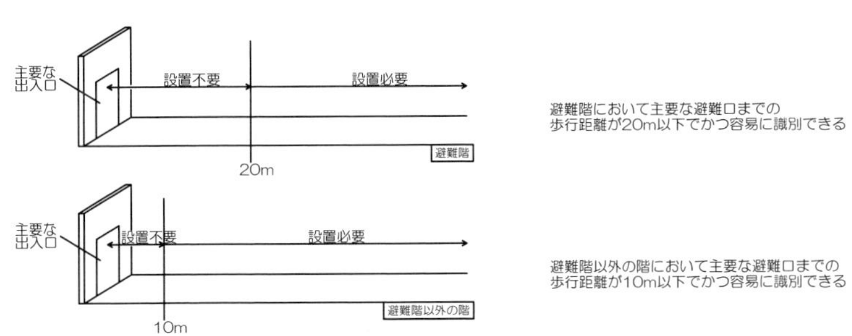

図2　避難口誘導灯を要しない防火対象物またはその部分について

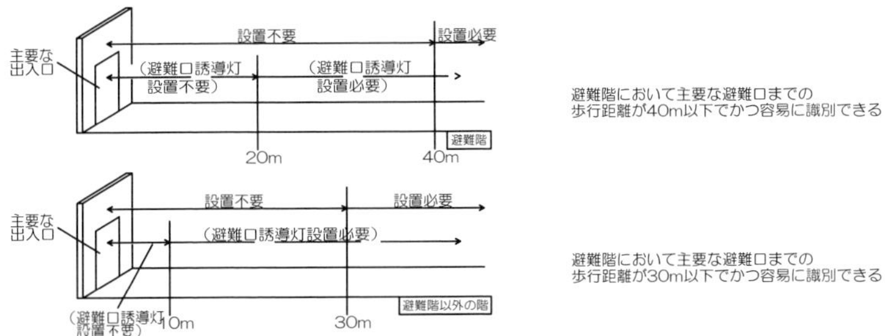

図3　通路誘導灯を要しない防火対象物またはその部分について

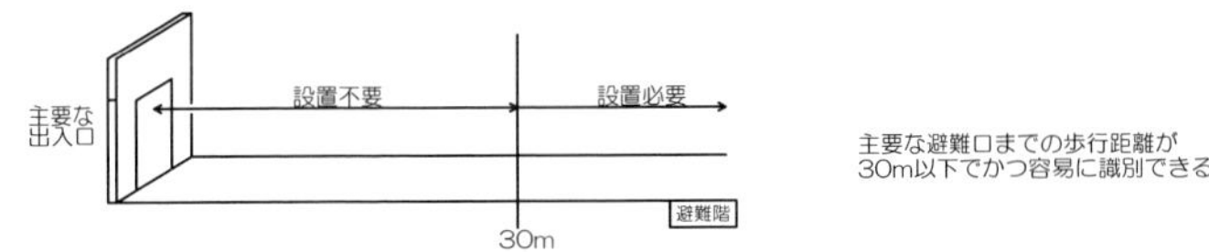

※階段又は傾斜路以外の部分並びに、主要な出入口が容易に見通すことが出来る場合

図4　誘導標識を要しない防火対象物またはその部分について

電話設備

電話設備（構内交換設備）とは、通信事業者の回線網からの引込設備、MDF、幹線ケーブル、アウトレット、電話交換器、端末機器を総称したものである。電気設備の設計範囲では電話交換器や端末機器の計画は別途となることが多く、配管配線の敷設、端子盤、アウトレットの設置が設計範囲となる。

電話設備構成

[引込部]

架空引込（図1）の場合は、敷地内に引込柱（一般的には電力引込柱を兼用）を設け架空で電話回線を引き込む。

地中引込（図2）の場合は、空配管を道路に突き出し、電話回線を引き込む。配管突出位置、埋設深さは電話会社との協議で決定する。

[建物内幹線]

建物内幹線の配線方式として以下のような方式がある。

- **単独配線方式**
  端子盤ごとに直接配線する方式（図3）。回線数が多い場合に適する
- **複数配線方式**
  端子盤相互に送り配線する方式（図4）。大規模ビルに適する
- **逓減配線方式**
  各端子盤相互を送り配線とし、ケーブル数を順次減少する方式（図5）。小規模ビルに適する

電話用の幹線敷設方式には電力幹線同様、電線管方式、ケーブルラック方式がある。電話用幹線などの弱電配線は強電よりも配線の引替が多くなるので、ケーブルラック方式が適している。

[水平配線]

各テナント内に端子盤を設置し、同盤から通信アウトレットまでの配管配線を敷設する。LAN設備同様フレキシブルに対応できるよう計画する。

電話設備の計画

[電話回線数の算出]

建物を利用する人が決定していて、必要外線、内線数を確認できればよいが、テナントビルの場合は適切な想定が必要になる。表1の値を参考に面積から想定必要数を算出する。

[アウトレットの配置計画]

オフィスビルではビジネスホンが使用されるため、通信アウトレットは6極4芯のアウトレット（図6）を用いる。設置個数は、OA化を考慮した事務室では8m²につき1個の割合とする。

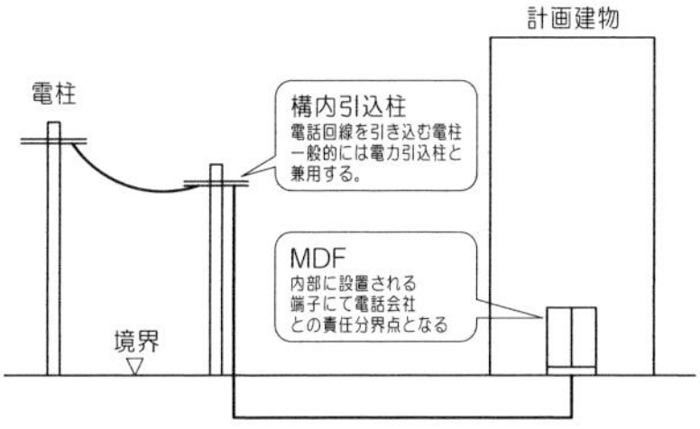

計画建物
電柱
構内引込柱
電話回線を引き込む電柱
一般的には電力引込柱と兼用する。
MDF
内部に設置される端子にて電話会社との責任分界点となる
境界

図１　架空引込

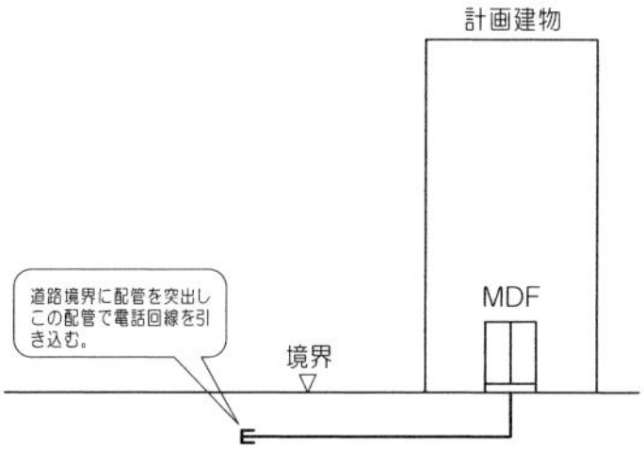

計画建物
道路境界に配管を突出し
この配管で電話回線を引き込む。
MDF
境界

図２　地中引込

40P
40P
40P
40P
40P
200P

図３　単独配線方式

200P
200P
200P
200P
200P
200P

図４　複数配線方式

30P
50P
100P
150P
200P
200P

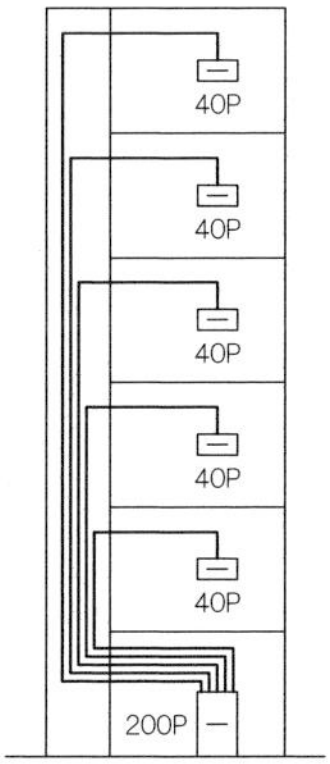

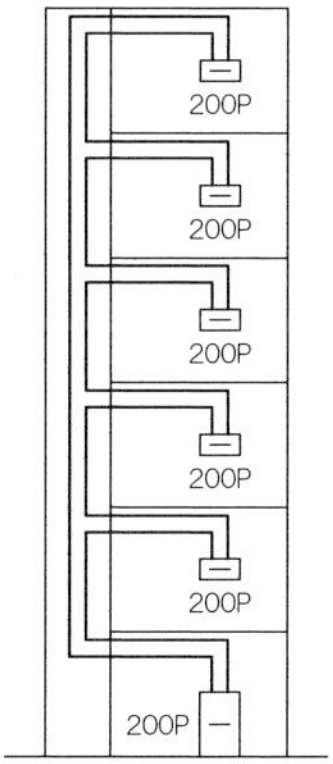

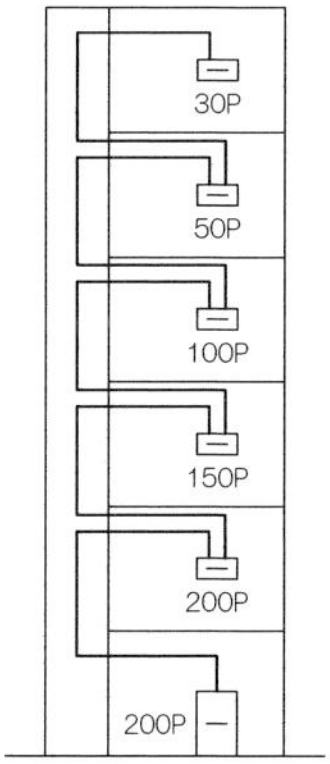

図５　逓減配線方式

表１　業種別標準回線数

業種	1m² 当たり標準回線数	
	引込回線数	内線回線数
商事会社	0.04	0.15
銀行	0.03	0.10
一般事務室	0.04	0.15
官公庁	0.04	0.15
新聞社	0.04	0.13
証券会社	0.04	0.13

基準階 200m² の一般事務所の場合、外線数は 0.04×200m² ＝ 8 回線、内線数は 0.15×200m² ＝ 30 回線となる

金属端子が4つ
ケーブルコネクタ正面
モジュラジャック正面

図６　通信アウトレット（6 極 4 芯）

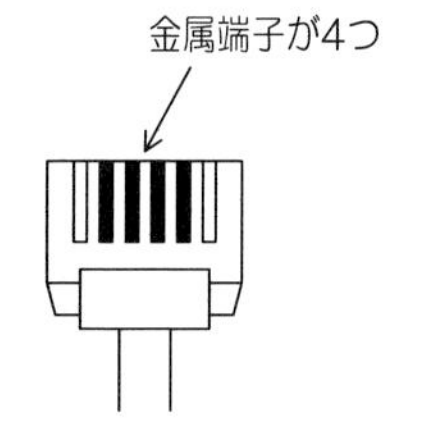

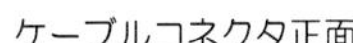

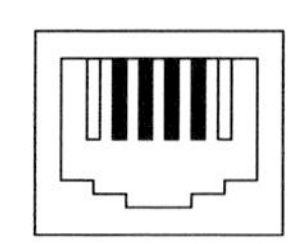

テレビ共同受信設備

電波受信方法の決定

テレビの電波受信方法は下記の4つがある。

・地上波デジタル放送
・衛星放送
・有線放送（CATVケーブルテレビ）
・光回線の放送

これらのなかから受信方法を判断する基準として、アンテナの有無による意匠面、供給サービス会社の利用の可否などがある。なお、計画時にはアンテナによる視聴を選択した場合でも、将来的に有線に切り替えることができるように空配管を敷設することが一般的である。また、アンテナの取付方式にはコンクリート基礎に設置する自立型と壁に取付を行う壁付型がある。

テレビ共聴設備機器と配線方式

テレビ共聴に必要な機器はテレビアンテナ、増幅器、混合器、分配器、分岐器、テレビ端子などがある。また、これらの機器を構成する配線方式は、幹線から分配器および分岐器により支線を出し、各室内のテレビ端子までそれぞれ配線を行うスター配線方式と、幹線から分配器および分岐器により支線を出し、複数の中継用の直列ユニットを接続および経由し、末端のテレビ端子に接続するバス配線（送り配線）方式の2種類がある。

バス配線方式は直列に配線をするため金銭面および施工的には有効であるが、信号レベルの均一化や、雑音防止対策、地上波デジタル放送へ切り替わったことによる通信回線の双方向サービスの利用などの理由から、現在ではスター配線方式が一般的といえる。

システム構成

テレビの電界強度は機器やケーブルの抵抗値により低下する。そのためアンテナにより受信した電波を増幅器により増幅し、分配器、分岐器などを経由して十分な電界強度をもったうえで、室内の取出口テレビ端子へ接続する（図1）。建物各所で快適にテレビを視聴するためには直列ユニット（テレビ端子）でUHF、BS/CSとも57dB以上の電界強度を確保する必要がある。

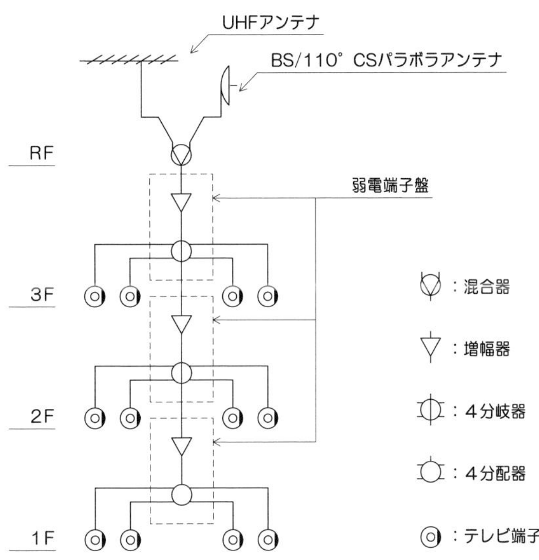

図1　テレビ共聴設備のシステム構成

表1　衛生アンテナ設置の注意点

受信地域	BSAT-2C、3a（BS デジタル放送） N-SAT-110（110° CS デジタル放送・スカパー！）		JCSAT-4B（スカイサービス）		JCSAT-3A（パーフェク TV ！サービス）		2ビームアンテナ JCSAT-3A、4B（CS デジタル放送・スカパープレミアムサービス）	
	方位角	仰角	方位角	仰角	方位角	仰角	方位角	仰角
札幌	221.7	31.2	204.6	37.3	199.2	38.5	201.9	38
仙台	224	35.3	206.1	42.3	200.3	43.7	203.2	43
東京	224.4	38	205.8	45.3	199.7	46.7	202.8	46
名古屋	221.4	40.2	201.7	46.9	195.2	48.1	198.5	47.5
大阪	220	41.4	199.7	47.9	193	48.9	196.4	48.5
福岡	213.9	45.2	191.5	50.3	184.4	50.8	188	50.6

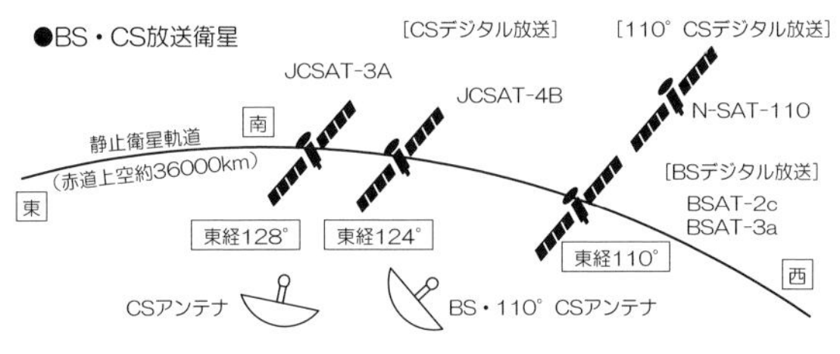

＊ 方位角（度）…アンテナを立てる点を中心として、真北（磁北から4～9度東）から東回りに衛星の位置を測った角度
＊ 仰角（度）…斜め上の衛星から届く電波と水平面のなす角度

情報通信設備

LAN設備の設計

構内情報通信網（LAN）は同一建物、同一敷地内に設けられる情報伝送のネットワークを意味し、構内に設置されるサーバー、パソコン、プリンターなどを接続しデータを高速高品質で伝送するために構築されるネットワークである。

また､広域情報通信網（WAN）とは、離れた場所にあるLAN同士を通信事業者の回線網を通じて相互に結ぶネットワークである。

LAN設備の設計はHUB、ルーターなどの情報通信機器の計画とは別途となることが多いため、光機器の設置スペース確保、幹線ルートの確保、配管配線の敷設、端子盤、アウトレットの設置までが設計範囲となる。

LAN設備構成

オフィスビルにおけるLAN設備概要図を図1に示す。

[引込部]

光回線事業者の光回線を建物内MDFへ引き込む。MDF内には引込光ケーブルを成端する装置（PT）および光ケーブルを分岐する装置（光スプリッタ）を設置するスペースを用意する（図2）。

[建物内幹線]

階数が多いオフィスビルの場合や1フロアに複数のオフィスが入る場合には、フロア共用部に中間配線盤（IDF）を設置する。IDF内には光回線を中継・分岐するための装置（PD）を設置するためのスペースを用意する。

[水平配線]

各テナント内に端子盤を設置し、同盤から通信アウトレットまでLANケーブルを接続する。

LAN設備の計画

[アウトレットの配置計画]

通信アウトレットは8極8芯のアウトレットをワークエリア8m²につき2個の密度となるように設置する。

8極8芯モジュラジャックは電話用のアウトレットとしても兼用できる。兼用とする場合はワークエリア8m²につき4個の密度になるように設置する。

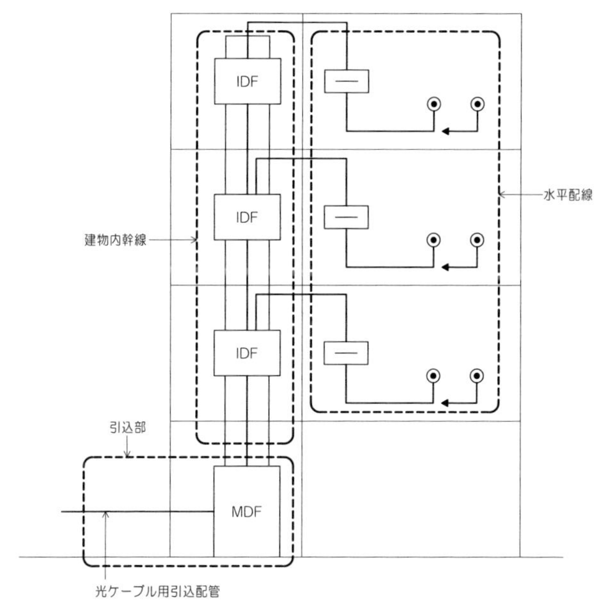

図１　LAN 設備概要図

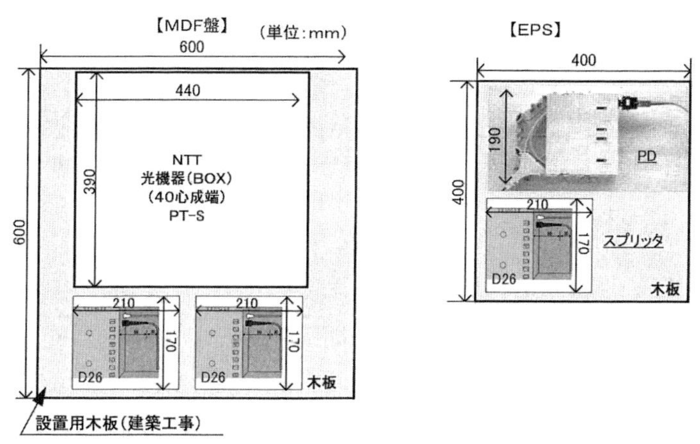

■前面に作業スペースが必要

■MDF 盤に設置の場合は、上記スペースを確保した MDF 盤を設置する

■大型店舗の場合は、設置スペースが別途必要になる場合がある

図２　光配線機器設置スペース例
（出典：NTT 東日本フレッツ光マンションタイプ（光配線方式）事務所ビル向け技術参考資料）

自動火災報知設備

自動火災報知設備は建築物で発生した火災を早期発見し報知することにより、火災初期における消火、避難を容易にする目的で設置される。自動火災報知設備は以下の機器によって構成される。

構成機器

[受信機]

受信機は感知器や発信機からの火災信号を受け、火災発生場所を表示するとともに、音響装置によって建物内の火災の発生を報知する機器である（写真1）。

受信機には大きく分けてP型（1級、2級、3級）、R型、ガス漏れ火災警報受信機の機能を併せもつGP型、GR型がある。また、防火戸などの連動設備がある場合は、連動制御盤と受信機が一体となった複合盤を用いる。中小オフィスビル程度の規模では一般的にP型1級受信機が多く使用される。

[感知器]

感知器は火災により生じた煙、熱、炎を感知して自動的に受信機へ火災信号を発信する機器である。

[発信機]

発信機は火災発生を確認した建物内の人が火災信号を受信機に手動で発信する機器である（写真2）。応答ランプが付いていて受信機と相互通話できる電話用のジャックが設置されているP型1級、押ボタンだけが設けられているP型2級がある。

[表示灯]

発信機の所在を明示させるための赤色の灯火である（写真3）。

最近の機器では発信機と表示灯が一体となったものもある。

[音響装置]

音響装置は建物内の人に火災発生を知らせる機器で、ベル、ブザー、スピーカーなどの種類がある。一般的にはベルが多く用いられる（写真4）。

[総合盤]

実際の建物では発信機、音響装置（ベル）、表示灯をひとつの箱に収めた総合盤がよく用いられる（写真5）。

写真１　受信機

写真２　表示灯付発信機

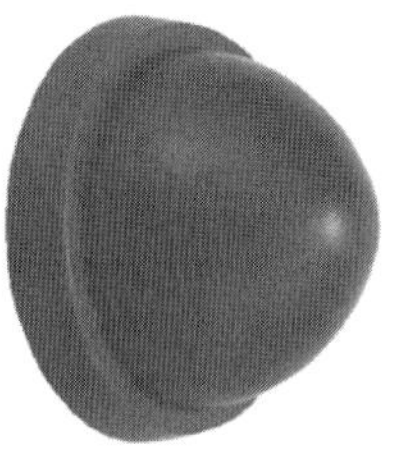

写真３　表示灯

写真４　音響装置

写真５　総合盤

自動火災報知設備設備の計画

[警戒区域の設定]

警戒区域とは、火災の発生した区域をほかの区域と区別して識別できるようにした最小単位をいい、この警戒区域に応じて受信機表示窓に火災表示が出る。警戒区域の面積は所定の面積以下（表1）となるように計画する。階段、エレベーターなどは複数階にわたり警戒区域を定めるが、そのほかは原則として2以上の階にわたらないよう計画する。

[感知器の設置]

感知器は設置する部屋の用途、面積、高さに応じて適切な機器を適切な場所に設けることが重要である。感知器の設置に関しては所轄の消防に確認を行い最終的な機器の種類および設置位置を決める。

- **煙感知器**

  火災にともなう煙を感知し発報する機器である（写真6）。火災の早期発見が可能であるため、避難経路となる廊下、階段などに設ける必要がある。また消防法上の無窓階となった場合も、安全性を高くするため煙感知器を設けなければならない。煙は高く昇る性質があるため、熱感知器に比べて設置高さを高くでき、広範囲の火災を感知することが可能である

- **熱感知器**

  設置場所周辺の温度を感知する機器である（写真7）。ある一定温度以上になると発報する定温式、急激な温度変化を感知すると発報する差動式がある。熱感知器は煙感知器を設置できない場所、たとえばほこりなどが滞留する倉庫、水蒸気が滞留する給湯室などに設置する

- **炎感知器**

  実際の炎を感知し発報する機器である（写真8）。天井高さが20mを超える大空間では、煙や熱では拡散してしまうため炎感知器を設置する

[受信機の設置]

火災が起きたときにただちに適切な対応ができるよう、受信機は管理人室など常時人がいる場所に設けることが望ましい。常時人がいない施設の場合には、目に付きやすい建物共用部に設けること。

火災時は消防隊が受信機を確認し火災発生場所に向かうので、管理人室などに設ける場合は、自火報発報と連動して入口扉の電気錠を自動解錠し消防隊が室内に入れるよう計画する。

受信機の操作スイッチは設置高さ0.8m（椅子に座って操作するものでは0.6m）以上1.5m以下に設け、受信機の前面は点検などに必要な空間を1m以上確保するよう定められている。

[発信機・表示灯の設置]

各階ごとに設置し、その階の各部分から発信機までの歩行距離が50m以下となるように設置する。

発信機は床面からの高さは0.8m以

上1.5m以下に設け、直近に表示灯を設ける。表示灯は赤色とし、取付面と15度以上の角度となる方向に沿って10m以上離れた場所から容易に視認できる場所に設ける。

［音響装置の設置］

各階に設置し、その階の各部分から音響装置までの水平距離が25m以下となるように計画する（図1）。

表1　警戒区域

原則	例外
防火対象物の２以上の階にわたらないこと	２つの階にわたる警戒区域の面積が500m²以下の場合（２つの階にわたるいずれかの部分に階段があること）
	煙感知器を階段、傾斜路、ならびにパイプシャフト、パイプダクトなど、そのほかこれらに類するものに設置する場合
１つの警戒区域の面積は600m²以下とし、その一辺の長さは50m以下とすること。ただし、光電式分離型感知器（アナログ式も含む）を設置する場合にあっては100m以下とすること。	防火対象物の主要な出入口からその内部を見通すことができる場合にあっては、その面積を1,000m²以下とすることができる。

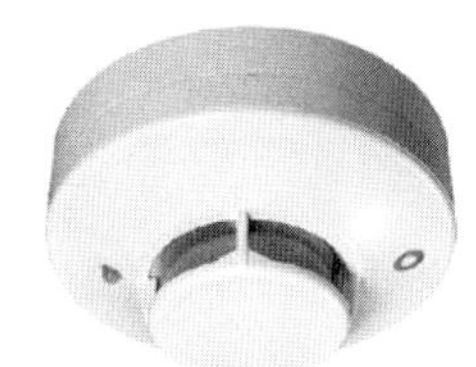

写真６　煙感知器

写真７　熱感知器

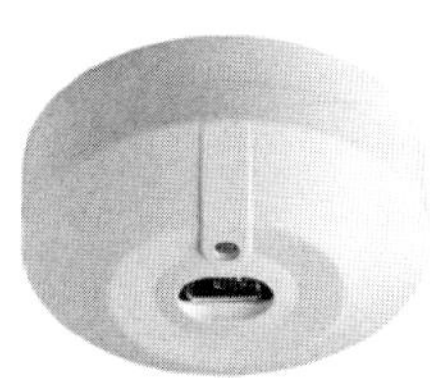

写真８　炎感知器

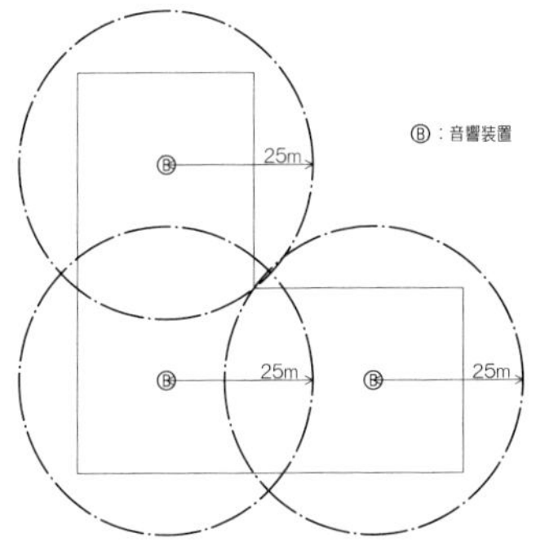

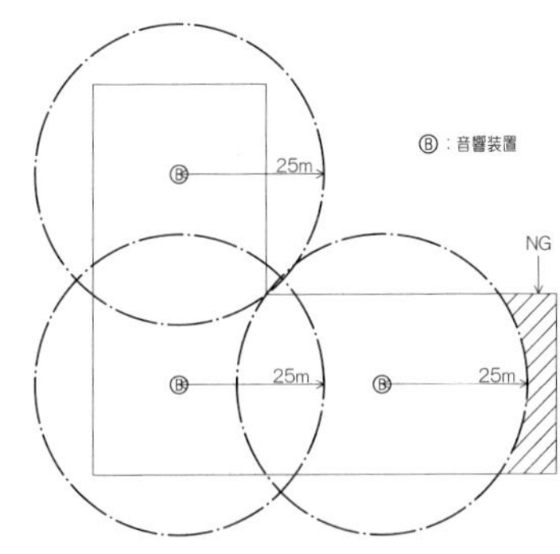

図１　音響装置の設置条件

非常警報設備

非常警報設備は発生した火災を自動または手動により建物内の人に報知するものである。非常警報設備には非常ベル、自動式サイレン、放送設備（非常放送設備）がある。

さらに、非常ベル、自動式サイレンを構成する機器には起動装置、音響装置、表示灯、操作部などがある。

構成機器

[起動装置]

建物内にいる人が火災発生を確認したとき、手動操作により音響装置を鳴動させ操作部に火災である旨の信号を送ることができる、押ボタン型の機器である（写真1）。

[音響装置]

起動装置、操作部から火災信号を受信し、自動的に建物内の人に火災発生を知らせるベル（写真2）、サイレンなどの機器である。

[表示灯]

起動装置の所在を明示するために設けられる赤色の灯火である（写真3）。

[操作部]

起動装置から火災信号を受信し警報を報知する機器である（写真4）。

[一体型、複合型]

上記の起動装置、音響装置、表示灯をひとつのケースに組み込んだ一体型と、さらに非常電源を内蔵する複合型がある（写真5）。

非常警報設備の計画

[起動装置の設置]

自動火災報知設備の発信機同様の仕様にて起動装置を設ける（110ページを参照）。

[音響装置の設置]

自動火災報知設備の音響装置と同仕様にて音響装置を設ける（110ページを参照）。

写真１　起動装置

写真２　音響装置（非常ベル）

写真３　表示灯

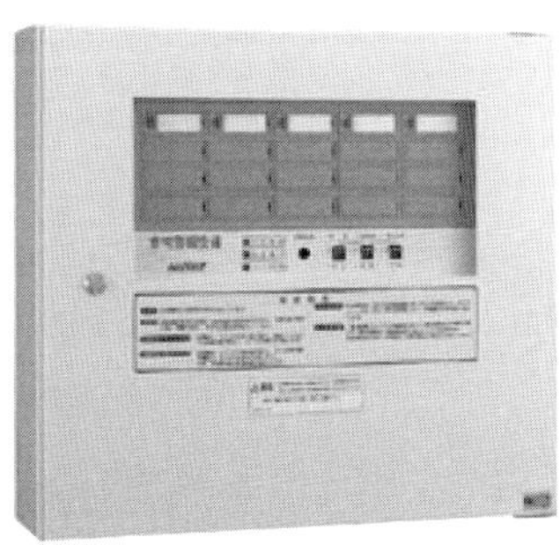
写真４　操作部

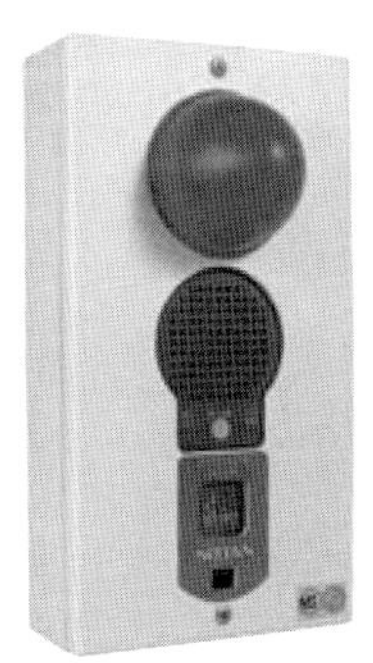
写真５　複合型非常警報設備

非常放送設備

非常放送設備は消防法に基づき、自動火災報知設備と連動し、自動的に音声警報による放送にて避難誘導を行うものである。

非常放送設備はスピーカー、増幅器、操作部などで構成される（図1）。

構成機器

[スピーカー]

スピーカーは増幅器および操作部の操作により、必要な音量で音声警報による放送を行うものをいう。

スピーカーの音圧によってS、M、L級の種類があるが、メーカーから販売されている機器のほとんどが最大音圧のL級である。L級スピーカーは1m離れた位置で92dB以上の音圧が求められる。

[増幅器および操作部]

自動火災報知受信機などからの火災発生の信号を受信して警報音の放送などを行う装置のことで、放送設備の中核となる。

非常放送設備の計画

[スピーカーの設置基準]

放送区域ごとに、任意の場所から1つのスピーカーまでの水平距離が10m以下となるように設置する。また、階段では垂直距離15mにつきL級スピーカーを1個以上設置する。ただし小規模放送区域では、隣接するほかの放送区域に設置されたスピーカーまでの水平距離が8m以下の場合はスピーカーを設置する必要はない（図2）。

[スピーカー配線の基準]

スピーカー配線は系統別単独配線とし、増幅器からスピーカーまでは所定の耐火ケーブルなどを使用する。

[放送系統の計画]

放送系統は原則として階ごとに設定する。非常時以外の一般放送としても利用できるので、1つの階に2以上のオフィスがある場合はオフィスごとに系統を分ける。また、エレベーターや階段は単独の放送区域とする。

[操作部の設置基準]

操作部は管理人室など常時人のいる場所かつ耐火構造の部屋に設置し、操作部スイッチは床面から0.8以上1.5m以下の位置に設置する。

[増幅器容量の選定]

増幅器の容量は設置するスピーカーの台数により選定する。概算としてスピーカー1台を1Wとし、その合計値以上のW数の増幅器とする。また将来の間仕切変更などによるスピーカーが増設を想定して、多少余裕をもって選定することが望ましい。

[カットリレーの設置]

オフィスビル内にローカル放送設備を設ける場合には、火災時に非常放送の障害にならないようにローカル放送を強制停止するために、火災信号と連動して電源を自動的に落とすカットリレーを設置する。

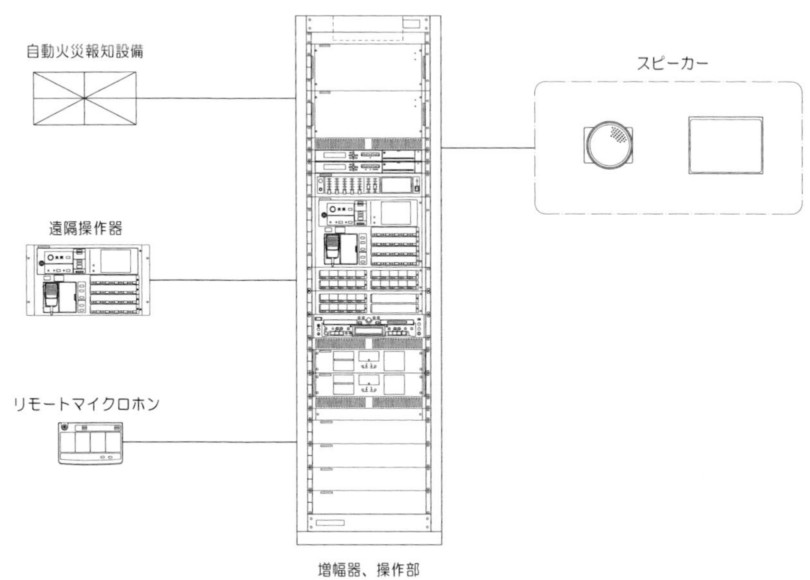

図１　放送設備構成

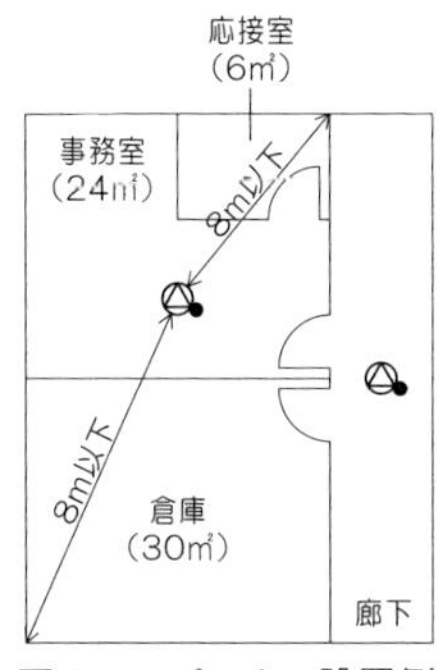

図２　スピーカー設置例

セキュリティー設備

オフィスビルのセキュリティー

セキュリティー設備には防犯、防災、設備監視の3つの機能がある。大規模オフィスビルなどではこれらのセキュリティーシステムを自営で構築し、選任の警備員による安全の確保が可能であるが、中小規模のオフィスビルやテナントビルではコストや要員確保、管理の問題から警備保障会社と契約を行い、委託管理をすることが一般的といえる。警備保障会社によってはインターネットにより建物内の警備機器や空調機器などと携帯電話を連動させ管理を行うことができるサービスもある。

防犯設備

中小オフィスビルにおいて一般的な防犯機器は下記となる。

[センサー]

侵入者検知を行う機器。空間センサーやマグネットセンサー、ガラスセンサーなどの種類があり、警備状態での開錠時には警報を行う。

[監視カメラ]

侵入者などを遠隔で監視する機器。ネットワークカメラとアナログカメラがあり、ネットワークカメラはカメラとネットワークシステムが一体化したものであり、ネットワークに接続されているコンピューターがあれば画像の管理が容易にできるシステムである。

防災設備

警備会社へ委託した場合には、自動火災報知設備で火災を検知すると自動的に警備会社へ火災通報を行うシステムとする。その後、確認のための電話連絡や必要に応じて消防への連絡を行い、火災への対応を行う。

設備監視システム

設備監視システムの目的は建築設備の合理的な監理・運営、設備機器の省力化、設備異常の監視などがある。このなかでも設備機器の異常・故障の監視が重要であり、専任の警備員が配属されることが少ないテナントビルでは、警備会社へ異常発生の通報を行えるシステムとすることが一般的である。

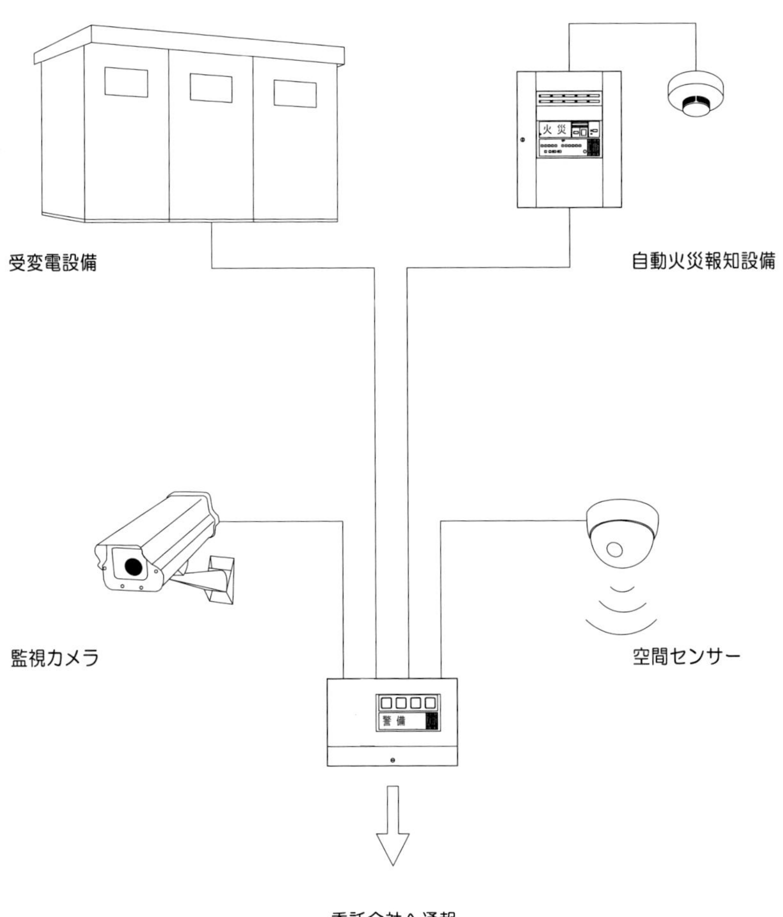

図１　セキュリティー設備のシステム概略図

避雷設備

避雷設備の種類

避雷設備は受雷部、引下導線、接地極の3つで構成される外部雷保護システムと、等電位ボンディングや安全離隔距離の確保などの内部雷保護システムからなる。内部雷保護システムとは、建物や設備に侵入した雷を低減するものであり、侵入した雷電流による火災や爆発のもととなる火花を防ぐことを目的とする。参考建物では側撃雷を考慮し新JISにより計画を行う。

受雷部システムの決定

受雷部システムは突針方式および棟上導体方式を単独または組み合わせて施設する。突針方式では回転球体法、保護角法を、棟上導体方式では回転球体法、保護角法、メッシュ法を用いて建物全体が保護される位置を保護レベルが示す最小寸法にしたがい計画する(各保護形式については38ページを参照)。

メッシュ法を用いる場合、導体で格子状に外壁を覆う必要があり、意匠に制約が出ることから、各方式のうち突針方式、棟上導体方式を組み合わせることが一般的といえる。なお、高層の建物の場合は側撃雷の危険性を考慮し、回転球体法を用いる。

引下導線システムの選定

引下導線は受雷部に設置した突針部や棟上導体と、大地に埋設した接地極を結ぶ導線である。

施設方法としては避雷導体を直接大地に接続するものや、建物の構造体である柱の鉄筋や鉄骨を利用して雷電流を大地へ逃がすものがあり、採用が多いのは構造体を利用する方法である。

なお、雷撃点から大地までの経路について以下の点に注意する。

- 2条以上の引下導線を施設する（ただし、一般建築物の被保護物の水平投影面積が25m²以下であれば1条でもよい)
- 電流経路の長さを最小に保つ
- 引下導線の間隔は建物の外周に沿って等間隔に引き下げる

接地極の選定

接地極は受雷部で受けた落雷を大地へ逃がすために、銅製の棒または500mm

角ほどの銅板を地表から0.5m以上の深さに埋設する。接地極を埋設後、接地抵抗の確認を行う。接地抵抗は10Ω以下にする必要があり、表面積の大きな銅板は接地棒に比べ抵抗を小さくできるため、接地極は銅板を主とし、接地抵抗値が高い場合において接地棒を補助として打つ。

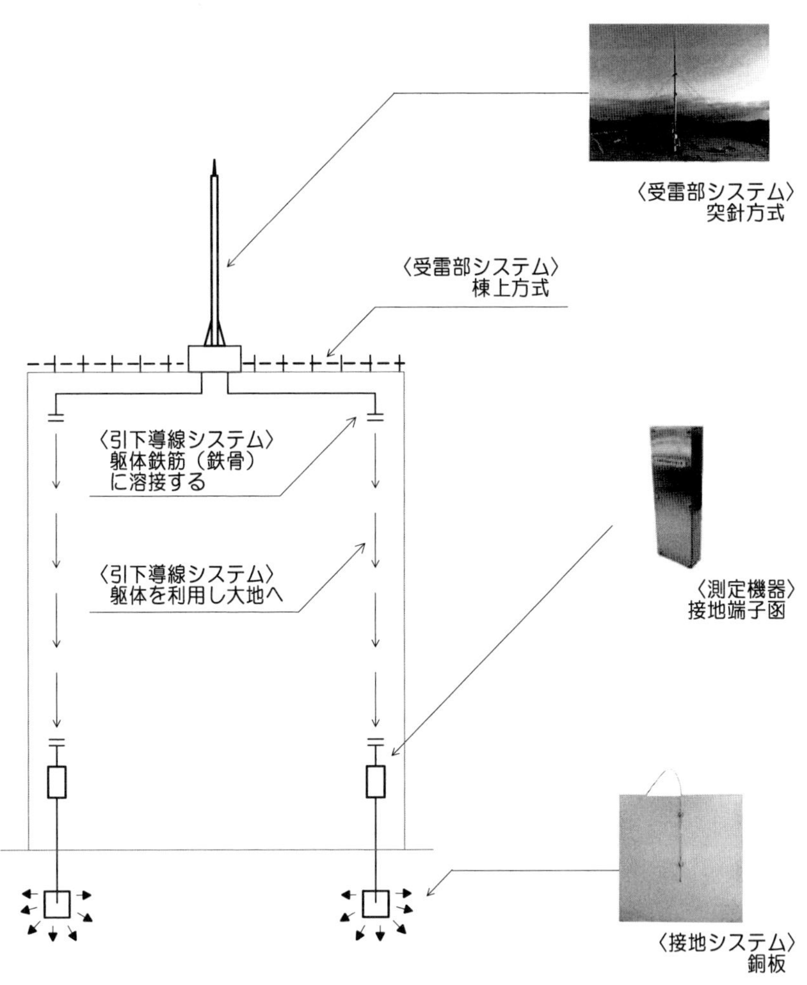

図１　外部雷保護システム例

4 スペース検討

第３章の内容を経て最終的な設備システムが決定すると、より詳細な各種スペースの検討を行い建築計画との整合をとっていく。

給排水衛生設備では受水槽の有無、各種ポンプ室（消火ポンプ室を含む）、衛生シャフトなど、空調換気設備では空調屋外機スペース、空調屋内機スペース、冷媒配管を含む配管スペース、電気設備では電気室、電気シャフトなどの大きさと配置である。また換気設備に関しては、外壁に設置されるベントキャップの大きさとその位置が建築デザインに影響するために早急に検討する必要がある。

またこの規模の中小オフィスビルでは通常必要とされないが、場合により発生するものとしては、機械排煙設備の排煙ファンルームと排煙シャフト、消火設備に関連した自家発電設備などがある。

水槽、ポンプ設置スペース

水道直結増圧給水ポンプ設置スペース

水道直結増圧給水ポンプは、キャビネット型と地上設置型の2種類があり、取合いの容易さからキャビネット型が主流である。キャビネット型では前面は内部ポンプ類などのメンテナンスを行うため600mm以上、側面は搬入クリアランスを考慮して300mm以上のスペースを確保する（図1）。地上設置型では機器周囲に500mm以上のメンテナンススペースを確保する。

屋外設置も可能であるが、水道本管から増圧する方式のため本管給水圧で供給可能な高さ以上には設置できないので、設置高さに注意する。

受水槽および加圧給水ポンプ設置スペース

受水槽は飲料水を溜めるため衛生上定期的な清掃が義務付けられ、6面点検を行えるよう法規にて定められている。受水槽周囲および下部は600mm以上、点検用ハッチのある上部は1,000mm以上のメンテナンススペースを確保する（図2）。

機械室など室内に受水槽を設置する場合は、受水槽高さに1,600mmを加えた高さ以上の階高が必要となることに注意する。加圧給水ポンプの設置の場合は周囲に500mm以上のメンテナンススペースを確保する（図3）。

排水槽設置スペース

地下階に排水が生じる場合にはピットに排水槽を設けなければならない。汚水がある場合には汚水槽、そのほか雑排水のみの場合は雑排水槽とする。

汚水槽の設置については以下の点に留意する（図4）。

- 床面は釜場に向かって1/15～1/10の勾配を設ける
- 汚水槽の清掃やポンプのメンテナンスのため、釜場上部に防臭マンホールを設ける
- ポンプの交換を容易にするため、ポンプにレールを取り付けた着脱装置を設ける
- 排水流入時やポンプ動作時の空気の流出入を行うための通気管を設ける。なお、通気管は単独とし、屋上まで立ち上げる
- 釜場はポンプ周囲から200mm以上離し、ポンプ間は300mm以上を確保した大きさとする（図5）

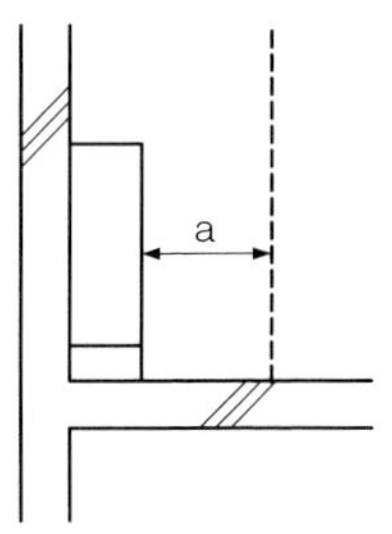

図1　キャビネット型増圧ポンプ：前面

a：前面600mm以上、側面300mm以上

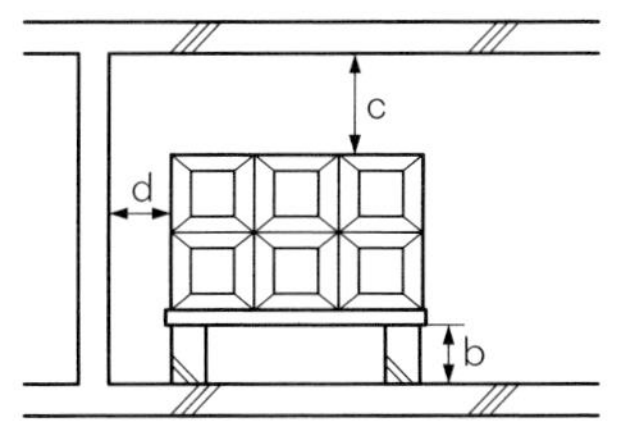

図2　受水槽メンテナンススペース（断面）

b：受水槽下部600㎜以上　c：受水槽上部1,000㎜以上　d：受水槽側面600㎜以上

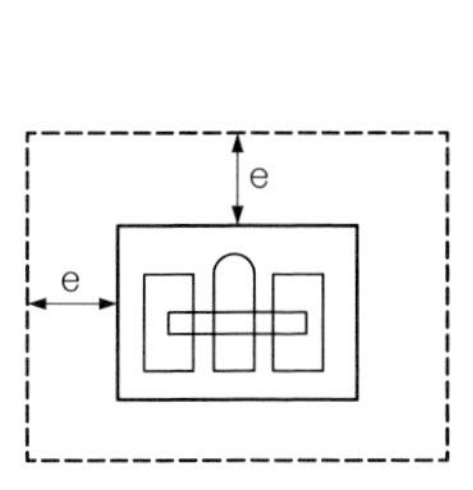

図3　ポンプ機器周囲メンテナンススペース

e：通常500㎜以上、作業が必要な箇所については1,000㎜以上

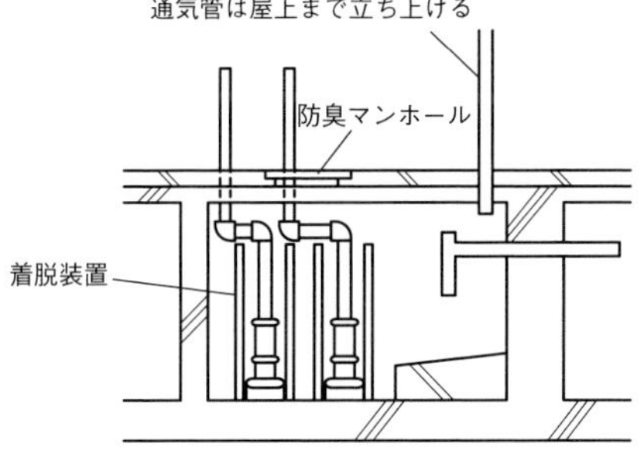

図4　汚水槽メンテナンススペース

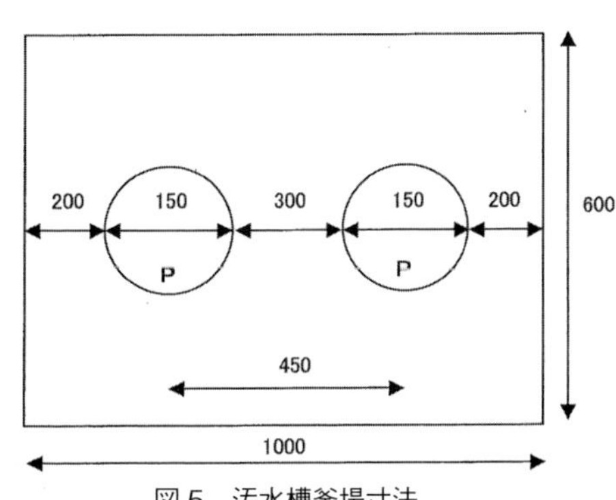

図５　汚水槽釜場寸法

衛生設備配管シャフト（PS）

衛生設備シャフトのとりかた

衛生設備シャフトは水回り付近に設けるのが原則である。オフィスビルの場合は、トイレ、給湯室が主たる水回りとなるため、その近傍にパイプシャフト（PS）スペースを確保する。基本的に衛生設備シャフトは上階から最下階まで真っ直ぐに通すように計画する。とくに排水配管は重力を利用して排水を流すため、曲がりが多いと排水詰まりの原因になるほか、排水管内の空気の逃げ場がなくなり近接する衛生器具の排水口から排水が吹き出すなどの問題も起こりうる（図1）。

給水配管においては給水竪主管から各階に分岐配管をとり供給を行う。漏水などのトラブルが生じた場合には断水して修理を行う必要があり、断水時の影響範囲を小さくするために各階分岐部分に止水バルブを設置する。このため、衛生設備シャフトには扉もしくは点検口を設置し、バルブ操作を行えるよう計画する。

衛生設備シャフトスペース

シャフトスペースの大きさは収める配管の口径および本数によって決定される（表1、図2）。竪配管からの分岐取出を考慮し、横並びに配管を配置できるようにスペースを確保する。衛生設備シャフトは奥行が小さくても幅を大きくとることが望ましい。また、将来の配管更新にも配慮し、相応の余裕をもたせることも重要である。また、梁の上に設備シャフトを配置しないよう梁との位置関係についても配慮する。

計量用メーター設置スペース

オフィスビルの場合、各テナントの使用給水量を把握するためテナントごとに給水計量用メーターを設置する。給水竪主管からテナント用に分岐した横枝管に量水器を設置し、衛生設備シャフトスペース内に量水器設置スペースを確保する。量水器は配管口径により大きさが異なるため、各テナント給水必要口径に応じてスペースを見込む（表2、図3）。ビル管理者が1～2カ月に1回検針を行うため、点検扉近くに設置するのが望ましい。また、交換が必要となった場合においても容易に対処可能な配管の配置とする。

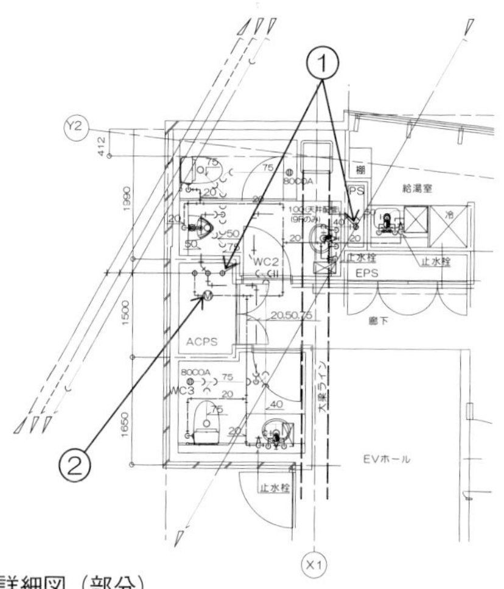

図１　参考建物衛生詳細図（部分）
① X1 通り上の梁貫通を避けるためトイレ回り汚水配管と給湯室雑排水竪配管を分けて計画
②空調冷媒用 PS と計量用メーター設置スペースを兼用

表１　設計用パイプ間の必要寸法表（防露あり）

		20A	25A	32A	40A	50A	65A	80A	100A
	W_1	105	110	120	125	130	140	145	160
	W_2	40	42	50	53	62	69	76	91
W_3	20A	130	130	145	150	155	160	170	180
	25A		135	150	150	160	165	170	185
	32A			165	165	170	180	185	200
	40A				170	175	185	190	200
	50A					180	190	195	210
	65A						195	205	215
	80A							210	220
	100A								230

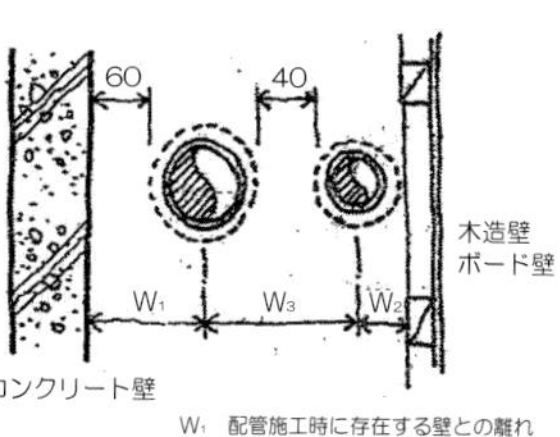

図２　PS 内配管間寸法

表２　量水器寸法

口径［参考］(mm)	外形寸法 (mm)				
	L	約 H	W	h	ℓ
13	100	88	89	23	11
	165				
20	190	105	100	35	13
25	225				15
30	230	115	108	40	17
40	245	120		45	20
40		145	126		
50		150		66	23

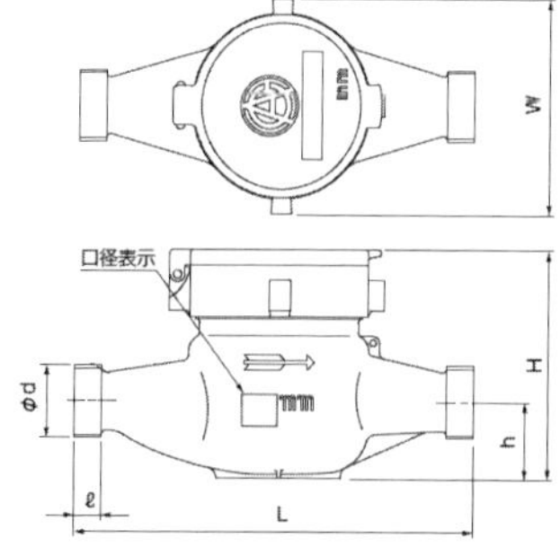

図３　量水器参考寸法
（出典：愛知時計電機）

消火水槽、ポンプ設置スペース

屋内消火栓ポンプ設置スペース

消火ポンプは、消防法上防火区画された室に設置することが定められている。防火区画されていればほかの衛生および空調設備機器との共有機械室に設置も可能である。消火ポンプ周囲にはメンテナンススペース500mmとともに、下部消火水槽点検用マンホール蓋の開閉スペースも確保する（図1）。

消火栓ポンプ選定は、階に設置される消火栓の数によってポンプ水量の規定がある。1台のみであれば1台あたりの吐出水量を満たせばよく、2台以上の場合は2台分の吐出水量を見込む。揚程は消火ポンプから最も高い位置に設置されている消火栓までの高さと必要吐出圧に、配管抵抗および消火ホースの抵抗分を加算して求めた必要圧力を見込む。

消火水槽の設置

消火水槽は設置される消火設備によって法的に必要な水槽容量を確保する。通常ピット深さは基礎梁せいから決まるため、水槽容量から必要なピット平面積を求める。水槽の有効水深はピット深さからマイナス500mm（スラブ下から補給水ボールタップの吐水口空間を確保した寸法）を見込む（図2）。通常は消火ポンプ室の下部に設置されるため、配置は平面プランと合わせて検討する必要がある。ポンプ室下部に水槽が設けられない場合、地上型タンクとして貯水量を確保することも可能である。

補助用高架水槽設置スペース

消火配管内を充水させるため屋上に高架水槽を設置する。必要水量は1号消火栓で0.5m³以上2号消火栓で0.3m³以上と法的に定められている。延焼のおそれのある範囲に設置する場合にはFRP製の水槽は認められない。

屋内消火栓ボックスの設置スペース

消火栓ボックスの最低寸法は法的に定められているが、所轄消防の協議次第では、表面の着色やシート貼りが認められている。ただし消火栓の文字の大きさや色については、極端に判別のつかないものは認められない場合もあるため、所轄消防に確認を行う。

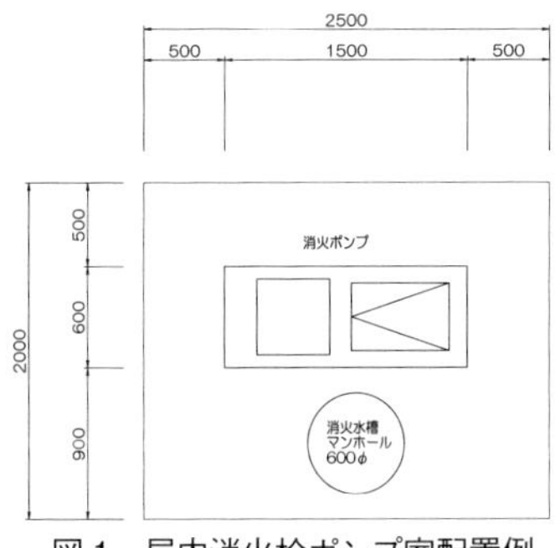

図１　屋内消火栓ポンプ室配置例

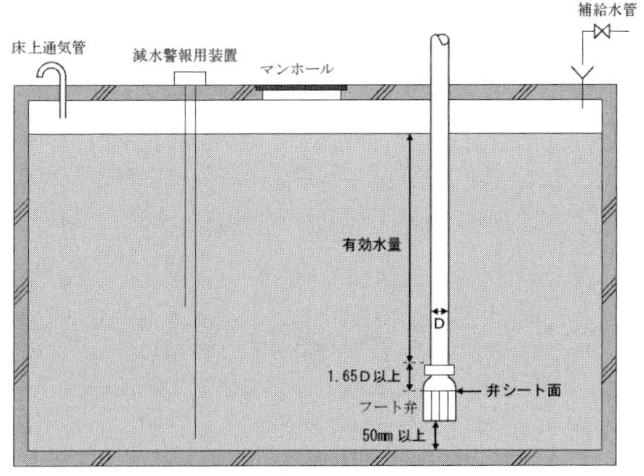

図２　消火水槽有効水量

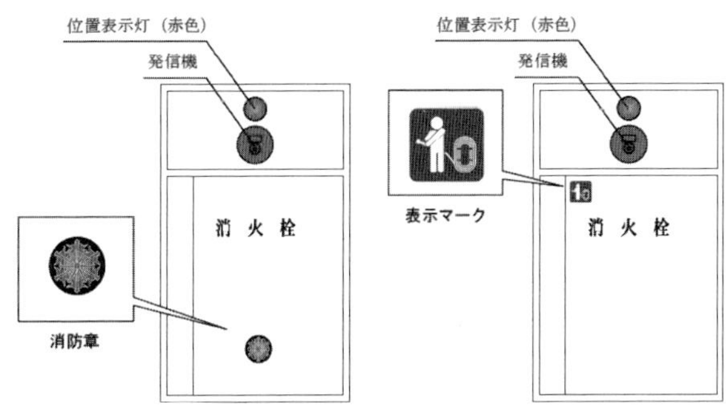

図３　放水口併設ボックス（左）と易操作性消火栓ボックス（右）
（出典：さいたま市消防用設備等に関する審査基準）

空調設備機器設置スペース

空調機械室設置スペース

空調機械室については、内部に設置される機器寸法によって機械室の必要スペースを決定するが、その際に将来の機器更新時における機器の搬入ルートも考慮しなければならない。

エレベーターを使った搬入の場合は、エレベーターから廊下を経由して機械室まで搬入できるか機器寸法の確認を行う。

地階に機械室を設ける場合には機器を吊り降ろす搬入ルートを確保する。この場合はドライエリアを設けるのが有効であり、地上よりクレーンでの搬入が可能になる（図1）。

ドライエリアが確保できない場合や地下2階などの機械室においては、マシンハッチと呼ばれる床開口を設け上階より機器を吊り降ろす方法もある。この場合はクレーンが使用できないため、マシンハッチ上部に搬入用フックを設置し、機器を吊り下げて搬入を行う。搬入ルートは機器の寸法以上、通常300～500mm程度のクリアランスを見込む。搬入ルート上にある梁も見落とさずにチェックし、梁下寸法で搬入に支障のない高さを確保する。

また、機械室内の機器配置に関しては、機器の搬入経路も考慮し、大きな機器はなるべく搬入口に近い位置とし、搬入のために確保するスペースが小さくなるように配置を検討する。

屋外機設置スペース

屋上に機器を設置する場合については、機器重量および基礎形状と寸法を決定し、構造設計と確認を行う。基礎形状にはベタ基礎方式と下駄基礎方式の2つがあり、設置機器の形状や重量、屋上防水との取合いについて考慮し、最適な方式を選択する（表1）。機器の基礎高さはアンカーボルトの長さ以上をとる必要があるため、最低でも150mm以上とする。

また、機器振動にも注意が必要であり、下階に会議室や役員室などがある場合は、できるだけ支障のない位置となるよう配置を検討する。そのような配置が困難な場合には、必ず防振架台を設置し、下階への振動を低減させるように配慮する。

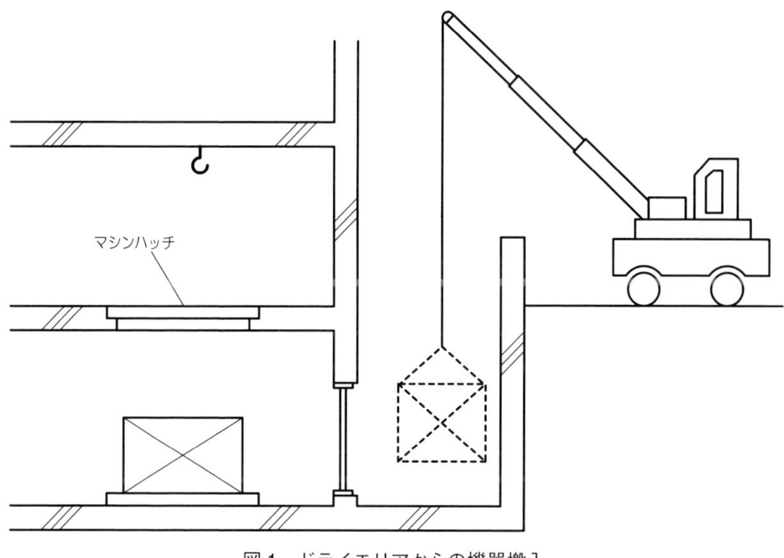

図１　ドライエリアからの機器搬入

表１　屋上基礎形状比較

	ベタ基礎	下駄基礎
機器重量	躯体の配筋と定着していないので重量機器には対応できない	重量機器にも対応できる
施工性	躯体や防水とのからみがないので容易	配筋を行い防水層を立ち上げるため手間はかかる
防水更新	防水層上に基礎をつくるので全目的な更新は基礎を壊さないとできない	防水層を巻き上げているので更新は可能
配管の取出	機器の下部へは取り出せない	基礎の間で機器の下部より取出可能
その他	基礎上面に不陸があると水が溜まってしまう	空調機を並べるためには鋼材の架台が必要

屋外機ショートサーキットの防止

屋上の設置機器は、周囲からの見えがかりを考慮し、意匠面から目隠しフェンスを設置する場合が多い。目隠しフェンスは視覚的な遮蔽と通気性の確保という相反する条件をクリアにしなければならない。一般的にはルーバーを用い、ある方向からの視線を遮蔽しながら、通気性は損なわないものとする。

空調屋外機は一般的に機器の周囲から空気を吸い込み熱交換を行った後、機器上部へ排熱を行う。目隠しフェンスと機器が近いと、排熱した空気が再び機器へ吸い込まれてしまい、熱交換効率が落ち、結果として空調機能力の低減を引き起こす、いわゆるショートサーキットが問題となることがある(図2)。最悪の場合は機器がオーバーヒートを起こし停止してしまう。また、複数台の屋外機の屋外機を設置する集合配置の場合には、中央部の機器の通風が悪くなり機器周辺温度がとくに高くなる傾向がある。

空調機メーカーでは吸込温度のシミュレーションを行っているところもあるので、最終的なチェックに活用したい。また、目隠しフェンスには控えが出てくるケースもあるので、メンテナンスに支障のない位置に設置できるように機器設置位置との調整を行う。

テナント用屋外機設置スペース

入居するテナントによっては当初想定の空調機容量以上の熱負荷を生じる機器の設置や、サーバールームなど年間冷房が必要になる場合も想定される。また、間仕切りを設けて打合せスペースや役員室を設定した際には個別空調を要求される場合もある。

そのような事態に備えて各階にサービスバルコニーを設置し、テナント増設空調屋外機用の設置スペースを確保しておくと、テナント要求にも対応が可能となる。避難バルコニーに余裕をもたせ、避難ハッチとの干渉を避けた位置に屋外機設置スペースを設けられるように配慮することも有効である(図3)。

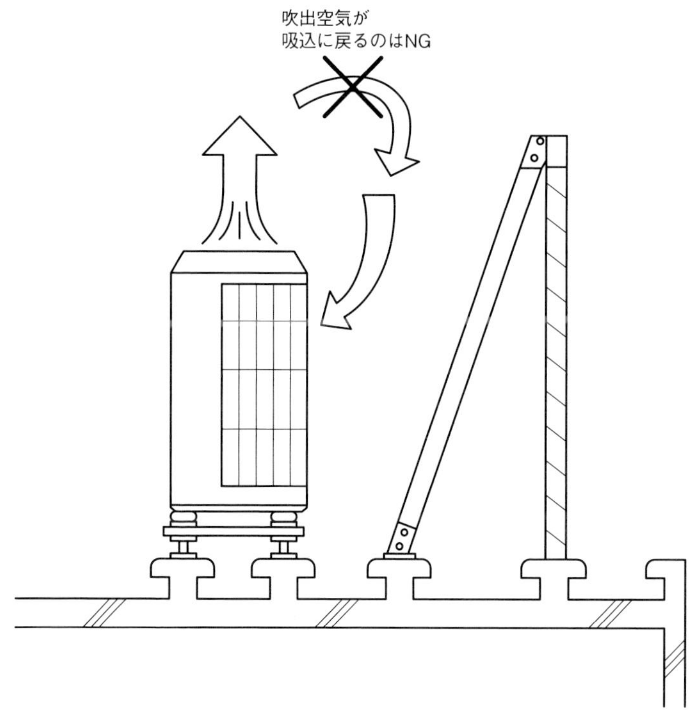

図２　ショートサーキット防止

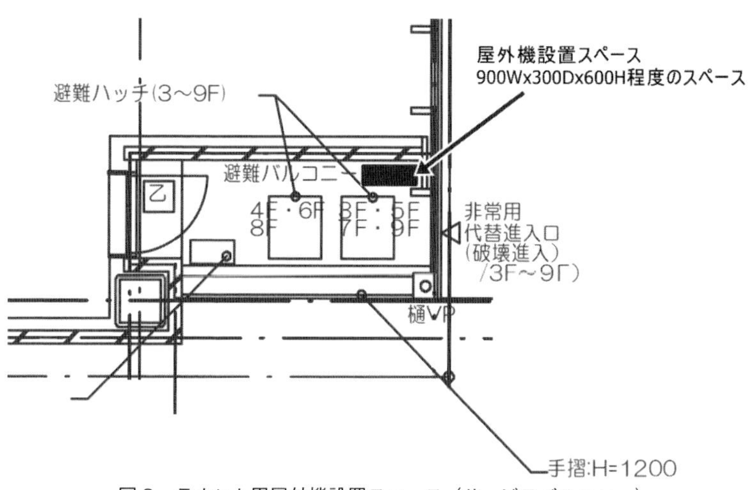

図３　テナント用屋外機設置スペース（サービスバルコニー）

空調設備配管シャフト（PS）

空調冷媒配管シャフト

冷媒配管には保温材を巻いた銅管を使用する。保温材の欠損は冷房時に結露を生じさせ天井面などへの漏水を生じさせるおそれがある。このため防火区画貫通部においても保温材を欠損することがないよう、冷媒配管用の区画貫通処理材を用いる（図1）。冷媒配管シャフトスペースを算出する場合、区画貫通処理材の大きさを考慮して決定する必要がある（図2）。

ドレン配管シャフト

上述の冷媒配管と共用のシャフトに設けても問題はないが、ドレン配管は自然勾配にて排出させるため、横引き配管が長いと天井内に収まらなくなるおそれがある。その場合はドレン用配管シャフトを単独で設けるか、屋内機にドレンポンプを設置し、排水勾配が確保できるように検討する。

ハト小屋

空調屋外機は屋上に設置される場合が多いが、このとき、建屋への飛込において防水層を超えることは避けられない。屋上の防水性能を考慮し、一般的には「ハト小屋」と呼ばれる屋上に配管やダクトを取り出すための建屋を設置して処理を行う。ハト小屋壁面に防水層を立ち上げ、防水あごにより防水層端部を処理した上部の壁面貫通孔より配管を取り出す。適切なハト小屋を設けることにより、配管の更新・変更や防水層の補修工事が容易となる。一般的なハト小屋参考図を図3に示す。また、図4のように既成コンクリート製のユニット化されたハト小屋を利用する方法もある。FRPなどで屋根が構成されているため取外しが可能で、上部屋根より配管工事が行えるため壁面の点検口が不要となり、省スペースでの施工が可能となる。ハト小屋設置に関する注意点は以下となる。

・原則シャフト上部に設置する
・ハト小屋の開口部の大きさはシャフト面積と同面積が必要
・ハト小屋を躯体で設ける場合には配管工事が可能なように開口部をブロック積とするか点検口を設ける
・配管貫通部の雨仕舞は貫通部上部に庇を設ける。庇の長さは貫通部が45度の雨線内に入る長さとする

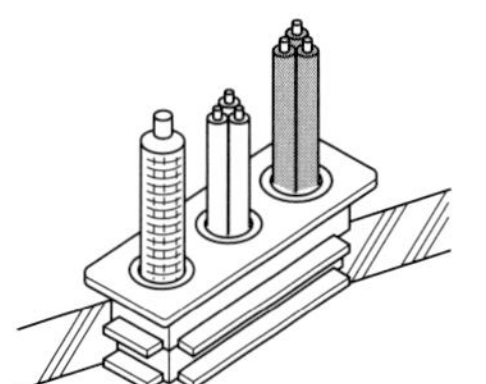

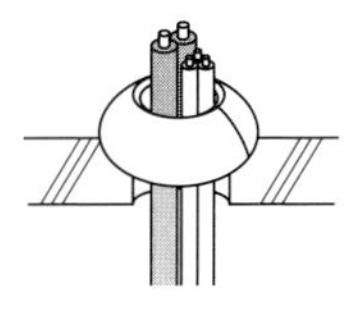

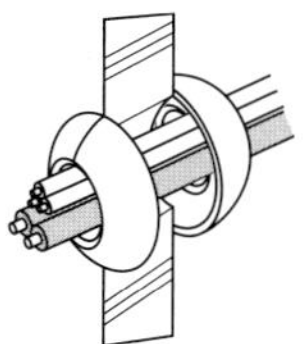

図１　冷媒区画貫通処理材

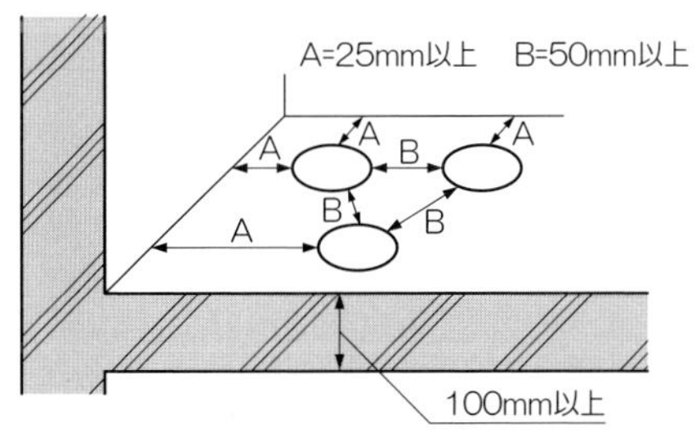

図２　冷媒区画貫通処理材の間隔

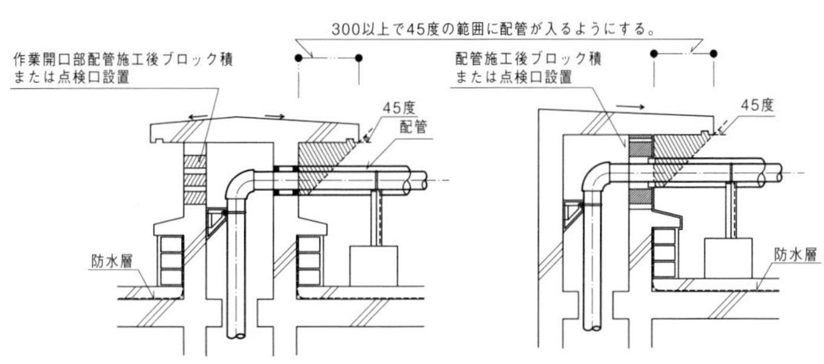

図３　ハト小屋参考図

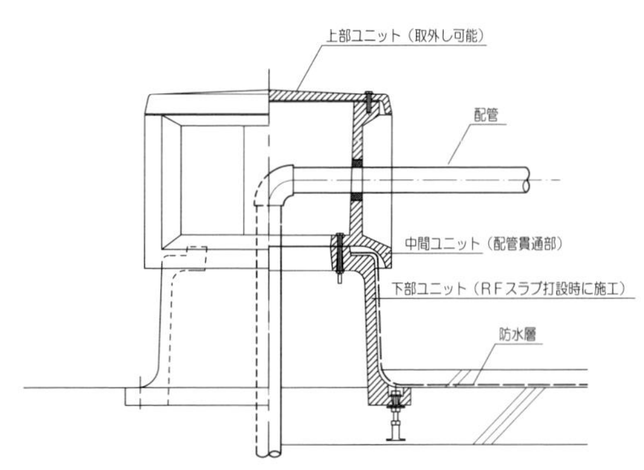

図４　ユニット型ハト小屋

空調ダクトスペース

ダクトルートの取り方

設備計画において建築計画に大きく影響するのがダクトスペースである。空気を搬送するために管径が大きく、結露防止のために断熱材を巻くことからさらにスペースを必要とする。天井高さにも影響し、ルートによっては梁貫通が必要となり構造梁せいの調整も必要となる。このため、ダクトスペースについては建築計画の早い段階から検討を進めることが重要である。

換気ダクト

ダクトルートの検討にはまず外気と通じる換気口の位置が先決である。換気口の形状や位置はファサードデザインにかかわるため意匠面においても検討を要する。換気口の数が少なければガラリ面積も接続するダクト径も大きくなる。ガラリ寸法の決定方法については式1を参照されたい。

外部の換気口位置を決定後、室内換気機器を配置し、その間を結ぶダクトルートを設定する。ルートは最短距離をとるのが経済的となる。距離が長く、または曲がりが多くなるとダクト内の空気抵抗が増し風量不足を生じるため、ダクト径のサイズを上げるなどの対応が必要となる。変形しているダクトは抵抗が大きくなるため、縦横の比率を表すアスペクト比4以下を目安にダクトサイズを選定する。

換気ダクトは結露を生じることがあるため、給気ダクトは断熱を行い、排気ダクトについても外壁から1mの範囲は断熱を行う。

空調ダクト

空調ダクトは空調機と室内制気口とを結ぶため、室内のレイアウトによりルートが決定される。換気ダクトに比べ風量が大きく、ダクト寸法も大きい。梁貫通となる場合は、梁せいによる貫通孔寸法と孔間隔の制約があるため、ダクト径、本数の決定には構造設計者とも調整を行う。

サプライダクト（給気ダクト）とレタンダクト（排気ダクト）の両ダクトとも断熱を行う。レタンダクトにおいては室内温度と同温度の空気が通るため断熱の省略も可能であるが、熱ロスを低減させるためにも断熱を行うことが望ましい。

式１　ガラリサイズ算定式

ガラリ開口寸法は以下のように求める

$A = Q/3{,}600 \cdot V$

　A：有効開口面積（m^2）

　Q：換気風量（m^3/ 時）

　V：面風速（m/ 秒）　※ 雨水侵入や騒音を考慮し，3 ～ 4m/ 秒とする

$A' = A/p$

　A'：ガラリの見かけ面積（m^2）

　p：有効開口率　※ 雨水侵入を考慮し，0.3 ～ 0.35

表１　風量とガラリサイズ

風量（m^3/ 時）	有効開口面積（m^2）	ガラリ面積（m^2）	用途
200	0.02	0.06	給湯室など
500	0.05	0.14	トイレなど
1000	0.09	0.26	機械室など

ガラリ面風速を 3m/ 秒、開口率 35%とした場合のガラリの参考面積
用途は、該当風量で使用する参考室

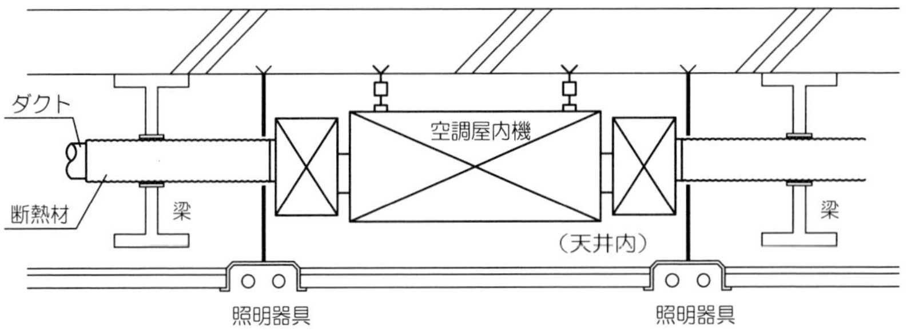

図１　空調機からのダクトと梁貫通

受変電設備スペース

キュービクル寸法の概算

キュービクルは大きくは、受電盤、コンデンサ盤、電灯盤、動力盤で構成される。図1の寸法を参考にし、概算寸法を求める。電灯・動力盤の面数は設備容量に基づき決定する（設備容量については92ページを参照）。キュービクル高さは2,400mmとする。

屋内設置するキュービクル

キュービクルを屋内に設ける場合は以下の保有距離を確保する（図2）。

- 点検を行う面：0.6m以上
- 操作を行う面：1.0m＋保安上有効な距離以上
- 溶接などの構造で換気口がある面：0.2m以上
- 溶接などの構造で換気口がない面：任意の距離

屋外設置するキュービクル

キュービクルを屋外に設ける場合、周囲の保有距離および建築物との離隔距離は以下の基準を満たすこと。

- 消防認定品以外のキュービクル式受電設備は、建築物から3m以上の距離を保つこと。ただし、不燃材料でつくられた場合、または不燃材料で覆われた外壁で開口部のないものに面する場合は除く
- 金属箱の周囲の保有距離は1m＋保安上有効な距離以上とすること。ただし、隣接する建築物などの部分が不燃材料でつくられ、かつ、当該建築物などの開口部に防火戸やそのほかの防火設備が設けてある場合にあっては、屋内に設置するキュービクルの基準にしたがう

さらに屋外設置でとくに注意が必要な点を以下に示す。

[開放された高所に設ける場合]

周囲の保有距離が3mを超える場合を除き、高さ1.1m以上の柵を設けるなどの墜落防止措置を施す。

[底部を開放した状態で設ける場合]

キュービクルの基礎が下駄基礎の場合など、基礎開口部から異物が侵入するおそれがある場合は、開口部に鋼板や網を設けるなど対策を施す。

[建物屋上に設ける場合]

機器重量を構造設計者に報告し、構造上問題がないようにする。また、振

動や音が構造躯体を通じて下階に伝わるので、振動、音に特別な配慮が必要となる建物には、スラブを厚くする、キュービクル内に防振架台を設けるなどの対策を施す。

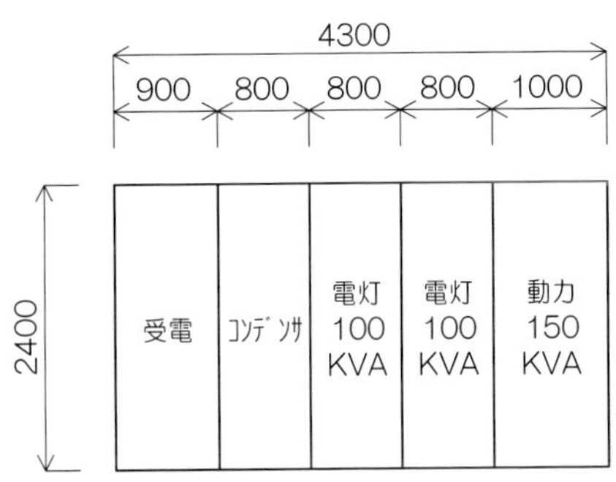

図１　キュービクル概算寸法

受電盤：900×2,400
コンデンサ盤：800×2,400
電灯盤（～100kVA）800×2,400
電灯盤（～200kVA）1,000×2,400
動力盤（～300kVA）1,000×2,400
動力盤（500kVA）1,600×2,400
※寸法は幅×奥行（mm）

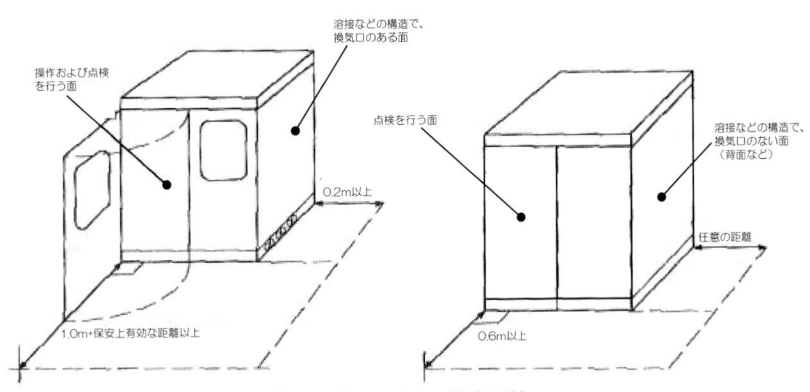

図２　キュービクル保有距離

電気シャフト（EPS）

分電盤・端子盤設置スペース

分電盤は原則として階ごとに設け、1面の受け持つ面積は300～700m^{2}程度として計画する。1フロアに複数テナントが入る場合には、テナントごとに分電盤を設け電気の計量が分けられるようにする。設置位置は幹線距離が短くなる位置とし、端末負荷までの距離を最大30m程度に抑え電圧降下を小さくすることが望ましい。分電盤の幅は1面700mm程度とし、主開閉器のサイズ、電力量計の有無、回路数を考慮し面数と高さを求める。

端子盤は分電盤と隣接して設けるのが一般的である。端子盤内には、電話用端子台、情報通信機器（HUB、ルーターなど）、テレビ共聴機器（ブースター、分配器など）を収納する。建物規模やオフィスの用途によってシステムはさまざまであるため、端子盤の大きさには余裕をもたせて計画を行う。

EPS

EPSは分電盤、端子盤、幹線の立上げスペースなどを設ける場所である。床面積3,000m^{2}以上の場合は原則として800m^{2}程度ごとに設ける。点検が行えるように共用部に設置し、前面は1.2m程度スペースを確保する。EPS内には空調、給排水、消火設備の配管が混在しないようにし、水損事故を防止する。

配線方式ごとの所要スペースは下記となる。

[金属管]

金属管での幹線立上げスペース概略を図1に示す。強電と弱電の配線は同一配管内に収めることはできない。また、後工事となるLAN配線用に空配管を敷設しておくこと。

区画貫通部は金属管を上下1m以上立ち上げて対応する。

[ケーブルラック]

ケーブルラックの寸法は下記式を参考に算出する。算出したケーブルラック幅以上の開口を設け、ケーブルラックを敷設する（図2）。

・電力ケーブルの場合（1段積）

$W \geqq 1.2\{\Sigma(D+10)+60\}$

・通信ケーブルの場合（2段積）

$W \geqq 0.6\{\Sigma(D+10)+120\}$

W：ケーブルラックの幅（mm）

D：各ケーブルの仕上り外形（mm）

ケーブルラック配線の区画貫通処理は国土交通大臣認定のある材料で行う（写真1）。

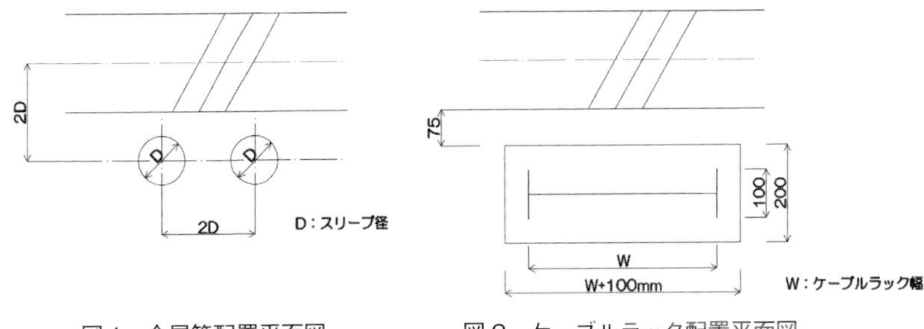

図１　金属管配置平面図　　図２　ケーブルラック配置平面図

施工写真（床）

施工写真（壁）

写真１　区画貫通処理

参考建物資料

モデルとしたオフィスビルの代表的な設備図面を示した。実際の設備図は機械設備で 11 枚、電気設備で 26 枚あるが、最小限の資料を収録した。設備図は A3 判として製図をしたが、本書では縮小して掲載している。興味のある方は出版社のホームページ（http://www.kajima-publishing.co.jp/）にアクセスしていただくと、参考建物の代表的な図面などのダウンロードが可能となっている。

参考建物概要

建築ならびに設備の検討をする場合、モデルとなる建物を想定して話をまとめるほうがより理解が進むと思われるので、東京都心に建つ鉄骨造、地上9階建て、延床面積1,376m²、基準階床面積136m²の建物とした。平面図、立面図、断面図を本ページ以降に示す。

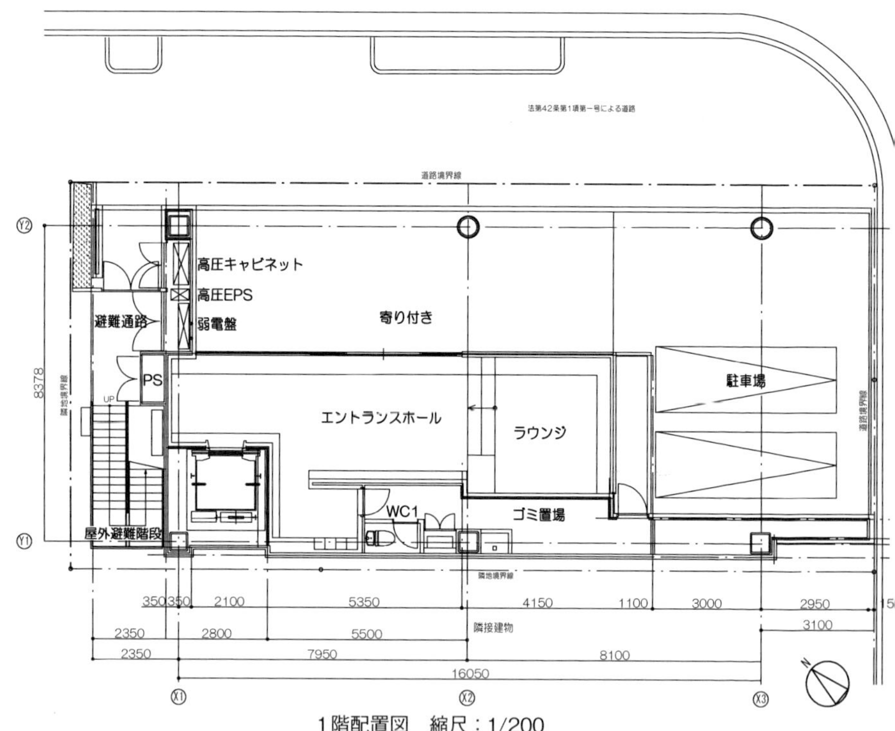

1階配置図　縮尺：1/200

建築概要

構造	鉄骨造			
階数	地下なし、地上9階			
敷地面積		226.73	m²	用途地域　商業地域
面積	1階	68.91	m²	防火地域　防火地域
	2階	163.40	m²	建ぺい率　80%
	3階	163.40	m²	容積率　600%
	4階	163.40	m²	
	5階	163.40	m²	
	6階	163.40	m²	
	7階	163.40	m²	
	8階	163.40	m²	
	9階	163.40	m²	
	延床面積	1,376.11	m²	

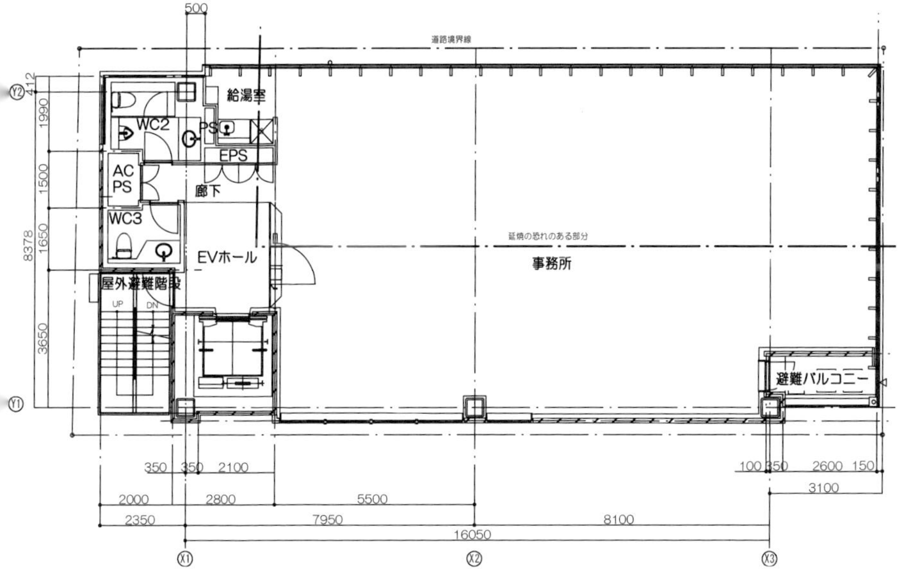

500
道路境界線
給湯室
WC2
PS
EPS
AC
PS
廊下
WC3
EVホール
延焼の恐れのある部分
事務所
屋外避難階段
UP DN
避難バルコニー
412
1990
1500
1650
8378
3650
Y2
Y1
350 350 2100
2000 2800 5500
2350 7950 8100
16050
100 350 2600 150
3100
X1 X2 X3

基準階平面

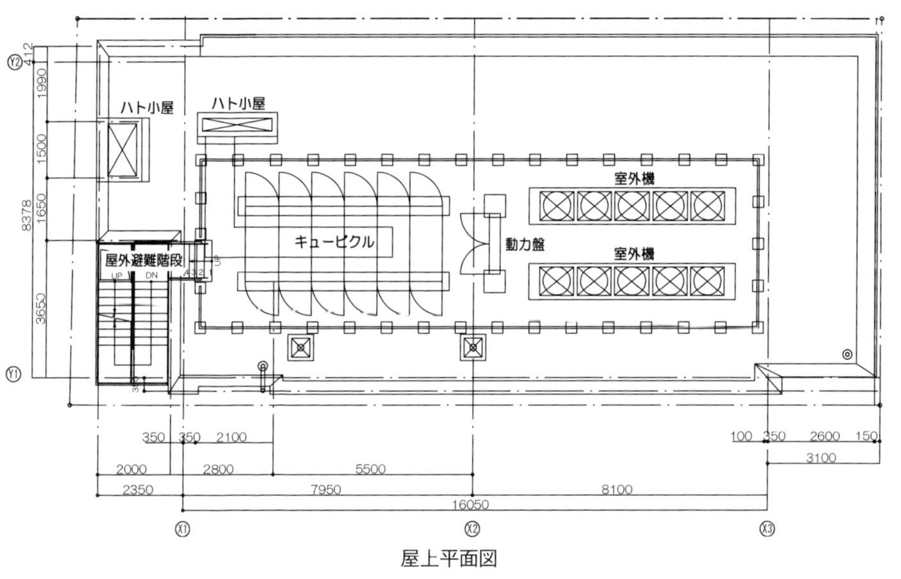

屋上平面図

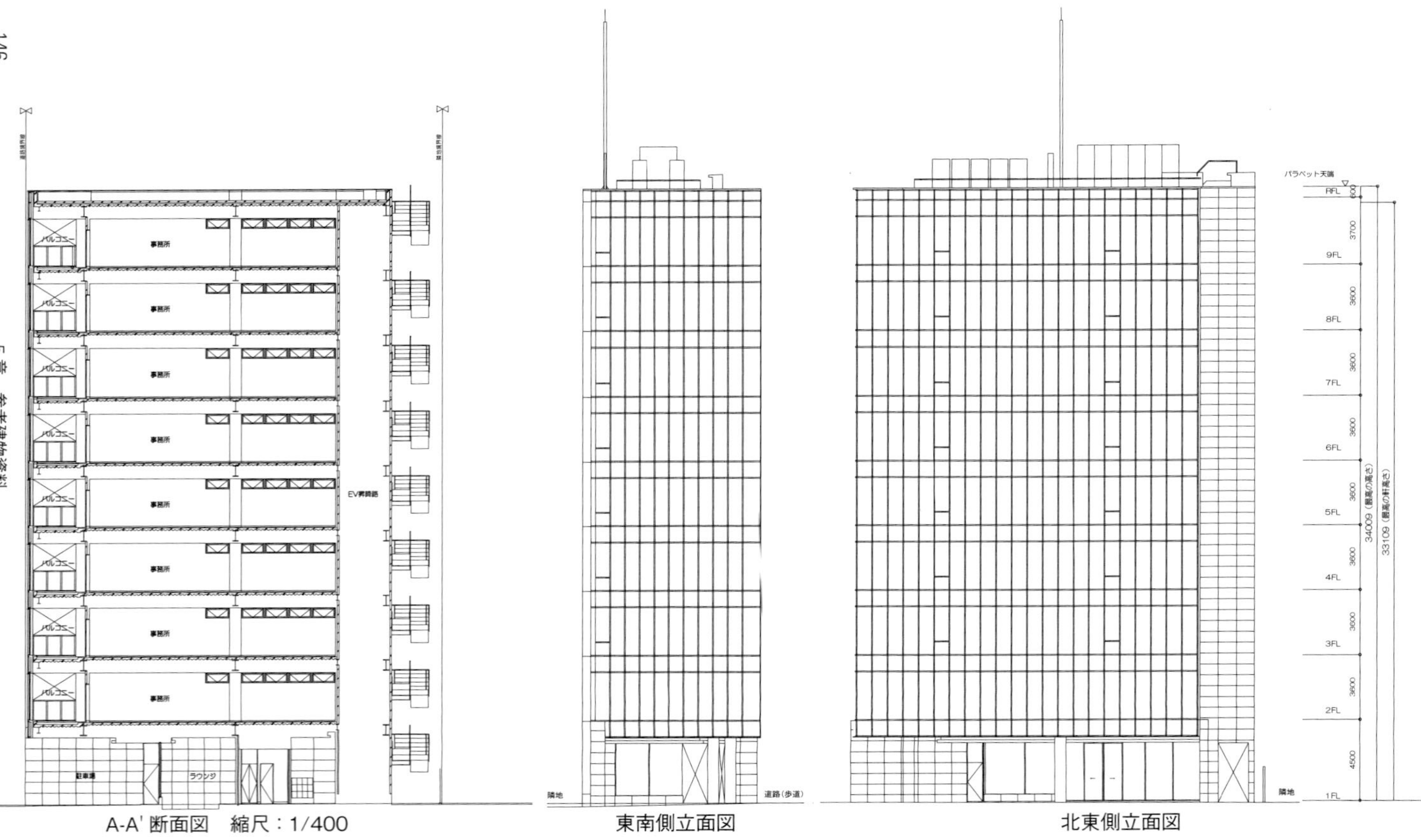

A-A' 断面図　縮尺：1/400　　東南側立面図　　北東側立面図

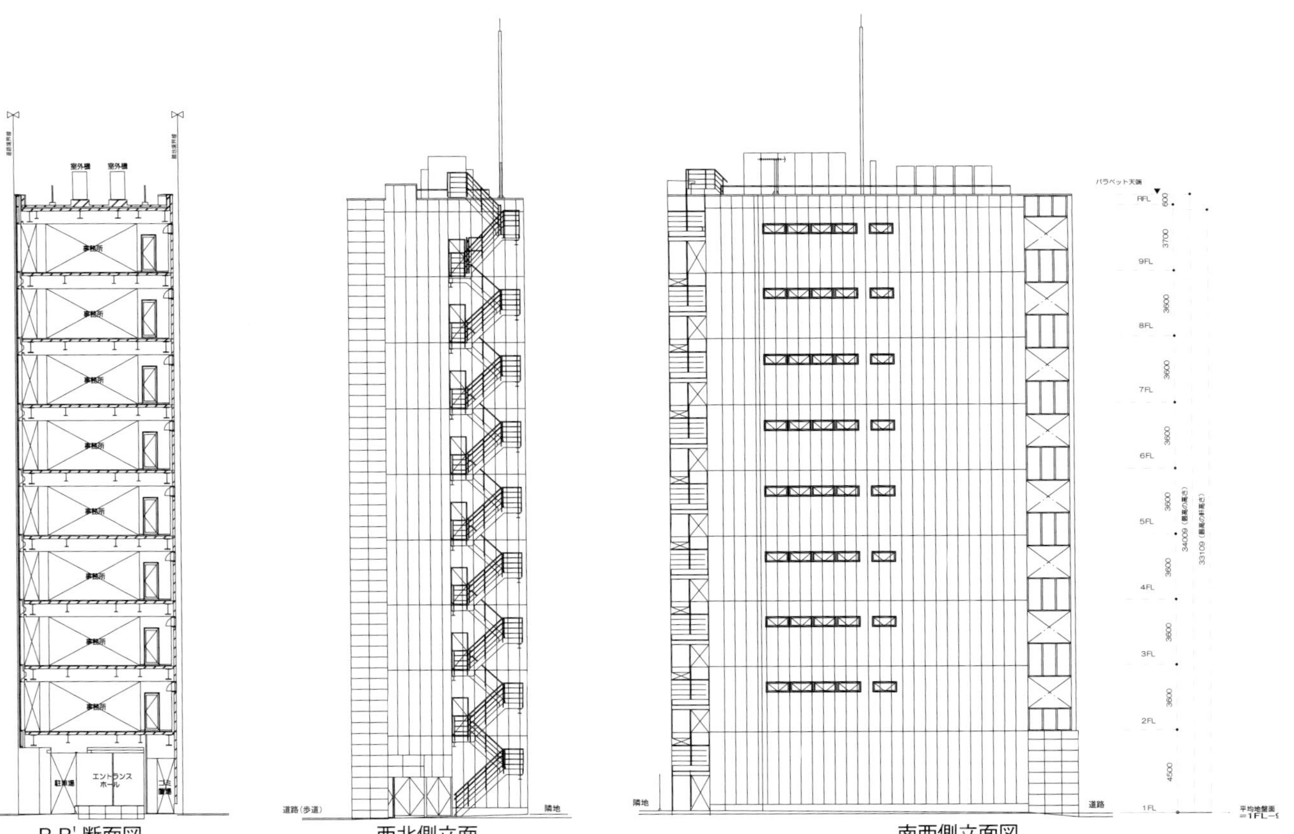

B-B' 断面図
西北側立面
南西側立面図

給排水衛生設備概要

給水設備（→3章、64ページ～）

北東側の歩道に埋設された給水本管 φ150mm より既設給水引込管 φ30mm を φ40mm に入替を行い、計画敷地内に引き込む。以降制水弁、メーターバイパスユニットを経由し、1階共用部は直結給水方式とし、必要箇所への給水を行う。2～9階へは水道直結増圧ポンプを1階の盤スペースに設置し、各階の PS 内に設置された私設量水器を介して、必要箇所への給水を行う。なお、既存の給水引込管はすべて撤去とする。

給湯設備（→3章、68ページ～）

2～9階の湯沸コーナーおよびトイレに電気温水器を設置し給湯を行う。

排水通気設備（→3章、62ページ～）

各箇所からの排水管の敷設を行い、屋外にて排水桝に接続した後に、既存公設桝を介して東側前面道路に埋設された下水道本管に放流する。通気は伸頂通気方式および回路通気方式とする。雨水は、雨水竪管以降の配管の敷設を行い、屋外の排水桝に接続する。以降、汚水系統と合流し、東側前面道路および南側前面道路に埋設された下水道本管に放流する。

なお、2～9階の事務所内 PS の排水管は遮音シート巻とする。

衛生器具設備（→3章、70ページ～）

便所、洗面所、厨房、浴室などの必要箇所に衛生陶器および水栓器具等を強固に取付ける。衛生陶器および水栓器具類は JIS 認定品および同等品以上を使用する。陶器色および取付高さなどについては監督員の指示による。衛生器具および水洗金具類は、JIS 認定品または同等品以上を使用し、すべて節水器具、節水コマを使用する。

消火設備システム（→3章、76ページ～）

消防法に準拠して、1階に送水口、3～9階に消防隊専用栓を設置する。

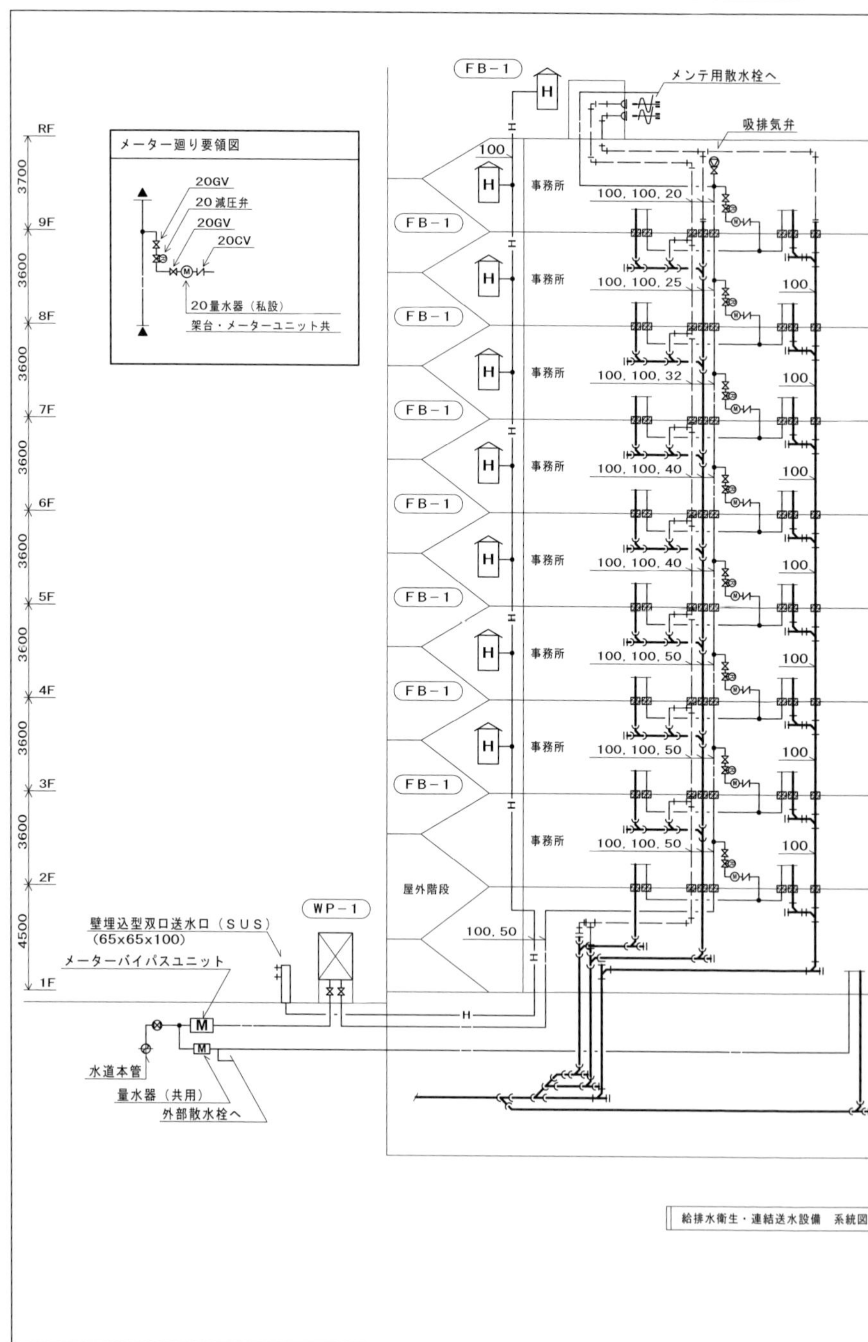
メーター廻り要領図
20GV
20 減圧弁
20GV
20CV
20量水器（私設）
架台・メーターユニット共
RF
9F
8F
7F
6F
5F
4F
3F
2F
1F
3700
3600
3600
3600
3600
3600
3600
3600
4500
FB－1
メンテ用散水栓へ
吸排気弁
事務所
100, 100, 20
100, 100, 25
100, 100, 32
100, 100, 40
100, 100, 40
100, 100, 50
100, 100, 50
100, 100, 50
100
100, 50
屋外階段
WP－1
壁埋込型双口送水口（SUS）
(65x65x100)
メーターバイパスユニット
水道本管
量水器（共用）
外部散水栓へ
給排水衛生・連結送水設備 系統図

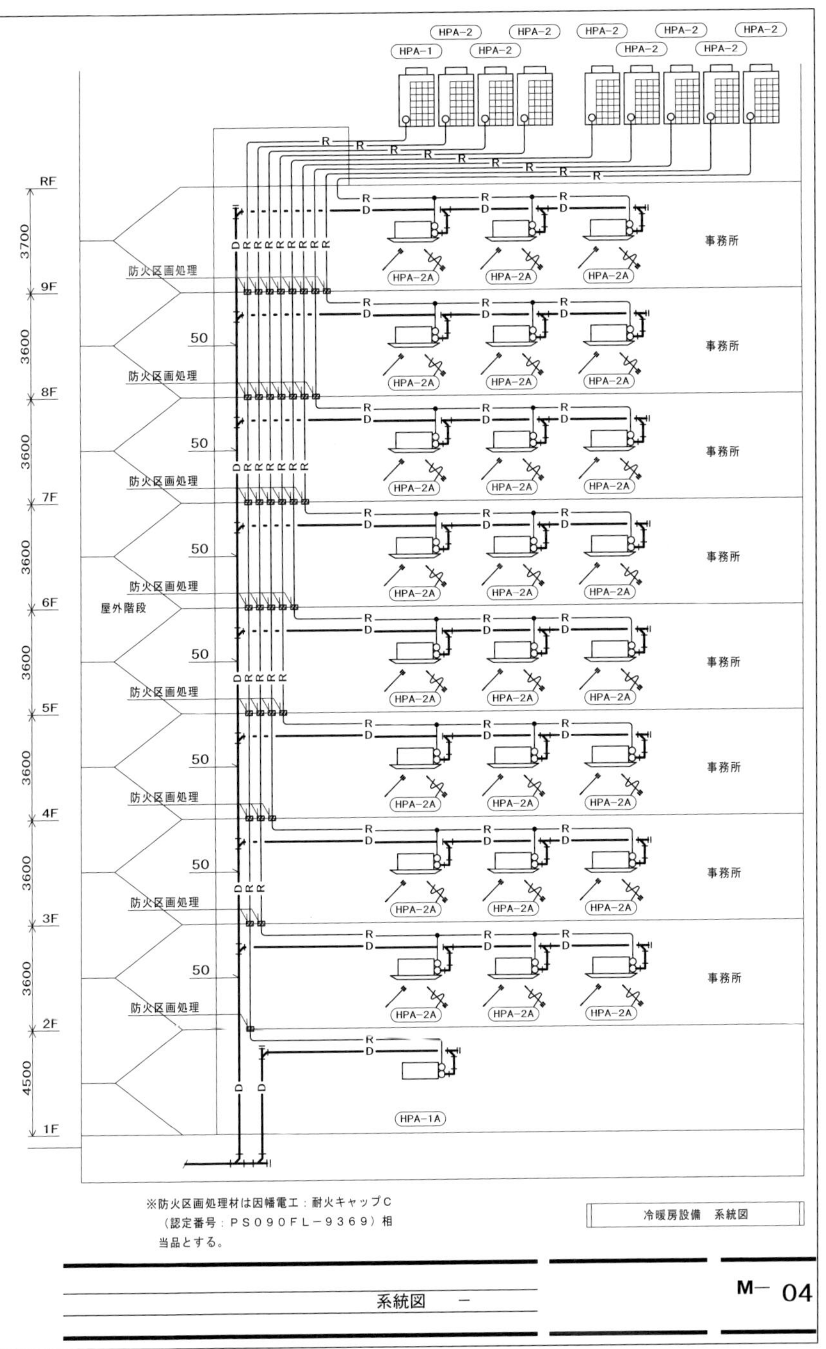

※防火区画処理材は因幡電工：耐火キャップC（認定番号：PS090FL−9369）相当品とする。

冷暖房設備　系統図

系統図　－

M－ 04

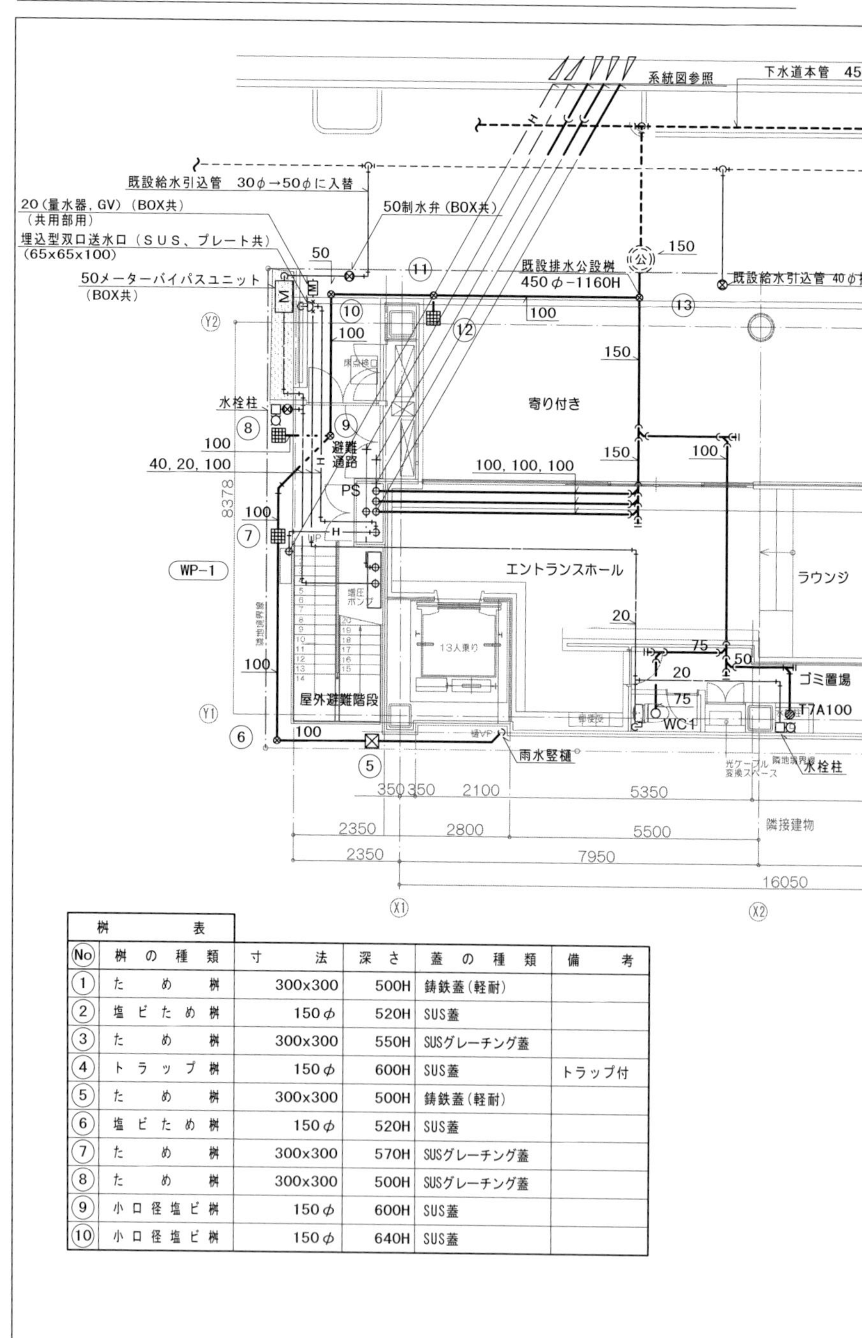

桝　表					
No	桝の種類	寸　法	深さ	蓋の種類	備　考
1	ため桝	300x300	500H	鋳鉄蓋（軽耐）	
2	塩ビため桝	150φ	520H	SUS蓋	
3	ため桝	300x300	550H	SUSグレーチング蓋	
4	トラップ桝	150φ	600H	SUS蓋	トラップ付
5	ため桝	300x300	500H	鋳鉄蓋（軽耐）	
6	塩ビため桝	150φ	520H	SUS蓋	
7	ため桝	300x300	570H	SUSグレーチング蓋	
8	ため桝	300x300	500H	SUSグレーチング蓋	
9	小口径塩ビ桝	150φ	600H	SUS蓋	
10	小口径塩ビ桝	150φ	640H	SUS蓋	

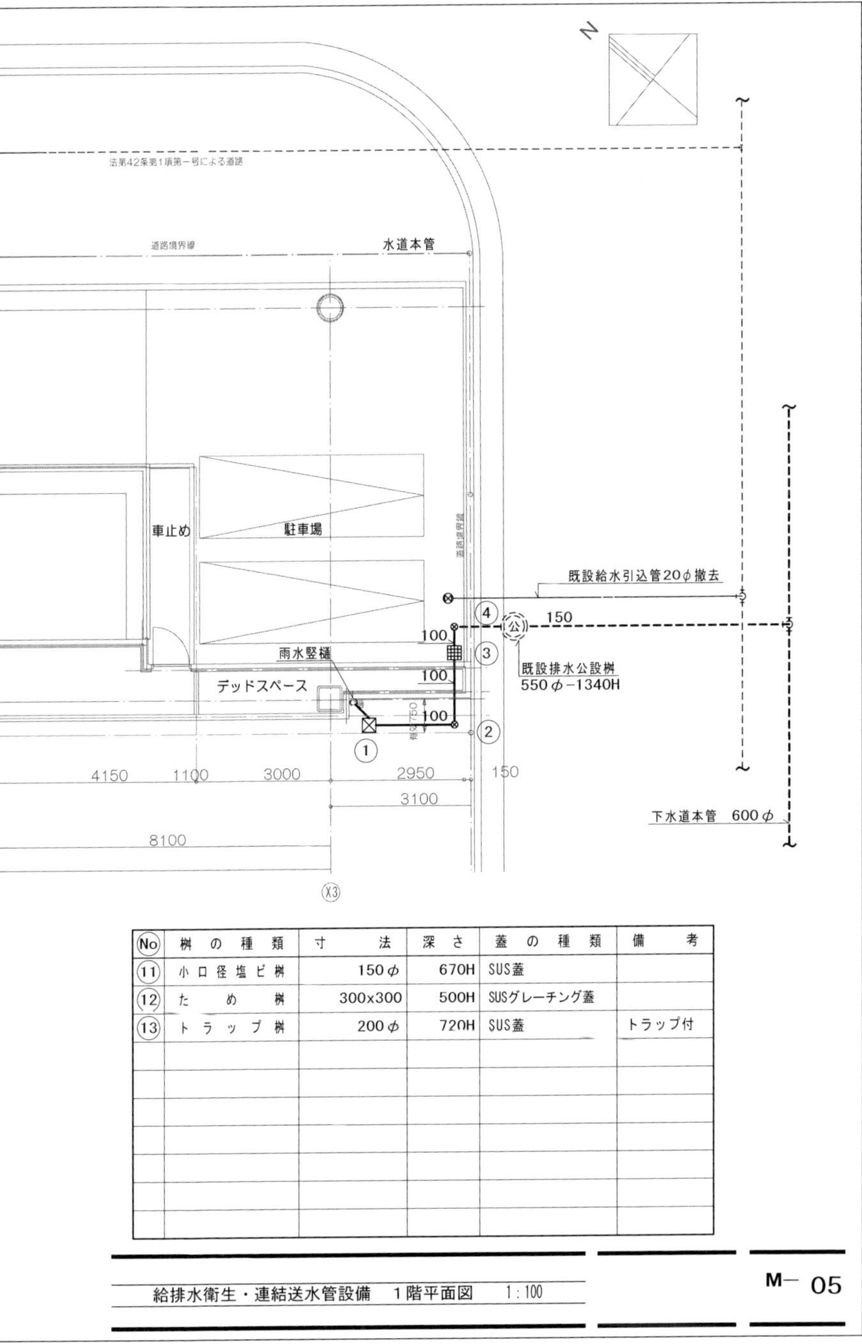

No	桝の種類	寸法	深さ	蓋の種類	備考
⑪	小口径塩ビ桝	150φ	670H	SUS蓋	
⑫	ため桝	300x300	500H	SUSグレーチング蓋	
⑬	トラップ桝	200φ	720H	SUS蓋	トラップ付

給排水衛生・連結送水管設備　1階平面図　1:100

M— 05

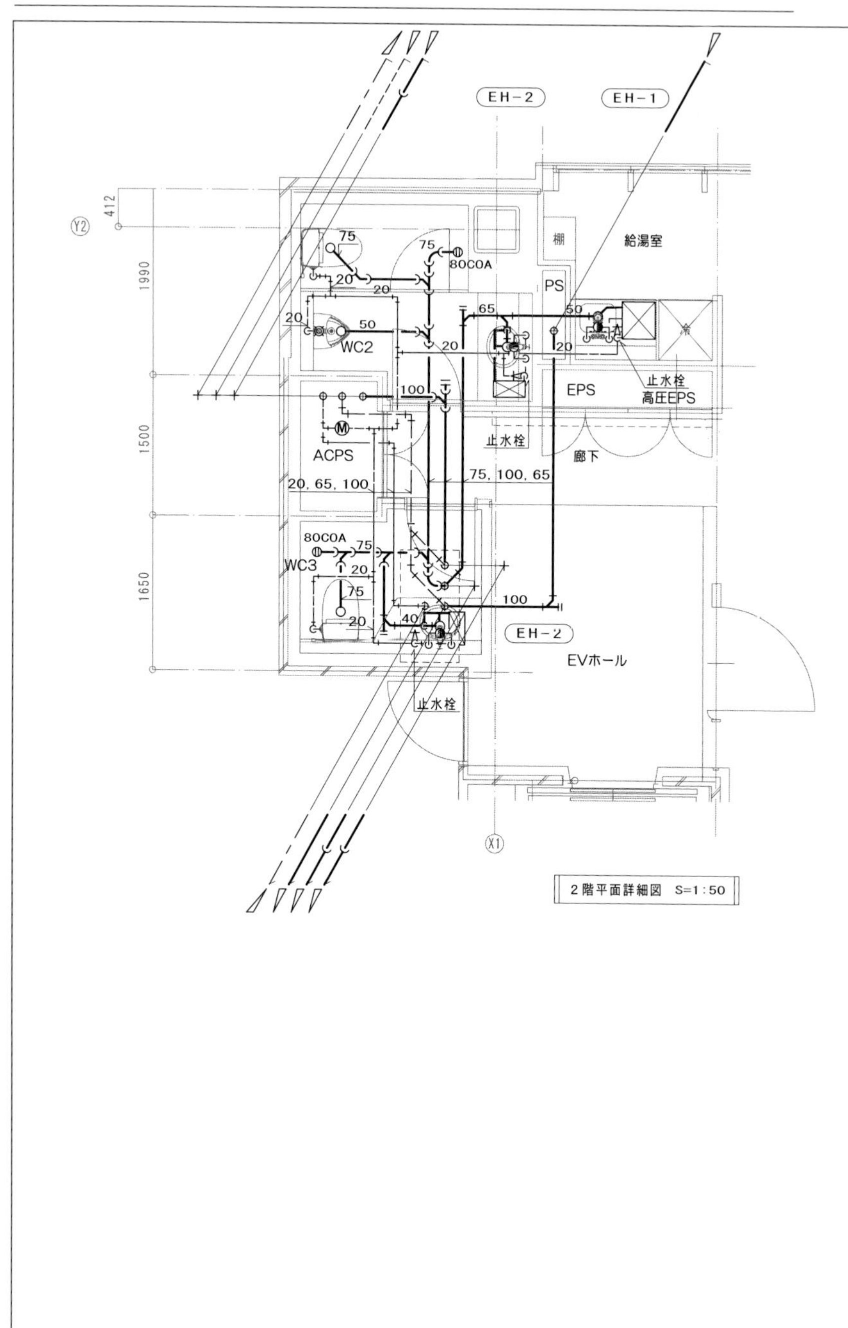
EH－2
EH－1
給湯室
棚
PS
WC2
80COA
EPS
止水栓
高圧EPS
ACPS
止水栓
廊下
75, 100, 65
20, 65, 100
WC3
EH－2
EVホール
止水栓
1990
1500
1650
412
2階平面詳細図　S=1:50

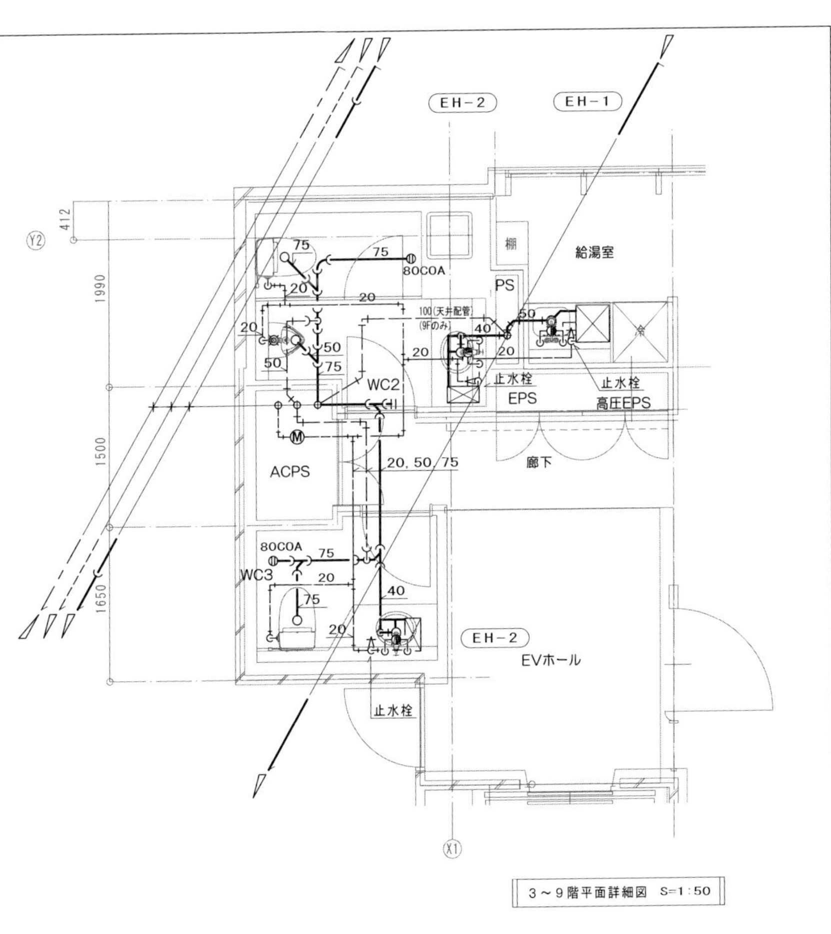

3～9階平面詳細図 S=1:50

□衛生器具集計表

器具名称	型番	付属品	合計	1階 トイレ	1階 ゴミ置場	2－9階 トイレ(男)	2－9階 トイレ(女)	2－9階 ミニキッチン	共用部	共用部 外部	共用部 屋上	備考
洋風大便器	CES982	洗浄便座一体型、紙巻器：YH84R、リモコン、他付属品一式	16			1/8	1/8					(TOTO)
洋風大便器	CS20AB+SH31BA	手洗器付、普通便座：TC301、紙巻器：TS116R、他付属品一式	1	1								(TOTO)
小便器	UFH500	フラッシュバルブ：TG600PSX、他付属品一式	8			1/8						(TOTO)
洗面器	DV031932-00	シングルレバー混合栓：VL. 500-16+VL. 090G-16、排水金具、他付属品一式	16			1/8	1/8					(CERA TRADING)
キッチン水栓	VL. 500-16+VL. 090-16		8					1/8				(CERA TRADING)
												(TOTO)
横水栓	T28ANH13	カップリング付	1								1	(TOTO)
横水栓	T28ANH13	カップリング付、水栓柱（SUS）共	1		1							(TOTO)
散水栓	T28KNH13	キー式、カップリング付、水栓柱（SUS）共	1							1		(TOTO)

給排水衛生設備　詳細図　1：50

M－08

冷暖房換気設備概要

換気設備（→3章、78ページ～）

各室の必要換気量を確保すべく換気機器を設置し、ダクトの敷設を行う。1階ゴミ置場・トイレなどは天井扇による第3種換気、事務所は空調換気扇による第1種換気を行う。また、各居室はシックハウス対策を行うものとし、空調換気扇微弱運転にて対応する。

冷暖房設備（→3章、80ページ～）

電気エネルギーによる空冷ヒートポンプ方式の空調機を設置する。1階のエントランスホールは天井隠蔽ダクトタイプとし、2～9階の事務所は天井カセットタイプとする。室外機は、すべて屋上に設置するビル用マルチタイプとする。冷媒管はメーカー標準品とし、接合部は不燃性ガスを通しながら燐銅ろう付とする。空調機制御用の電気配線は冷媒管共巻とし、本工事にて行う。なお、室内機からリモコンまでの配管は電気工事にて行い、配線工事は本工事にて行う。

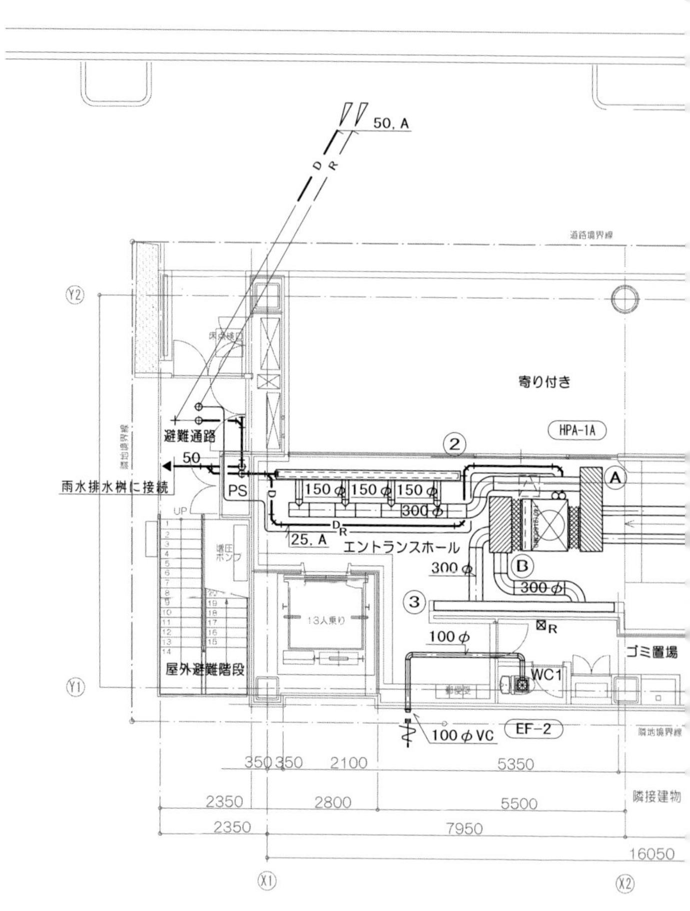

吹出・吸込口表								
記号	室　名	種類	名称	寸　法	風　量 (m3/H)	個数	風　量 (m3/H)	備　考
①	エントランスホール	SA	B L － D	2000L	480	2	960	(参考BOX) 2100x300x300H (GW25)
②	エントランスホール	SA	B L － D	4000L	960	1	960	(参考BOX) 4100x300x300H (GW25)
③	エントランスホール	RA	建築スリット	有効開口:0.3㎡	1920	1	1920	(参考BOX) 3100x300x300H (GW25)

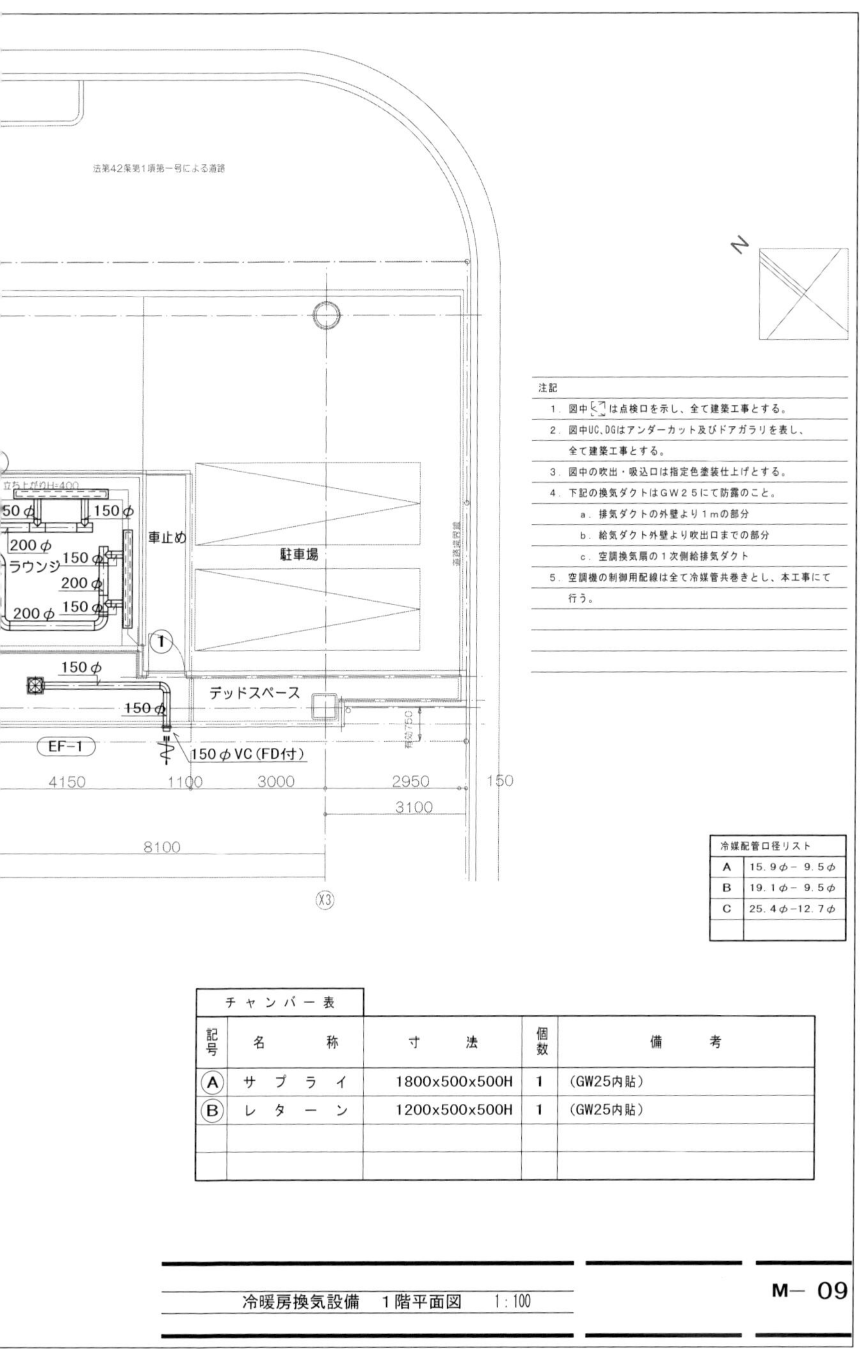

注記

1．図中［ ］は点検口を示し、全て建築工事とする。
2．図中UC、DGはアンダーカット及びドアガラリを表し、全て建築工事とする。
3．図中の吹出・吸込口は指定色塗装仕上げとする。
4．下記の換気ダクトはGW25にて防露のこと。
 a．排気ダクトの外壁より1mの部分
 b．給気ダクト外壁より吹出口までの部分
 c．空調換気扇の1次側給排気ダクト
5．空調機の制御用配線は全て冷媒管共巻きとし、本工事にて行う。

冷媒配管口径リスト	
A	15.9φ－9.5φ
B	19.1φ－9.5φ
C	25.4φ－12.7φ

チャンバー表

記号	名称	寸法	個数	備考
Ⓐ	サプライ	1800x500x500H	1	（GW25内貼）
Ⓑ	レターン	1200x500x500H	1	（GW25内貼）

冷暖房換気設備　1階平面図　1：100

M－09

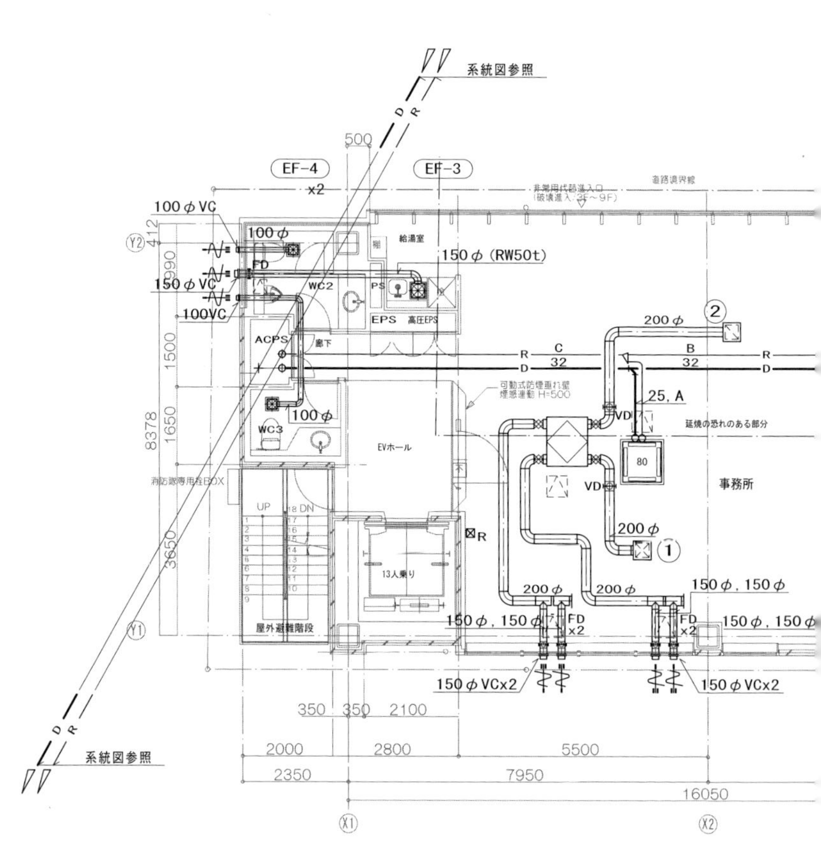

吹出・吸込口表								
記号	室名	種類	名称	寸法	風量 (m3/H)	個数	風量 (m3/H)	備考
①	事務所	OA	V H S	300x300	280	2	560	(参考BOX) 400x400x300H (GW25)
②	事務所	EA	H S	300x300	280	2	560	(参考BOX) 400x400x300H
③	事務所	SA	V H S	300x300	300	1	300	(参考BOX) 400x400x300H (GW25)
④	事務所	PAS	H S	200x200	120	1	120	(参考BOX) 300x300x300H
⑤	事務所	PAS	V H S	200x200	120	1	120	(参考BOX) 300x300x300H

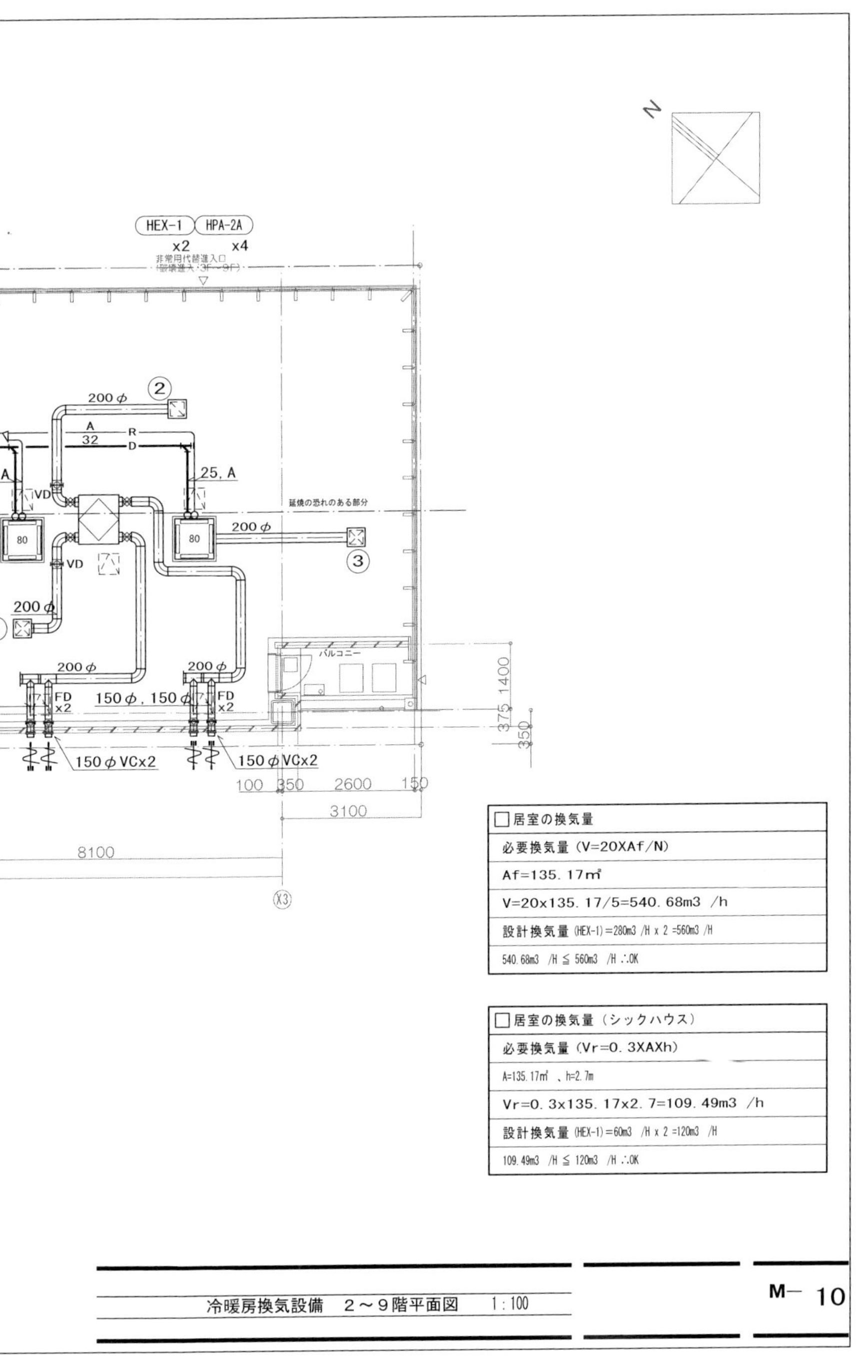

□居室の換気量
必要換気量（V=20XAf/N）
Af=135. 17㎡
V=20x135. 17/5=540. 68m3 /h
設計換気量 (HEX-1)=280m3 /H x 2 =560m3 /H
540.68m3 /H ≦ 560m3 /H ∴OK

□居室の換気量（シックハウス）
必要換気量（Vr=0. 3XAXh）
A=135.17㎡ 、h=2.7m
Vr=0. 3x135. 17x2. 7=109. 49m3 /h
設計換気量 (HEX-1)=60m3 /H x 2 =120m3 /H
109.49m3 /H ≦ 120m3 /H ∴OK

電気設備概要

電力引込設備（→3章、90ページ～）

敷地内に高圧キャビネット盤（東電支給品）を設け高圧電力を地中より引き込む。以降、キャビネット内設置のUGS（本工事）を経由し管路にて計画建物屋上に設ける受変電設備（キュービクル）まで高圧電力を敷設する。高圧キャビネット盤内設置のUGSはSOG動作GR付高圧交流ガス負荷開閉器とする。

高圧受変電設備（→3章、92ページ～）

本工事では、屋外型キュービクルにて受変電設備を構成し、計画建物屋上に設置する。キュービクルは将来の電力容量の増量にともなう対応を考慮する。

幹線設備（→3章、94ページ～）

共用部分については、キュービクル低圧配電盤より、電力幹線を取り出し各所共用分電盤、動力盤、昇降機などへ電力を供給する。

2～9階事務所部分については、各階にテナント用電灯電源分電盤を設け、キュービクル低圧配電盤より、電力幹線（電灯電源）を単独幹線として敷設する。動力電源に関しては屋上空調室外機置場に動力電源盤を設け動力幹線を敷設する。また、電力使用量の計量を目的とした、検針用私設電気メーターを各盤内に組み込み計量を行えるよう計画する。

コンセント設備（→3章、96ページ～）

共用部分については、共用分電盤の2次側照明器具、配線器具などの設置および配管配線工事を行う。照明器具は省エネを考慮し、原則蛍光灯器具とする。また、防災用として非常照明および誘導灯を設置する（同器具は非常電源内蔵型とする）。照明点滅回路は常夜点灯回路（日没～日出）、一般回路（日没～深夜）、終日点灯回路（24時間）の3系統で計画する。コンセントは掃除用として適宜設置する。外部コンセントは鍵フタ付とする。

2～9階事務所部分については、テナント電灯電源用分電盤の2次側照明器具、配線器具などの設置および配管配線工事を行う。照明器具は原則蛍光灯器具とする。また、防災用として非常照明および誘導灯を設置する（同器具は非常電源内蔵型とする）。事務フロア部分は平均照度600lx以上とする。エレベーターホール部分の照明は機械警備と連動して点滅できるように計画する。

電話設備（→3章、104ページ～、108ページ～）

NTT配線網より電話局線を地中にて引き込み、計画建物内の弱電引込盤（T-1）まで引込管を4条敷設する。以降、各階に設置した弱電盤まで電話線を敷設する。なお、弱電引込盤以降の電話配線は本工事にて行う。1～9階の弱電盤および、その2次側配管配線は本工事とする。電話機器は別途工事とする。電話敷設ルートにおいて、情報通信用（光回線、建物LAN）の配線スペースを確保する。

テレビ共同受信設備（→3章、106ページ～）

計画建物屋上にテレビアンテナ（UHF、BS/110度CS）を設置する。以降、各階弱電盤内テレビ共用機器を経由し各テレビ取出口までの配管配線を敷設する。将来CATV共聴ラインを引き込めるように引込用空配管を本工事で敷設する。テレビ共聴設備はCATV共聴ラインと混合できる仕様で構成計画を行う。

自動火災報知設備（→3章、110ページ～）

消防法に準拠し、自動火災報知設備を設置する。受信機は1階に設置する。

セキュリティー設備（→3章、118ページ～）

計画建物の主要な箇所に監視用カメラを設け防犯警戒を行う。また、同カメラ映像は各階貸し室前のエレベーターホールを除き、その映像記録を録画させる。ITV設備機器の台数および設置箇所、各モニターの使用内容は下記とする。

・カラーカメラ（10台）：1階エントランス（1）、エレベーターカゴ内（1）、各階エレベーターホール（8）

・映像記録HDD設置（1台）：1階機器置場（1）

・確認用モニター装備（10台）：1階エレベーター前[※1]（1）、各階貸し室内[※2]（8）、1階機器置場[※3]（1）

※1：1階のエレベーター待機者にカゴ内の映像を見せる。映像やニュースなども流せる用に計画する

※2：1階エントランスのカメラ、エレベーターカゴ内および、同階のエレベーターホールのカメラ映像の確認用

※3：1階エントランスのカメラとエレベーターカゴ内のカメラの映像確認用

避雷設備（→3章、120ページ～）

建築基準法（新JISのレベルⅢ）に基づき、避雷設備を設ける。概要は屋上に突針（自立型）を2基とパラペット部分に棟上導体を敷設、立下線は構造体を利用し1階に接地端子函を4カ所設け接地をとる。

高圧受変電設備単線結線図

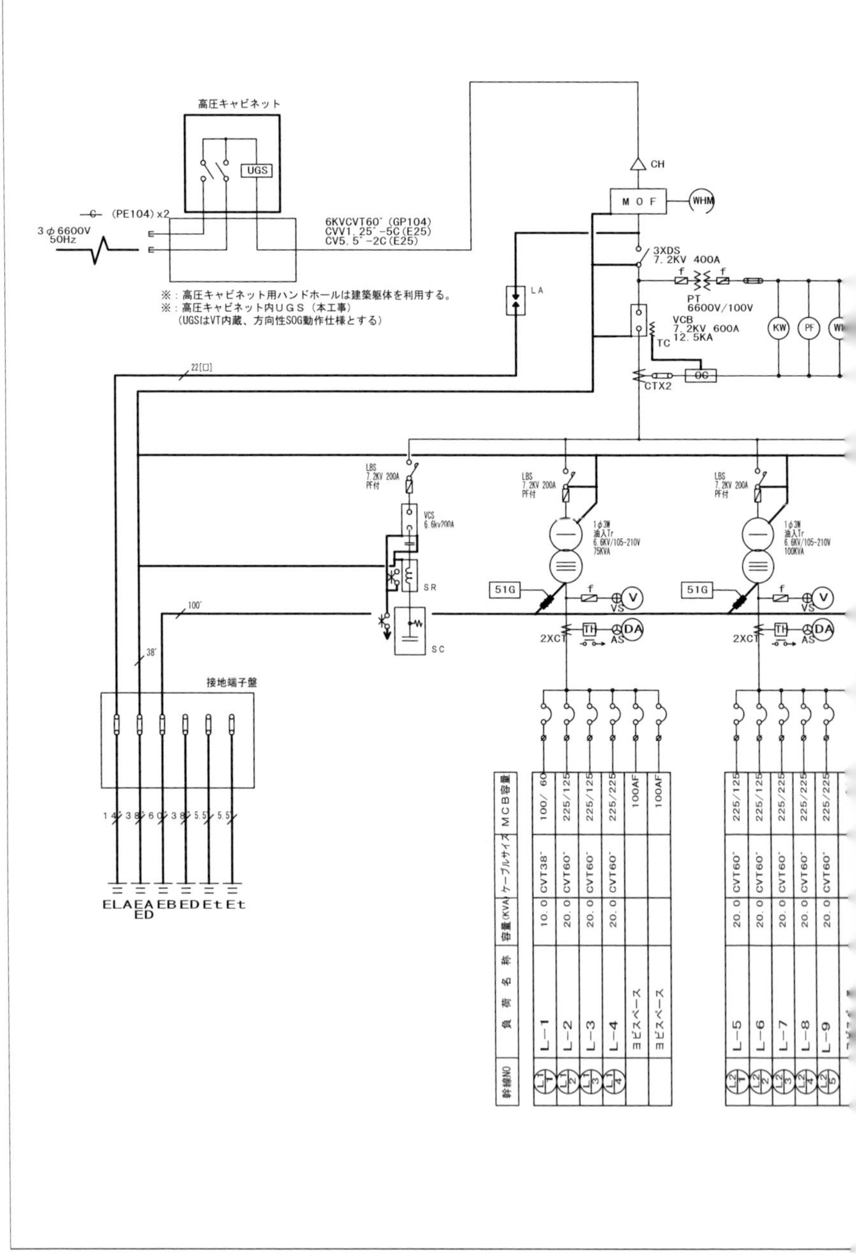

幹線NO	負荷名称	容量(KVA)	ケーブルサイズ	MCB容量
L1-1	L-1	10.0	CVT38°	100/60
L1-2	L-2	20.0	CVT60°	225/125
L1-3	L-3	20.0	CVT60°	225/125
L1-4	L-4	20.0	CVT60°	225/225
	ヨビスペース			100AF
	ヨビスペース			100AF

幹線NO	負荷名称	容量(KVA)	ケーブルサイズ	MCB容量
L2-1	L-5	20.0	CVT60°	225/125
L2-2	L-6	20.0	CVT60°	225/125
L2-3	L-7	20.0	CVT60°	225/225
L2-4	L-8	20.0	CVT60°	225/225
L2-5	L-9	20.0	CVT60°	225/225

注記
1. 警報盤 接点出力内容
・変電設備故障（別表参照）
2. 付属品、予備品として下記を納入の事
・ヂスコン棒
・電力ヒューズ　（種別毎各３ケ）
・ヒューズ類　（実装数）
3. Tr等機器の固定には防振ゴムを使用すること
4. トランスを格納する盤にはサーモ発停による換気扇を設ける
5. 全ての表示灯は発光ダイオードタイプとする
6. 盤毎に扉の開閉に連動した蛍光灯を取付け、受電盤に一括SWを設ける。
7. 低圧配電盤は増設可能な構造とする
8. ブザー回路はタイマー（３０～９０分）にて自動ＯＦＦとする
9. ＭＣＢ容量表記中特記なき遮断器はＭＣＢ３Ｐとする。
10. 各盤毎にＭＣＢトリップ表示を設け、警報盤に信号出力する。
11. キュービクル内に将来増設のため高圧母線の対応を行う。
12. 開口部には防虫金網を取付の事
13. すべての変圧器にはダイヤル温度計を設置すること。
14. キュービクルは屋外型とし、色は仕手色塗装仕上とする。

警報内容

項目	配電盤 ランプ	配電盤 ブザー	警報盤
過電流継電器	○	○	○一括
地絡継電器	○		
コンデンサ・リアクトル異常	○		
Tr２次側過電流（盤毎）	○		
漏電警報器　（盤毎）	○		

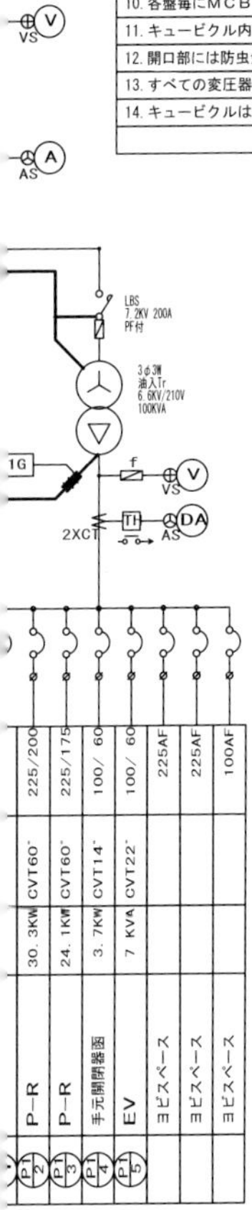

高圧受変電設備記号凡例

記号	名称	備考
A	電流計	検定付
V	電圧計	〃
DA	最大需要電流計	〃
KW	電力計	〃
PF	力率計	〃
F	周波数計	〃
WHM	取引用積算電力計	電力会社支給品
CH	ケーブルヘッド	
MOF	取引用変成器	電力会社支給品
DS	断路器	
UGS	地中線用負荷開閉器	
VCB	真空遮断器	
VCS	高圧真空電磁接触器	
LA	避雷器	
CT	計器用変流器	エポキシレジンモールド型
ZCT	零相変流器	ブチルゴムモールド１次導体付
AS	電流切替スイッチ	
VS	電圧切替スイッチ	
PTT	試験用電圧端子	
CTT	試験用電流端子	
PF	パワーヒューズ	
f	栓型ヒューズ	
OC	過電流継電器	
51G	地絡継電器	
Tr	変圧器（油入）	トップランナー仕様
SC	高圧進相コンデンサ	新JIS高調波55%対応
SR	高圧リアクトル	新JIS高調波55%対応
DR	放電抵抗器	
MCB	配線用遮断器	
MCB	配線用遮断器	

高圧受変電設備単線結線図 －

E－03

記号凡例

記号	名称	備考
Ⓝ ◇N	100V回路	
◎N ◆N	200V回路	
(スイッチ記号)	マグネットスイッチ	
▲	リモコンリレー	フル2線式リモコン

特記事項

1. 特記なき分電盤は鋼板製メーカー標準品、屋内自立型扉付とする。
2. 盤内の表示灯は全てLED方式とする。
3. 特記なき分岐回路のブレーカー容量は50AF/20ATとする。
4. 外灯用タイマー回路は連動接点の組み替えが可能となるよう端子台を設ける。

制御回路

Mg−1	ソーラータイマーで点灯、ソーラータイマーにより消灯
Mg−2	ソーラータイマー点灯、深夜はタイマーにて消灯
Mg−3	ソーラータイマーのタイマー機能にて点滅
Mg−4	ソーラータイマーのタイマー機能にて点滅

試 断 自
COS
TM
AC100V
ソーラータイマー
52
TM

※：Mg1, 2, 3, 4はそれぞれ単独の回路とする。
※：ソーラータイマーは2系統動作出力型を2台設置する。

Mg−K	機械警備信号で消灯

試 断 自
COS
機械警備制御盤より
AC100V
52

分電盤負荷表

盤名称	回路種別 主幹開閉器	回路番号	分岐開閉器 MCB 1P	MCB 2P	ELB 2P	容量(VA) 電灯	AC	コンセント	その他	付属機器
1φ3W 105/210V										
L1/1		Ⓐ		○		10				
		◇A		○					100	
L−1		◇B		○					100	
		◇C		○					300	
8. 111KVA 屋内自立型	MCB3P 50/50									
		①		○		334				
		②		○		850				Mg−3
		③		○		718				Mg−1
		④			○	315				Mg−2
		⑤			○	291				Mg−1
		⑥			○	420				Mg−1
		⑦			○	788				Mg−2
		⑧			○	135				Mg−1
		⑨			○	1190				Mg−4
		⑩		○			210			
				○						
				○						
		◇1			○			150		
		◇2			○				400	
		◇3			○				1000	
		◇4			○				500	
		◇5			○			150		
		◇6			○			150		
		◇7		○					200	
		◇8		○				600		
		◇9		○				600		
				○						
				○						
				○						
						3861	210	1650	2600	

負荷名称	備考	盤名称
		1φ3W 105/210V
誘導灯		
報受信機		
盤		L1/2
機器収納盤		L−2
レ・ゴミ置場電灯		L1/3
トランス電灯		
トランス間接照明		L−3
トランス電灯		L1/4
軒下電灯		
軒下電灯		L−4
電灯		L2/1
通路電灯		
避難階段電灯		L−5
トランス屋内空調機		L2/2
ビ		
ビ		L−6
ンテコンセント		L2/3
機器電源		
源		L−7
便座		L2/4
置場コンセント		
場コンセント		L−8
ドア		L2/5
ホールコンセント		
ホールコンセント		L−9
ビ		
ビ		21. 89KVA 屋内自立型
ビ		

回路種別 主幹開閉器	回路番号	分岐開閉器 MCB 1P	MCB 2P	ELB 2P	容量（VA） 電灯	AC	コンセント	その他	付属機器	負荷名称	備考
W 私設WHM（検定合格品）											
	Ⓐ		○		20					誘導灯	
MCB3P 100/100											
	①		○		820				Mg−K	事務室電灯	
	②		○		1100				Mg−K	事務室電灯	
	③		○		653				Mg−K	給湯室・便所電灯	
	④		○		169				Mg−K	EVホール電灯	
	⑤		○			878				空調屋内機	
			○							ヨ ビ	
	◇1			○			600			事務室コンセント	
	◇2			○			600			事務室コンセント	
	◇3			○			600			事務室コンセント	
	◇4			○			600			事務室コンセント	
	◇5			○			600			事務室コンセント	
	◇6			○			600			事務室コンセント	
	◇7			○			600			事務室コンセント	
	◇8			○			600			事務室コンセント	
	◇9			○			600			事務室コンセント	
	◇10			○			600			事務室コンセント	
	◇11			○			600			事務室コンセント	
	◇12			○			600			事務室コンセント	
	◇13			○			600			事務室コンセント	
	◇14			○			600			事務室コンセント	
	◇15			○			600			事務室コンセント	
	◇16			○				1500		電気温水器	
	◇17			○				3000		電気温水器	
	◇18			○				1500		電気温水器	
	◇19			○				400		洗浄便座	
	◇20			○				400		洗浄便座	
	◇21			○				1000		ミニキッチン	
	◇22		○				300			給湯室・WC2コンセント	
	◇23		○				450			冷蔵庫・事務室コンセント	
	◇24		○				300			EVホール・WC3コンセント	
	◇25			○			400			弱電盤機器電源	
			○							ヨ ビ	
			○							ヨ ビ	
			○							ヨ ビ	
					2762	878	10450	7800			

※：フロア電源容量算定根拠

電　灯：2762　空調機器　878　一般電源：7800

貸室コンセント：70VA/m[2] x 122m[2] = 8540

上記負荷計 19. 98 KVA

盤図（1）－

E－04

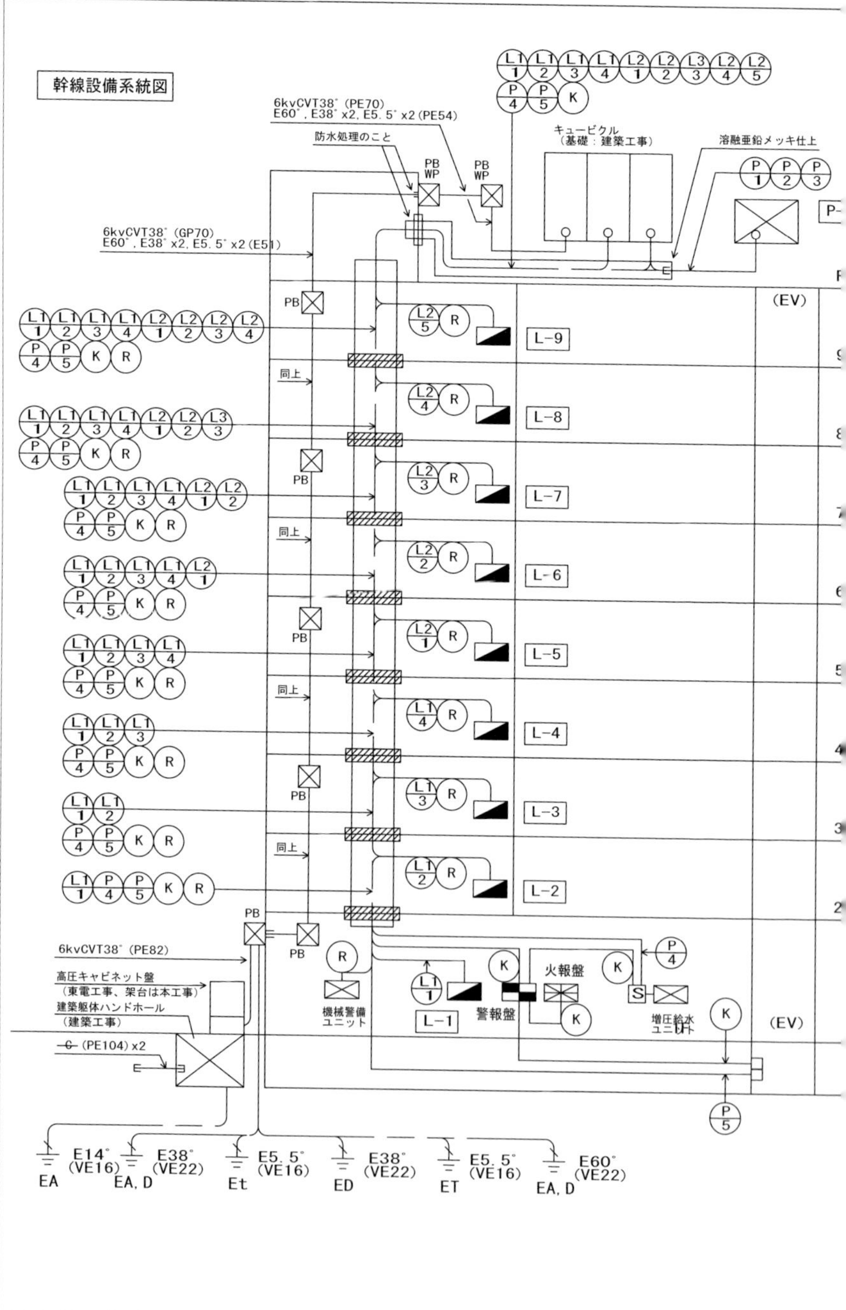
幹線設備系統図
6kvCVT38°(PE70)
E60°, E38° x2, E5. 5° x2 (PE54)
防水処理のこと
キュービクル
(基礎:建築工事)
溶融亜鉛メッキ仕上
6kvCVT38°(GP70)
E60°, E38° x2, E5. 5° x2 (E51)
L-9
L-8
L-7
L-6
L-5
L-4
L-3
L-2
L-1
同上
(EV)
6kvCVT38°(PE82)
高圧キャビネット盤
(東電工事、架台は本工事)
建築躯体ハンドホール
(建築工事)
(PE104) x2
機械警備ユニット
警報盤
火報盤
増圧給水ユニット
E14°(VE16) EA
E38°(VE22) EA, D
E5. 5°(VE16) Et
E38°(VE22) ED
E5. 5°(VE16) ET
E60°(VE22) EA, D

配線リスト

記号	自	至	配線サイズ	配管サイズ	記号	自	至	配線サイズ	配管サイズ
L1/1	CB	L−1	CVT38° E8°	ケーブルラック ワイヤリングダクト	(K) 警報				
L1/2	CB	L−2	CVT60° E14°	ケーブルラック ワイヤリングダクト		CB		CVV2° −2C	ケーブルラック ワイヤリングダクト PF22
L1/3	CB	L−3	CVT60° E14°	ケーブルラック ワイヤリングダクト		増圧給水ポンプ		CVV2° −2C	(PF22)
L1/4	CB	L−4	CVT60° E14°	ケーブルラック ワイヤリングダクト					
						警報盤		CVV2° −2C x4	(PF22) x4
L2/1	CB	L−5	CVT60° E14°	ケーブルラック ワイヤリングダクト					
L2/2	CB	L−6	CVT60° E14°	ケーブルラック ワイヤリングダクト		EV盤		CVV2° −2C	(PF22)
L2/3	CB	L−7	CVT60° E14°	ケーブルラック ワイヤリングダクト		火報盤		CVV2° −2C	(PF22)
L2/4	CB	L−8	CVT60° E14°	ケーブルラック ワイヤリングダクト					
L2/5	CB	L−9	CVT60° E14°	ケーブルラック ワイヤリングダクト	(R) 機械警備テナント照明消灯信号				
						L−9		CVV2° −2C	ケーブルラック PF16
P/1	CB	P−R	CVT60° E14°	PE70		L−8		CVV2° −2C	ケーブルラック PF16
P/2	CB	P−R	CVT60° E14°	PE70		L−7		CVV2° −2C	ケーブルラック PF16
P/3	CB	P−R	CVT60° E14°	PE70		L−6		CVV2° −2C	ケーブルラック PF16
P/4	CB	手元開閉器函	CVT14° E5. 5°	ケーブルラック ワイヤリングダクト PE28		L−5		CVV2° −2C	ケーブルラック PF16
P/5	CB	EV盤	CVT22° E5. 5°	ケーブルラック ワイヤリングダクト PE54		L−4		CVV2° −2C	ケーブルラック PF16
						L−3		CVV2° −2C	ケーブルラック PF16
						L−2		CVV2° −2C	ケーブルラック PF16
								CVV2° −2C	ケーブルラック PF16
						機械警備ユニット		CVV2° −2C x8	ケーブルラック PF16 x8

注記

1）ケーブルラックは鋼板製（W=800）とし、弱電設備とセパレーターを設け兼用する。

2）上図幹線リストにおいて屋外露出部分及び、土中部分の配管は同等サイズのPE
ライニング鋼管に読み替えるものとする。

3）左系統図中 [斜線] の箇所には評定工法に基づく区画処理を行うものとする。

幹線設備　系統図　－

E− 06

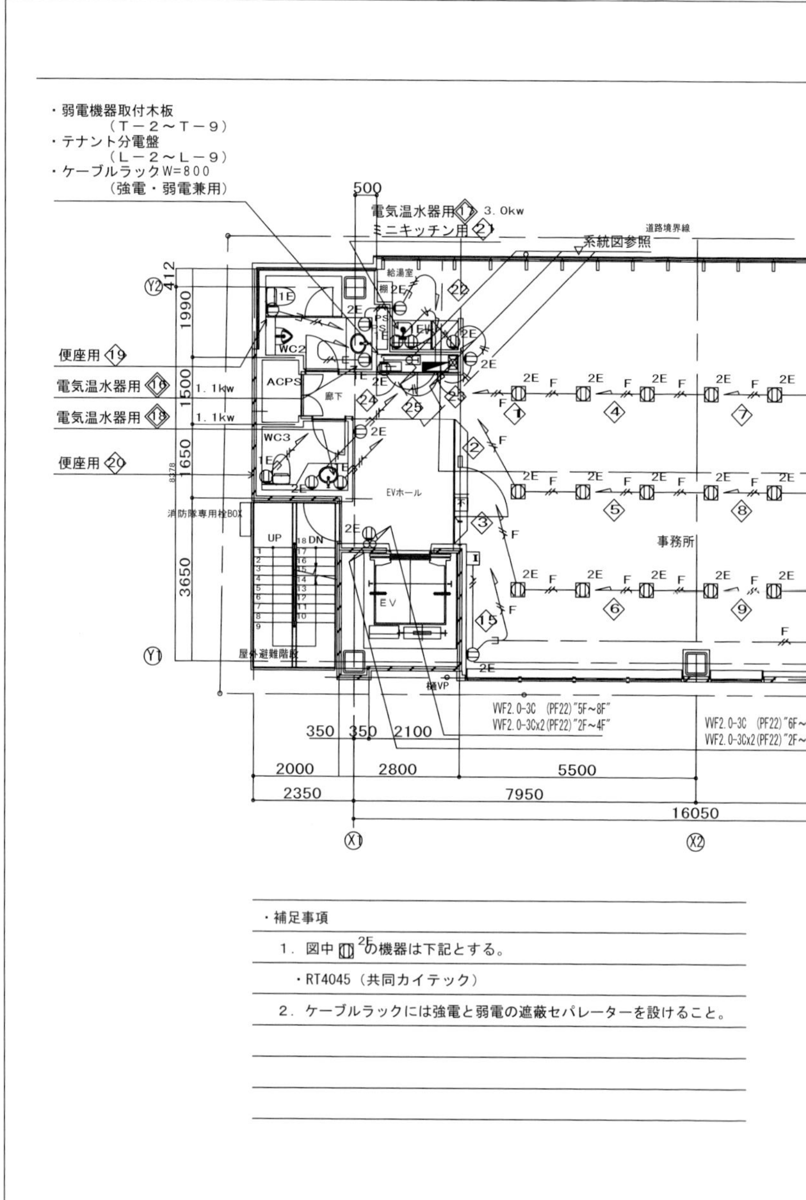

・弱電機器取付木板
（T－2～T－9）
・テナント分電盤
（L－2～L－9）
・ケーブルラック W=800
（強電・弱電兼用）
電気温水器用 17 3.0kw
ミニキッチン用 21
道路境界線
系統図参照
給湯室
便座用 19
電気温水器用 16 1.1kw
電気温水器用 18 1.1kw
便座用 20
WC2
ACPS
廊下
WC3
EVホール
消防隊専用栓BOX
UP
DN
EV
屋外避難階段
事務所
樋VP
VVF2.0-3C (PF22)"5F～8F"
VVF2.0-3Cx2(PF22)"2F～4F"
VVF2.0-3C (PF22)"6F～9
VVF2.0-3Cx2(PF22)"2F～5
350 350 2100
2000 2800 5500
2350 7950
16050
X1 X2 Y1 Y2
412 1990 1500 1650 3650 8378
・補足事項
1．図中 2E の機器は下記とする。
・RT4045（共同カイテック）
2．ケーブルラックには強電と弱電の遮蔽セパレーターを設けること。

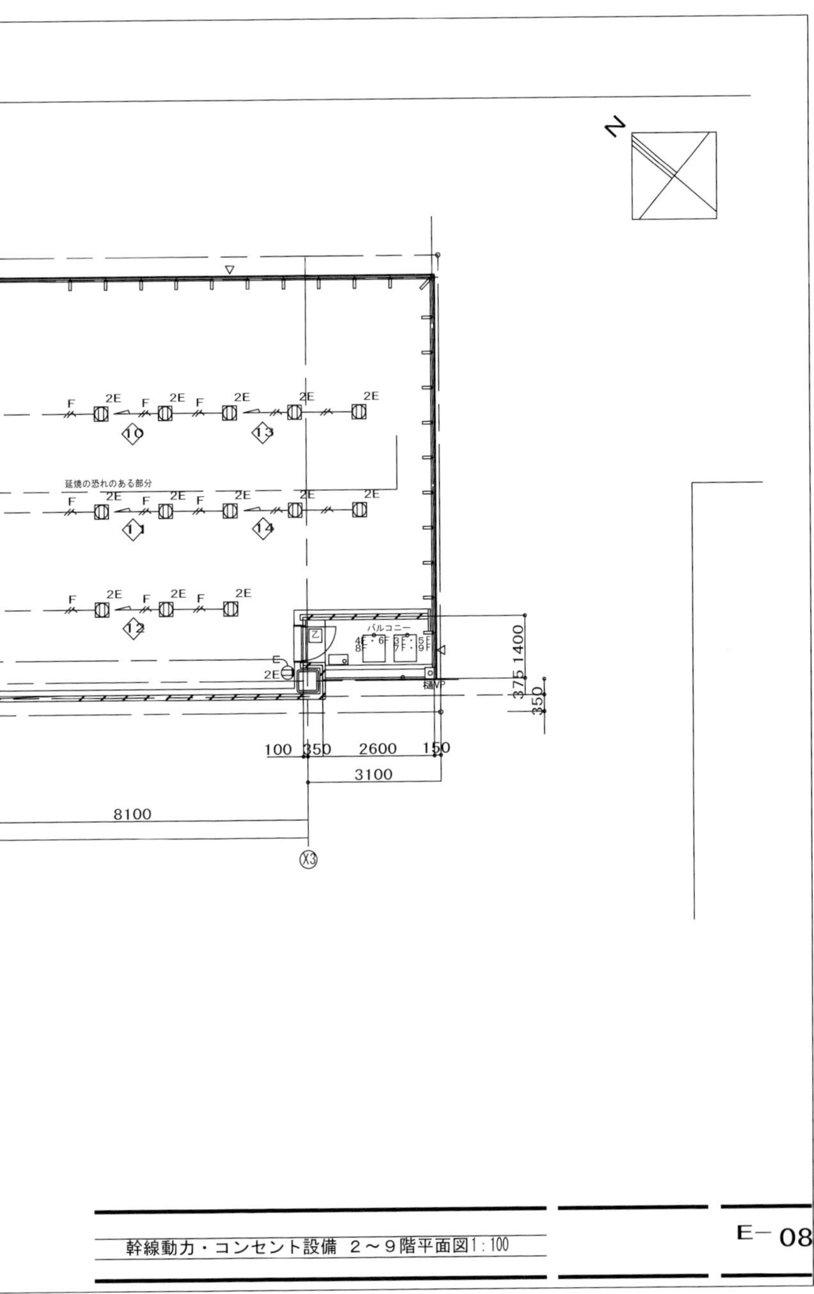
N
F
2E
10
13
延焼の恐れのある部分
11
14
12
バルコニー
4F・6F
8F
3F・5F
7F・9F
E
2E
樋VP
1400
375
350
100
350
2600
150
3100
8100
X3
幹線動力・コンセント設備 2～9階平面図1:100
E－08

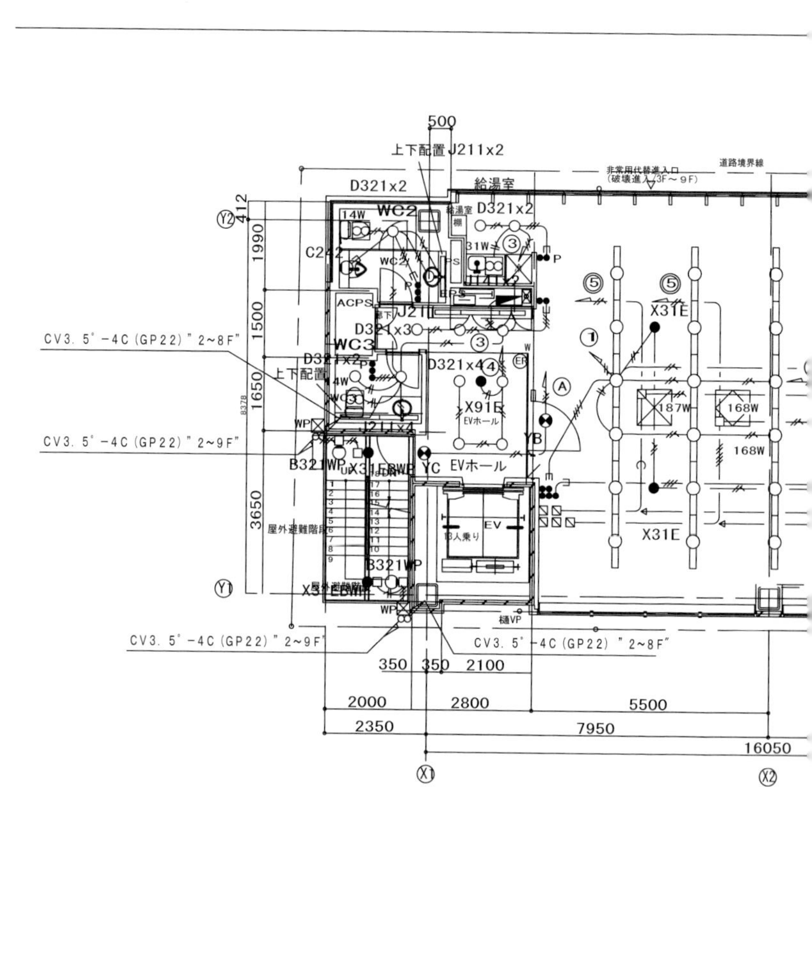
500
上下配置 J211x2
D321x2
給湯室
非常用代替進入口
(破壊進入 3F～9F)
道路境界線
WC2
給湯室 D321x2
14W
C242
WC2
31W
PS
J141x2
ACPS
EPS
P
X31E
J211
D321x30
WC3
D321x2
上下配置
D321x4
X91E
EVホール
168W
187W
J211x4
B321WP
X31EBWP
YC
EVホール
YB
屋外避難階段
EV
13人乗り
X31E
B321WP
X31EBWP
WP
樋VP
CV3. 5°-4C (GP22) "2~8F"
CV3. 5°-4C (GP22) "2~9F"
CV3. 5°-4C (GP22) "2~9F"
CV3. 5°-4C (GP22) "2~8F"
412
1990
1500
1650
3650
8378
350
350
2100
2000
2800
5500
2350
7950
16050
X1
X2
Y1
Y2

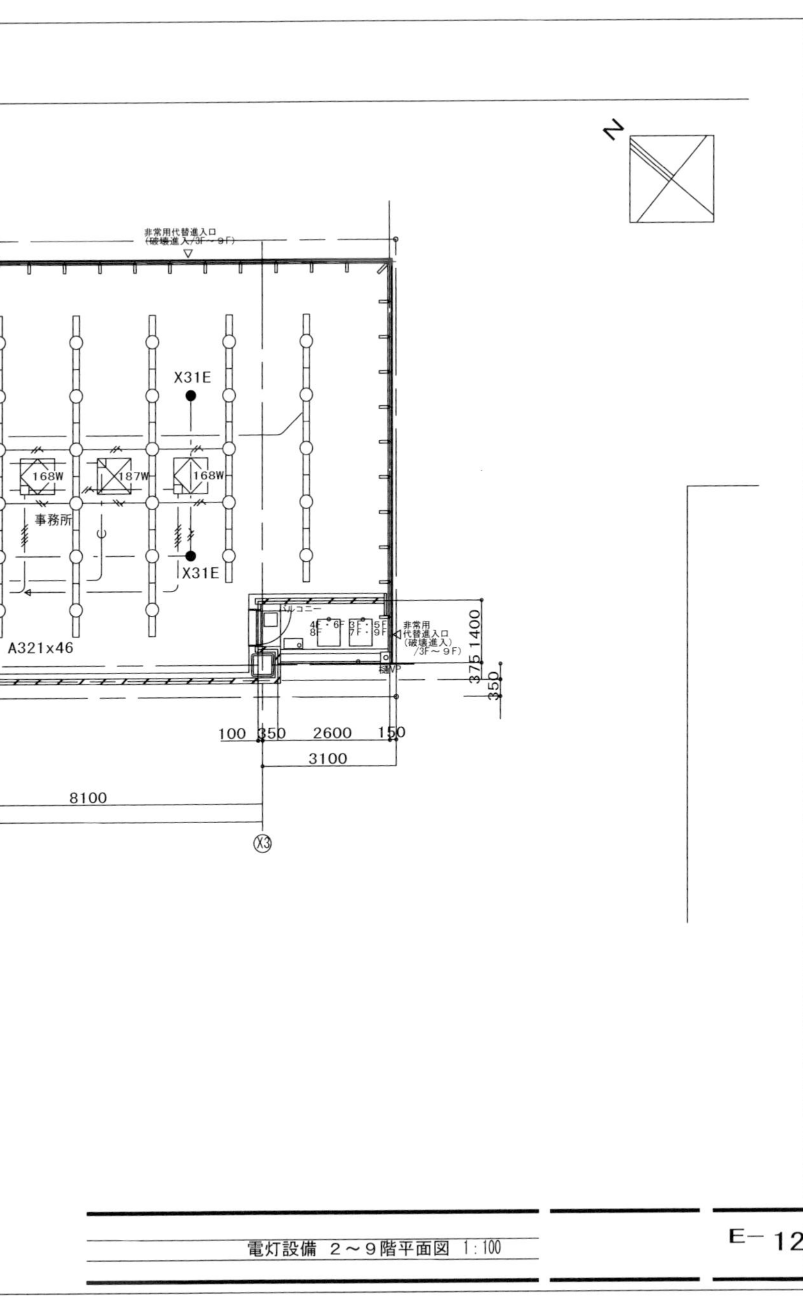
N
非常用代替進入口
(破壊進入/3F～9F)
X31E
168W
187W
168W
事務所
X31E
A321x46
バルコニー
4F・6F
8F
3F・5F
7F・9F
非常用
代替進入口
(破壊進入)
/3F～9F)
樋VP
1400
375
350
100
350
2600
150
3100
8100
X3
電灯設備　2～9階平面図　1:100
E－12

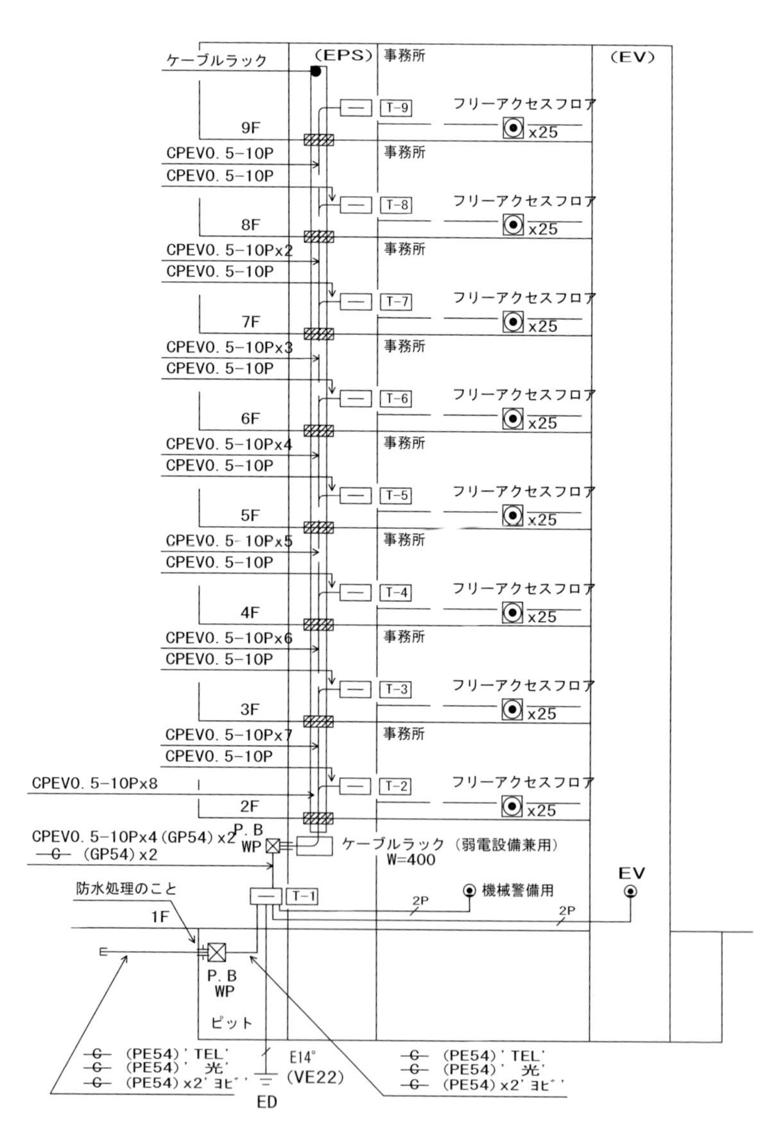
ケーブルラック
(EPS)
事務所
(EV)
T-9
フリーアクセスフロア
x25
9F
CPEV0. 5-10P
CPEV0. 5-10P
T-8
8F
CPEV0. 5-10Px2
CPEV0. 5-10P
T-7
7F
CPEV0. 5-10Px3
CPEV0. 5-10P
T-6
6F
CPEV0. 5-10Px4
CPEV0. 5-10P
T-5
5F
CPEV0. 5-10Px5
CPEV0. 5-10P
T-4
4F
CPEV0. 5-10Px6
CPEV0. 5-10P
T-3
3F
CPEV0. 5-10Px7
CPEV0. 5-10P
CPEV0. 5-10Px8
T-2
2F
CPEV0. 5-10Px4 (GP54) x2
(GP54) x2
P. B
WP
ケーブルラック（弱電設備兼用）
W=400
EV
防水処理のこと
T-1
2P
機械警備用
1F
P. B
WP
ピット
(PE54) 'TEL'
(PE54) '光'
(PE54) x2' ﾖﾋﾞ'
E14°
(VE22)
ED

弱電端子盤対数表			
名称	電話	光通信	TV
−1 鋼板製メラミン焼付 指定色塗装仕上 屋内自立型	端子台100P 保安器100回線 スペース	光回線機器 スペース 440x390x100 (WxHxD)	CATVブースターx4 4分配器 x1 避雷器(SP) x1 コンセント x3
−2 機器取付用木板を設置し、 機器を取り付ける。	20P (想定10回線)	光回線機器 スペース	2分岐器 x1
−3 機器取付用木板を設置し、 機器を取り付ける。	20P (想定10回線)	光回線機器 スペース	2分配器 x1
−4 機器取付用木板を設置し、 機器を取り付ける。	20P (想定10回線)	光回線機器 スペース	2分岐器 x1
−5 機器取付用木板を設置し、 機器を取り付ける。	20P (想定10回線)	光回線機器 スペース	2分岐器 x1
−6 機器取付用木板を設置し、 機器を取り付ける。	20P (想定10回線)	光回線機器 スペース	2分配器 x1
−7 機器取付用木板を設置し、 機器を取り付ける。	20P (想定10回線)	光回線機器 スペース	2分岐器 x1
−8 機器取付用木板を設置し、 機器を取り付ける。	20P (想定10回線)	光回線機器 スペース	2分岐器 x1
−9 機器取付用木板を設置し、 機器を取り付ける。	20P (想定10回線)	光回線機器 スペース	2分配器 x1

注記

1．特記なき配管配線は下記とする。

2P ： PVC0.5−2P(PF16)

2P E ： PVC0.5−2P(PF16)

2．図中 ◉ は電話取出口とし仕様は下記とする。

・6極4芯C付

3．図中 ◉ は0Aフロア用電話取出口とし仕様は下記とする。

・共同カイテック：RT4211

4．ケーブルラックはセパレーターを用い強電ラックと兼用する。

5．図中▨箇所には認定工法による区画処理を行う。（他設備と兼用する）

電話配管配線設備　系統図 −

E− 15

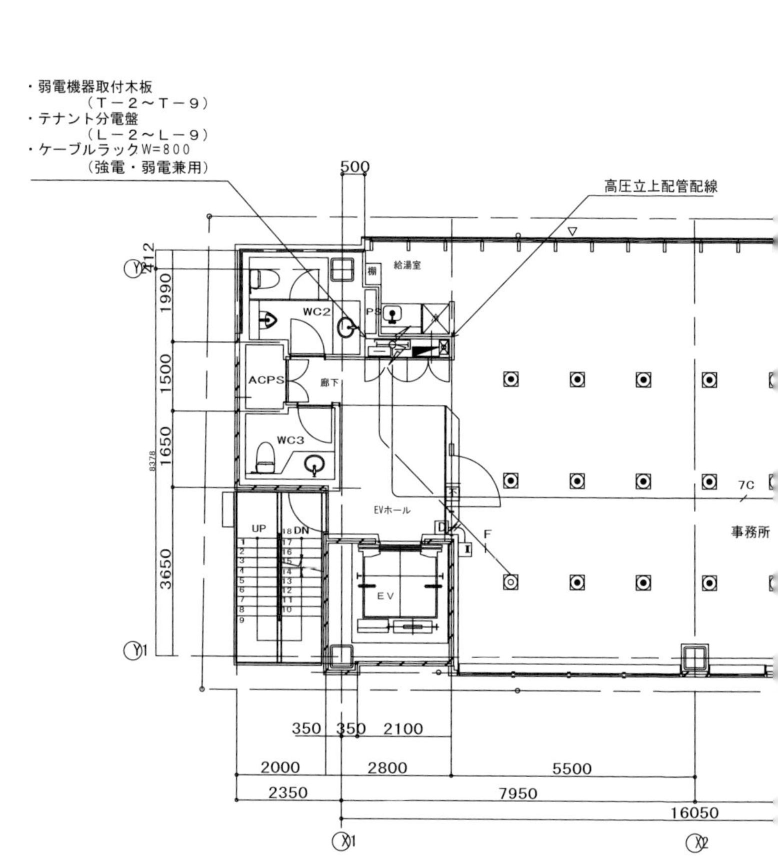
・弱電機器取付木板
（T－2～T－9）
・テナント分電盤
（L－2～L－9）
・ケーブルラックW=800
（強電・弱電兼用）
500
高圧立上配管配線
給湯室
棚
PS
WC2
ACPS
廊下
WC3
EVホール
UP
DN
EV
F
7C
事務所
212
1990
1500
1650
3650
8378
350
350
2100
2000
2800
5500
2350
7950
16050
Y1
Y2
X1
X2

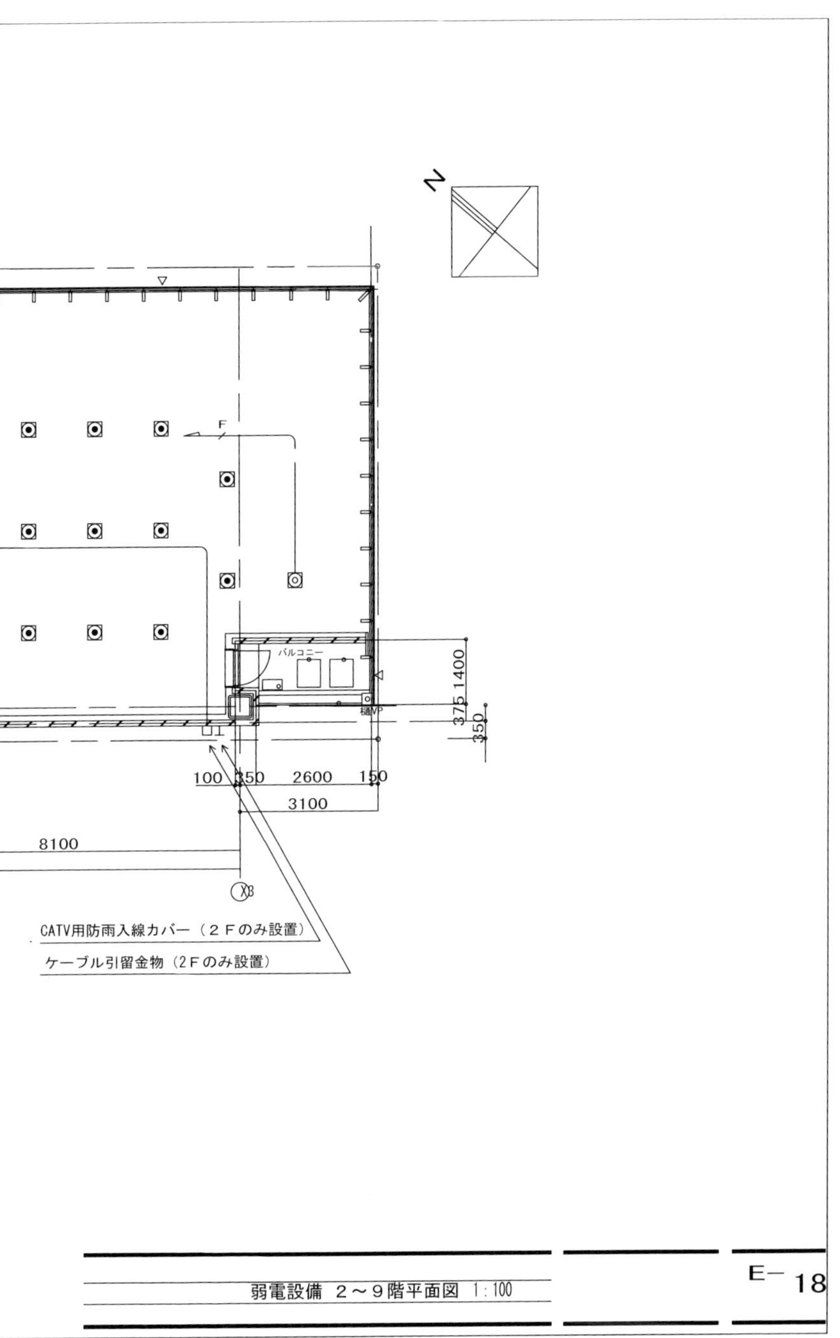

N
F
バルコニー
樋VP
1400
375
350
100
350
2600
150
3100
8100
X3
CATV用防雨入線カバー（２Ｆのみ設置）
ケーブル引留金物（2Ｆのみ設置）
弱電設備　２～９階平面図　1：100
E－18

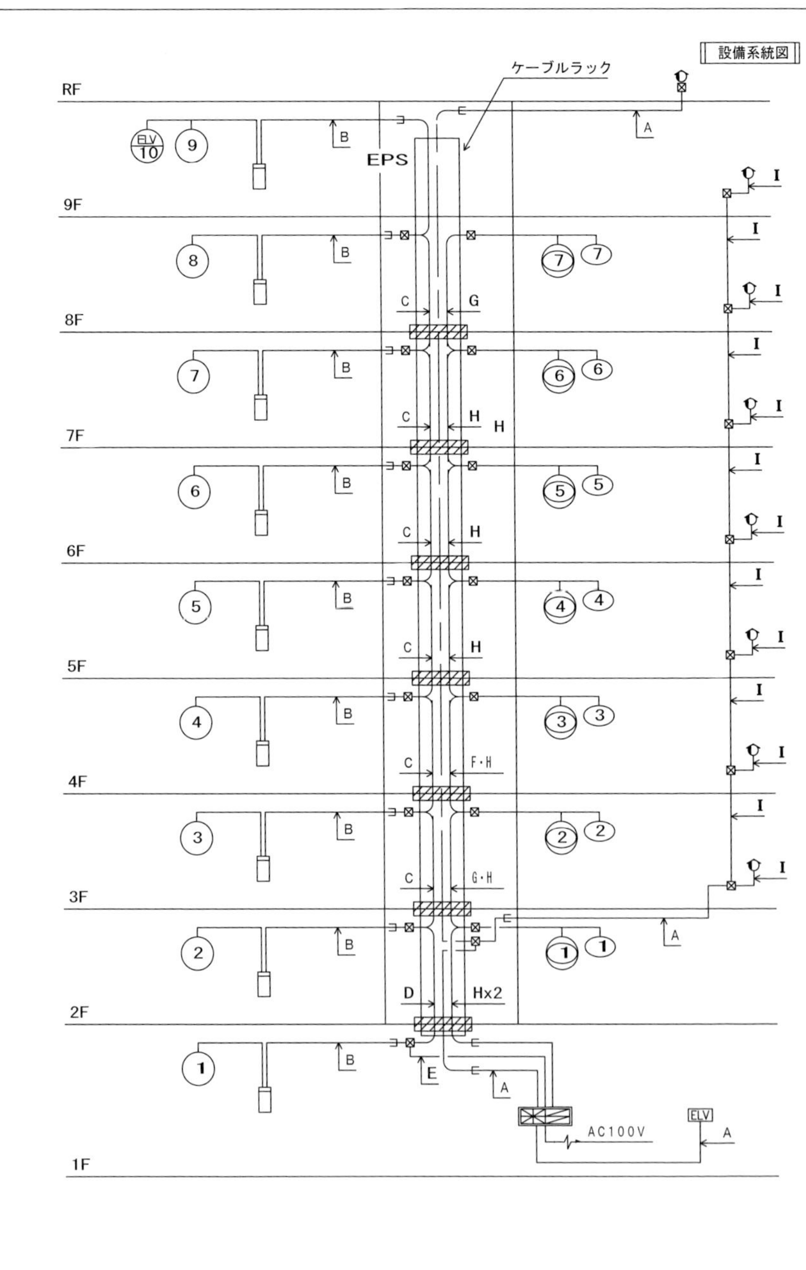
設備系統図
ケーブルラック
RF
9F
8F
7F
6F
5F
4F
3F
2F
1F
EPS
ELV 10
A
B
C
D
E
G
H
F・H
G・H
Hx2
I
AC100V
ELV

凡		例
記号	名称	備考
(複合盤記号)	複合盤	仕様注記参照
ELV	エレベータ制御盤	（設備工事）
(機器収容箱記号)	機器収容箱	埋込縦型 Ⓟ()Ⓑ収容
Ⓟ	P型発信機	1級
(表示灯記号)	表示灯	AC24V, LED
(表示灯記号)	表示灯	AC24V, LED, 防滴型
Ⓑ	火災警報ベル	DC24V, 10mA, ダイオード付
Ω	終端抵抗	10KΩ
S	光電式スポット型感知器	2種
S	光電式スポット型感知器	2種，点検BOX付
Ⓢ	光電式スポット型感知器	3種，自動試験機能付
(記号)	定温式スポット型感知器	1種，75℃，防水型
WP(記号)	差動式スポット型感知器	2種，防水型
ER W	自動降下装置	DC24V 0.5A垂れ壁用（建築工事）
NO	警戒区域番号	専用感知器連動用
No	警戒区域番号	火災表示用
NO	動作区域番号	垂れ壁用
―・―	警戒区域線	
―――	配管配線	いんぺい
(記号)	配管配線立上げ引下げ	
□ ⊠	ジャンクション，プルボックス	

注記

1．複合盤仕様

1）P型1級、壁掛型、窓式、主音響（音声警報）・予備電源内蔵蓄積式

2)複合盤の塗装については指定色とする。

3）表示内訳

・火災表示　10L ┐
・防煙タレ壁表示　7L ┘ +3L（予備）=20L

4）専用感知器回線数　8L

5）諸表示部（5L標準装備）

6）移報信号内訳：

・エレベータ制御盤へ火災代表信号移報（無電圧，ａ接点,）1L

2．機器収容箱の塗装については指定色とする。

3．感知器はすべて確認灯付とする。

4．地区ベル鳴動方式は一斉鳴動方式とする。

5．垂れ壁は専用3種煙感知器にて連動する。

6．特記なき配管配線は下記に示す。

(感知器)――― AE0.9－2C(PF16)　AE：警報用ケーブル

(感知器)―///― AE0.9－4C(PF16)　HP：耐熱ケーブル

(垂れ壁)―H///― HP1.2－3C(PF16)

配管配線内訳表

記号	配管配線内訳
A	HP0.9－2C (PF16)
B	HP0.9－5P (PF22)
C	HP0.9－10P
D	HP0.9－15P
E	HP0.9－15P (PF28)
F	HP1.2－3P (PF22)
G	HP1.2－5P (PF22)
H	HP1.2－10P (PF28)
I	HP0.9－2C (GP16)

注記

1．ケーブルラックは他設備と兼用する。

2．図中の//// の箇所は区画貫通処理を行うこと。

自動火災報知設備　系統図 －

E－20

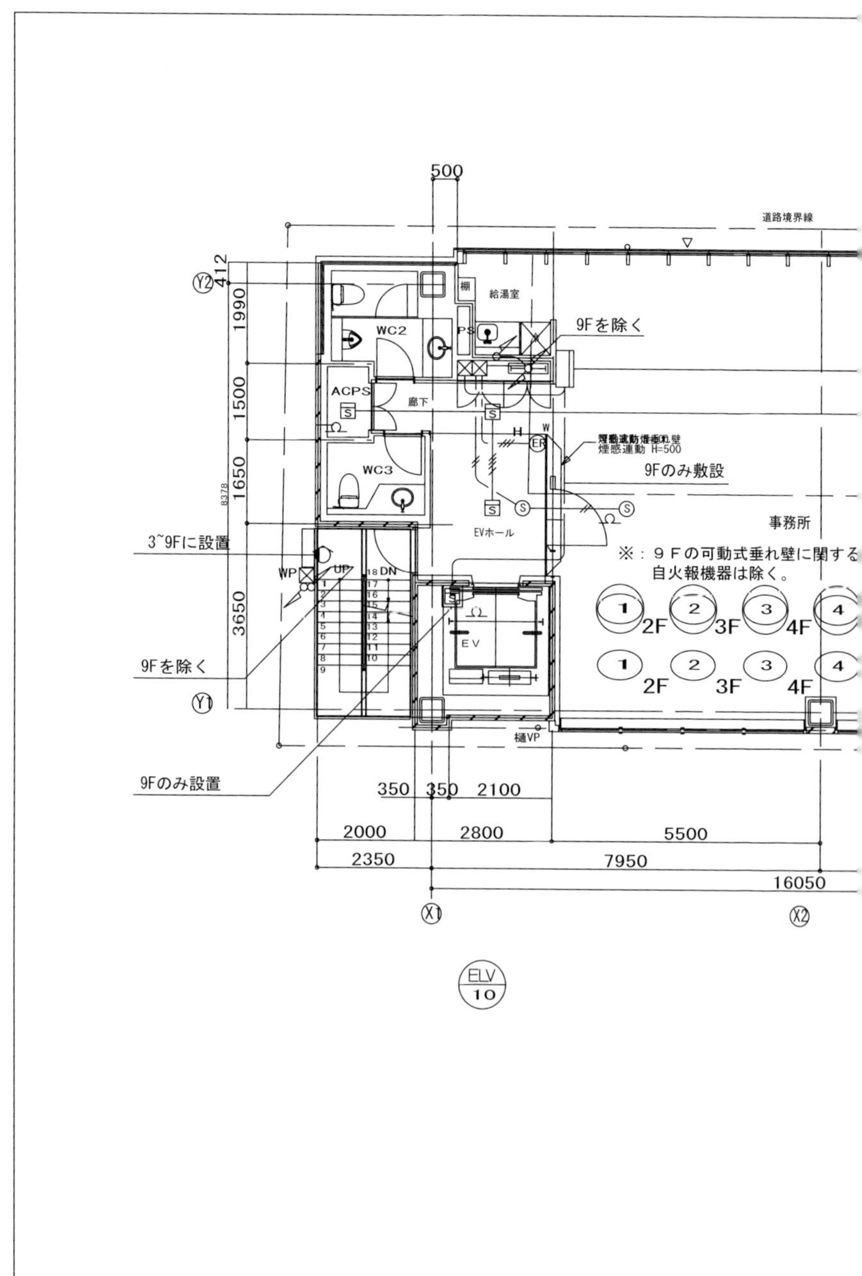

500
道路境界線
給湯室
棚
PS
9Fを除く
WC2
ACPS
廊下
WC3
煙感連動 H=500
9Fのみ敷設
事務所
EVホール
3~9Fに設置
※：９Ｆの可動式垂れ壁に関する
自火報機器は除く。
WP
UP
DN
EV
2F
3F
4F
9Fを除く
樋VP
9Fのみ設置
412
1990
1500
1650
3650
8378
350 350 2100
2000 2800 5500
2350 7950
16050
ELV
10

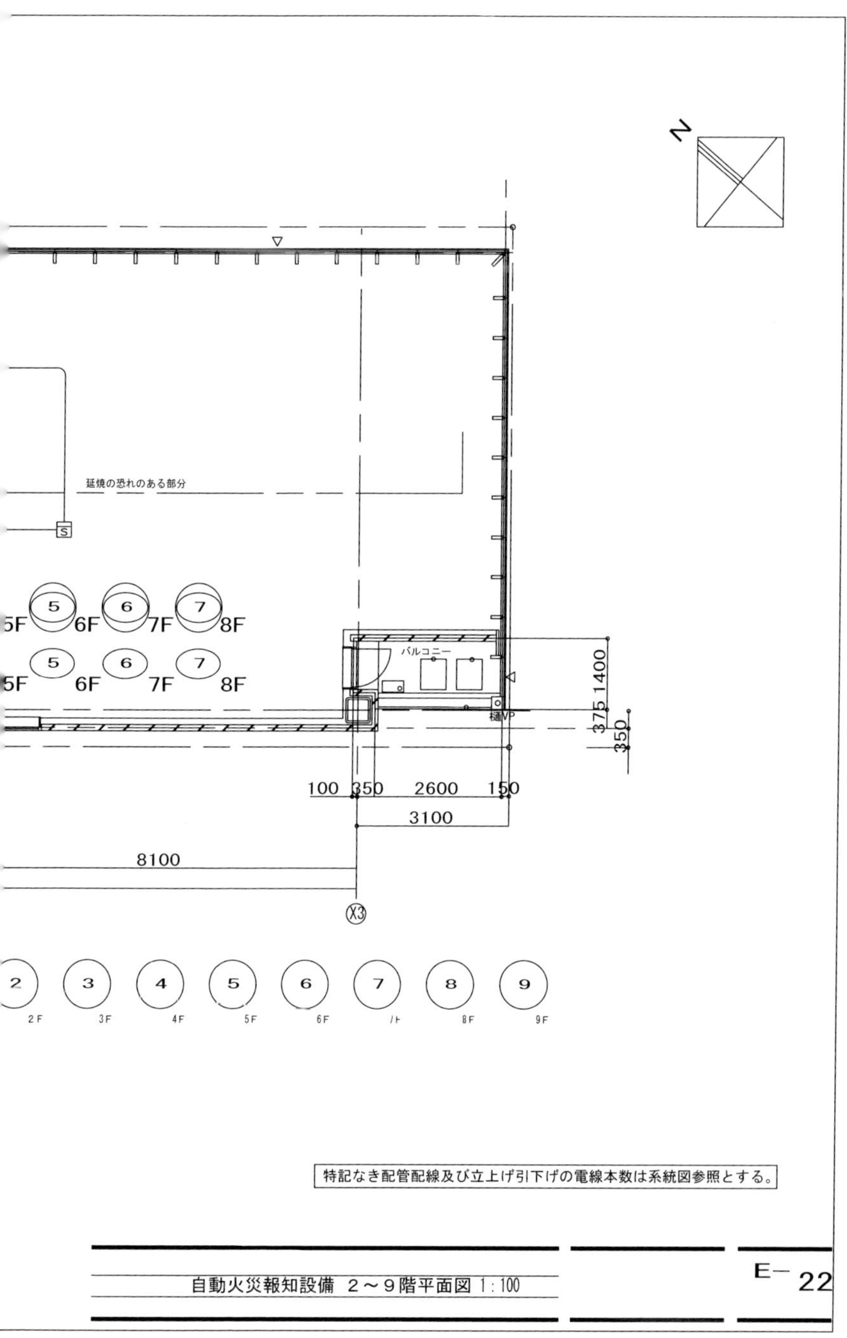
N
延焼の恐れのある部分
S
5
6
7
5F
6F
7F
8F
バルコニー
樋VP
1400
375
350
100
350
2600
150
3100
8100
X3
2
3
4
5
6
7
8
9
2F
3F
4F
5F
6F
8F
9F
特記なき配管配線及び立上げ引下げの電線本数は系統図参照とする。
自動火災報知設備 2～9階平面図 1:100
E− 22

避雷設備凡例

番号	記号	名称
A B C		JIS大型突針（銅クロームメッキ） カップリング・黄銅ロウ付 STK-Wφ139.8（4.5t）　5.5m STK-Wφ101.6（4.2t）　4.5m
D		支持管取付台　鉄亜鉛メッキ製　φ139.8用
E		2.0×25（アルミ線） 導線取付金物　貼付型　@1000以内
F	△	T型分岐端子（アルミ製）
G		水切端子　パラペット用　片側端子（内側：アルミ製、外側：黄銅製）
H		鉄骨用導線引出金物
I		2.0×13銅線（PF28保護管）
J		接地接続用端子箱　SUS製　2端子付 1-埋込型　2-露出型
K		接地銅板 1.5t×600×600　2枚埋設

本設計は、JIS A 4201（2003）に準拠しています。

保護レベルに応じた受雷部の配置

保護レベル	回転球体法 R（m）	保護角法 h（m） 20	30	45	60	60超過	メッシュ法 幅（m）	引下導線の平均間隔（m）
		a（°）	a（°）	a（°）	a（°）	a（°）		
III	45	45	35	25	＊	＊	15	20

＊ 回転球体法及びメッシュ法だけを適用する。

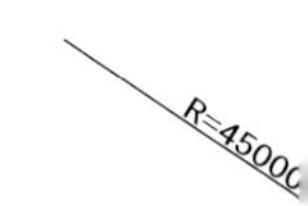

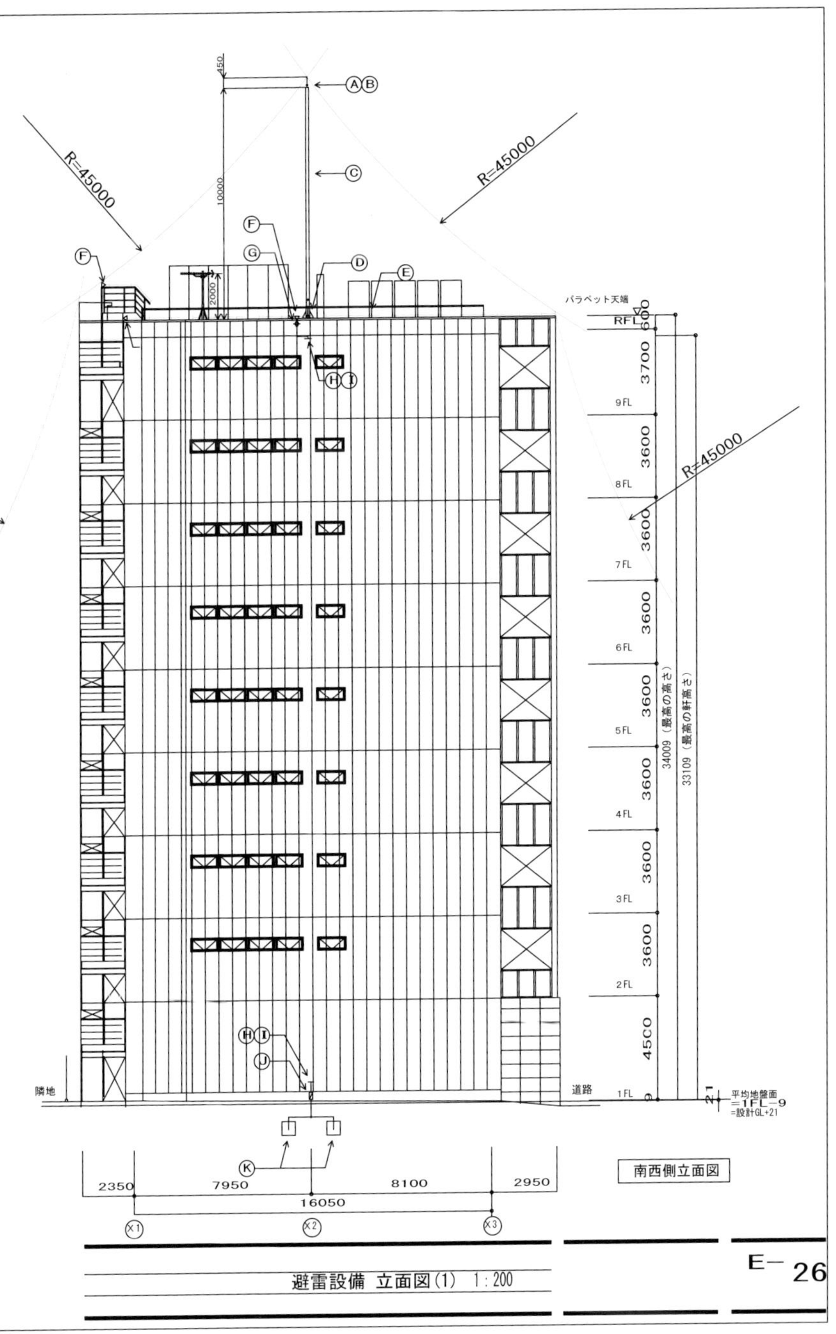

避雷設備 立面図(1) 1:200

E−26

水道に関する打合せ記録

件　　名	（仮）Aオフィスビル		
工事場所	○○県○○市○○○○		
打合日時	平成28年　3月　1日　AM10時～AM11時		
打合場所	○○水道局		
電話番号	○○ - ○○○○ - ○○○○	担当者	○○氏
出席者	○○氏、○○氏　（記録者：　○○　）		

本管埋設状況	口　径	圧　力	材　質	埋　設　位　置
	150　φ	2.0 kg/cm²	FCDT	（方位）北東　，敷地境界から 2.5 m
	150　φ	2.0 kg/cm²	FCDT	（方位）南東　，敷地境界から 3.2 m
	φ	kg/cm²		（方位）　，敷地境界から　m
	埋設深さ：GL － 1.2 m			

給水量の計算	用　途	人員の算定基準	使用時間	使用水量基準	計　算
	事務所	○○○人	○h	○○○○ℓ	80ℓ/人×○○○人＝○○○○ℓ
	（1日の使用水量合計）　○ m³/日				
	受水槽容量：（1日の使用水量）×　～				
	高置水槽容量：（1日の使用水量）×　～				

<table>
<tr><td rowspan="4">引 込 口 径</td><td colspan="3">許容引込口径： 100 φ（本管 150 φの場合）</td></tr>
<tr><td colspan="3"><引込口径選定基準></td></tr>
<tr><td>(1)水栓の個数より選定</td><td>(2)受水槽容量より選定</td><td>(3)その他</td></tr>
<tr><td>13φ〇〇個，20φ〇〇個
25φ〇〇個，30φ　個
40φ　　個，50φ　個
65φ　　個，80φ　個
100φ　個</td><td></td><td></td></tr>
<tr><td rowspan="6">量 水 器 関 係</td><td>設置場所の指定：
エントランス付近</td><td colspan="2" rowspan="6">［量水器廻りフロー図］</td></tr>
<tr><td>埋設深さの基準：
GL -0.5m</td></tr>
<tr><td>集中検針について： 可 ・ 不可</td></tr>
<tr><td>（集中検針可能な場合）検針盤の設置場
：機器のメーカー指定： 有 ・ 無</td></tr>
<tr><td>量水器廻りの弁類の指定： 有 ・ 無量
器前：(GV)・ CV ・ FJ ・ Yｽﾄ（上記以
）量水器以降：(GV)・ CV ・ FJ ・ Yｽﾄ
上記以外）</td></tr>
<tr><td></td></tr>
<tr><td></td><td colspan="3"></td></tr>
</table>

<table>
<tr><td rowspan="10">既存引込管</td><td colspan="5">既存引込管の有無：　有　・　無</td></tr>
<tr><td>口　径</td><td>水栓番号</td><td>材　質</td><td>使用の可・不可</td><td>備　考</td></tr>
<tr><td>40 φ</td><td>○○○</td><td>GV</td><td>可　・　不可</td><td></td></tr>
<tr><td>20 φ</td><td>○○○</td><td>GV</td><td>可　・　不可</td><td></td></tr>
<tr><td>φ</td><td></td><td></td><td>可　・　不可</td><td></td></tr>
<tr><td colspan="5">既存管撤去の有無：　有　・　無</td></tr>
<tr><td rowspan="4">撤去方法</td><td colspan="4">1. 本管分岐部を（ﾌﾟﾗｸﾞ　・　ﾊﾞﾙﾌﾞ）止め。</td></tr>
<tr><td colspan="4">2. 境界線で引込管を（ﾌﾟﾗｸﾞ　・　ﾊﾞﾙﾌﾞ）止め。</td></tr>
<tr><td colspan="4">3. その他（　　　　　　　　）</td></tr>
<tr><td colspan="4"></td></tr>
<tr><td rowspan="6">配管材料の指定</td><td colspan="5">配管材料指定の有無：　有　・　無</td></tr>
<tr><td colspan="2">本管～量水器</td><td colspan="3">SUS, 鋳鉄, VP, HIVP, PP,（　　　　　　）</td></tr>
<tr><td colspan="2">（量水器以降）　土中</td><td colspan="3">SUS, VD, VP, HIVP, PP,（　　　　　　）</td></tr>
<tr><td colspan="2">（量水器以降）　建物内</td><td colspan="3">SUS, VB, VP, HIVP, PP,（　　　　　　）</td></tr>
<tr><td colspan="2"></td><td colspan="3"></td></tr>
<tr><td colspan="2"></td><td colspan="3"></td></tr>
<tr><td rowspan="4">直結給水について</td><td colspan="5">直結給水の許容範囲・・・・・・・・・・1階，　2階，　3階，（　　　　　　）</td></tr>
<tr><td colspan="5">フラッシュバルブの使用・・・・・・・・可能　・　不可能</td></tr>
<tr><td colspan="5">混合水栓にチャッキバルブ取付・・・・必要　・　不要</td></tr>
<tr><td colspan="5">地階設置受水槽への給水方法・・・・・ボールタップ使用，定水位弁使用，副受水槽設置
（副受水槽設置の場合の必要容量）</td></tr>
<tr><td></td><td colspan="5"></td></tr>
</table>

<table>
<tr><td rowspan="6">料金について</td><td colspan="5">引込関係・・・・・　負担金有，　加入金有，　直接(工)事費のみ</td></tr>
<tr><td colspan="5">量水器・・・・・・　(貸与)，　買取り，（買取りの場合後々の交換等は　無償・有償　）</td></tr>
<tr><td>口　径</td><td>負 担 金
加 入 金</td><td>量水器代</td><td>基本料金</td><td>使　用　料　金　（円/m³）</td></tr>
<tr><td>20 φ</td><td></td><td>○○,○○○円</td><td>〃</td><td></td></tr>
<tr><td>25 φ</td><td></td><td>○○,○○○円</td><td>〃</td><td></td></tr>
<tr><td>40 φ</td><td></td><td>○○,○○○円</td><td>〃</td><td></td></tr>
<tr><td>指定工事店</td><td colspan="5">(有)　・　無</td></tr>
<tr><td>そ　の　他</td><td colspan="5"></td></tr>
</table>

下水に関する打合せ記録

件　　名	(仮) Aオフィスビル		
工事場所	○○県○○市○○○○		
打合日時	平成28年　3月　1日　PM2時～PM3時		
打合場所	○○下水道局		
電話番号	○○ - ○○○ - ○○○○	担 当 者	○○氏
出 席 者	○○氏、○○氏　（記録者：　○○　）		

本管埋設状況	口　径	材　質	埋　設　位　置	深　さ（土被り）
	450 φ	HP	（方位）北東　，敷地境界から　3.3 m	3.5 ～
	600 φ	HP	（方位）南東　，敷地境界から　7.0 m	3.6 ～
	φ		（方位）　，敷地境界から　m	～
	φ		（方位）　，敷地境界から　m	～

本管放流について	
	接続許容サイズ・・・・・　150 φ
	接続管の材質・・・・・・　硬質塩ビ管，　鋳鉄管，　陶管，（　）
	接続方法・・・・・・・・・　公設桝設置（敷地外），　最終桝（敷地内），　規定なし
	公設桝（又は最終桝）の基準・・・・・　有　・　無
	形状：（　角形　・　丸形　），寸法：○○○×○○○，許容深さ：　○.○○ H

既存放流管							
	既存放流管の有無：　有　・　無						
	方　位	桝の種類	桝 寸 法	深　さ	口　径	使用の可・不可	備　考
	北東	**公設**・最終	○○○×○○○	1.16 H	150 φ	**可**　・　不可	
	南東	**公設**・最終	○○○×○○○	1.34 H	150 φ	**可**　・　不可	
		公設・最終	×	H	φ	可　・　不可	
	既存放流管撤去の有無：　有　・　**無**						
	撤 去 方 法	1. 公設桝（最終桝）を撤去し、放流管は本管接続部でプラグ止め。					
		2. 公設桝（最終桝）を撤去し、放流管は境界線でプラグ止め。					
		3. その他（　）					

負担金	有・(無)	(金額)
加入金	有・(無)	(金額)
その他		

[計画地廻り下水道本管埋設状況]

配置図参照

ガスに関する打合せ記録

件　　名	(仮) Aオフィスビル		
工事場所	○○県○○市○○○○		
打合日時	平成28年　3月　2日　AM10時～AM11時		
打合場所	○○ガス事務所○階		
電話番号	○○ - ○○○ - ○○○○	担 当 者	○○氏
出 席 者	○○氏、○○氏　　(記録者：　○○　)		

本管埋設状況	口　　径	圧　　力	材　　質	埋　設　位　置
	100　φ	○○○　kg/cm²	PLS鋼管	(方位) 北東　，敷地境界から　1.5 m
	φ	kg/cm²		(方位)　　，敷地境界から　　m
	φ	kg/cm²		(方位)　　，敷地境界から　　m
	埋 設 深 さ　：　GL　－　2.0 m			
ガスの種類	分 類 種 別	13A, 12A, 11A, 6A, 5A, 5AN, 4A, 6B, 5B, 4B, 7C, 6C, 5C, 4C		
	発　熱　量	○○○.○○　Kcal/Nm³		
引 込 口 径	許容引込口径：　75 φ (本管　100 φの場合)			
	口径チェックの依頼：　可能　・　不可能		可能時の必要日数：　7 日	
配管材料の指定	配管材料指定の有無：　有　・　無			
	土　中	PLS鋼管，　PLP鋼管，　PE管，　(　　)		
	建物内	SGP，　カラー鋼管，　PL鋼管，　(　　)		
引込負担金	有　・　無	(金額)　○○,○○○円		
加　入　金	有　・　無	(金額)　○○,○○○円		
そ　の　他				

［計画地廻りガス本管埋設状況］

配置図参照

5-5 電気の事前調査

事前協議書（高圧用）

住所	○○県○○市○○○○		
建物名称	（仮）Aオフィスビル		
オーナー名	○○○○ 様	Tel ○○○-○○○-○○○○	FAX ○○○-○○○-○○○○
設計会社	○○建築計画研究所 様	Tel ○○○-○○○-○○○○	FAX ○○○-○○○-○○○○
建設会社	（未定） 様	Tel	FAX
現場事務所	（未定） 様	Tel	FAX
電気工事会社	（未定） 様	Tel	FAX
建物規模	地上 9 階 地下 階 床面積 1,376 m² 床面積 m²		
業種	□ 店舗 ☑ 事務所 □ 工場 □ 共同住宅 □工事用 □ その他（		
種別	☑ 新設 □ 増設 □ 減設 □ 改修 □ 撤去 □ その他（		
着工予定日	平成 28 年 10 月 1 日	申込予定日	平成 年 月 日
竣工予定日	平成 29 年 9 月 30 日	電気の購入先	□東京電力 □その他電力会社 □未定
送電希望日	平成 29 年 8 月 15 日	自動検針	□ 実施 ☑ 未実施
変更後送電希望日	平成 年 月 日	KDDIとの心線共用	□ 可 □ 不可
工事計画届	□要（届出済・PR実施）・ □不要		
主任技術者	□法人委託 ・ □個人委託 ・ □統括 ・ □選任 ・ □兼任 ・ □許可 ・ □その他（		

○需要内容（お申し込み容量）

契約種別	☑ 業務用 □ 産業用 □ 臨時 □ その他（ ）		
受電設備	電灯 175 kVA 動力 100 kVA 合計 275 kVA		
契約容量	185 kW（当初） kW（将来） 予備電力 kW		
設備熱源	空調：□有（ ）□無 厨房：□有（ ）□無 給湯：□有（ ）		
付帯契約	□蓄熱調整契約 □電化厨房契約 □その他（ ）		
特種負荷	□フリッカ負荷 □高調波発生負荷	高調波流出電流計算書の提出依頼	□要（実施・未実施） □負荷
自家発	☑無 □有（系統連系 有（ ）〈全量・余剰 kW〉・無）	UPS	□設置予定 □不要
移動用発電機等	□有（ ） 施設通知書（新申込書 ・ お渡し済み ・ 後日郵送等） ☑無		
キュービクル位置	□ 階（□ 屋内 □ 屋外） ☑ 屋上 □ 電気室（ 階）		
計量器位置	☑キュービクル内 □柱上 □電気室 □その他（ ）	7芯ケーブル	m
変成器位置	☑キュービクル内 □柱上 □電気室 □その他（ ）		
計量器類の設置位置	☑ 計器用変成器（幅600x横480x奥550）の搬入経路は、十分な幅があり通行が安全で、変成器等の運搬や昇降等も容易で、階段の場合は堅固に施設された手摺の取付をお願いいたします。（梯子・垂直階段は不可）また、特殊クレーン等を必要とするような場所は避けてください。		
	☑ 計量器の設置場所は検針・保守などに支障のない場所としてください。 □リーフレット配布（有・無）		
引込み方法	□ 高圧架空引込線 ☑ 供給用配電箱（自立 ・ 壁掛） □ 供給用変圧器室 □その他（ ）		
開閉器	☑ GR付PAS（UGS・UAS）の取付 □有 □無 ☑ 方向性および VT・LA内蔵型を推奨いたします。 ☑ 施工時は、電源側と負荷側を確認のうえ、取り付けてください。		
工事負担金	協議時判定 □ 有償 ・ ☑ 無償	需要場所	□一構内・☑一建物・□その他（ ）

○現場状況

道路種別	国 ・ 都 ・ 区 ・ 私 ・ 他（ ）（車道 ・ 歩道）		
電柱移設	有（設計番号 ）・無・済 電柱番号 号柱	掘削長	m
工事用電源	有（架空 ・ 地中）（高圧 ・ 低圧）・ 無	道調 No.	

年月日	協議録

通信設備引込み（メタルケーブル）の申込書兼議事録

（収容ビル 〇〇）（線路名 支線・MH・HH 7号）（CC-BOX NO 特殊部				
受付年月日		①（西暦） 2016年 3月 1日	②（西暦） 年 月 日	
ビル名		（仮）Aオフィスビル		
所在地		〇〇県〇〇市〇〇〇〇		
ビル関連企業	建築施工（設計）	【会社名】〇〇建築計画研究所		
		【担当者名】〇〇 Tel 〇〇〇-〇〇〇-〇〇〇〇 Fax 〇〇〇-〇〇〇-〇〇〇〇		
	配管施工（電気）	【会社名】（未定）		
		【担当者名】 Tel Fax		
着工予定日		（西暦） 2016 年 10 月 1 日	変更の場合	（西暦） 年 月 日
足場撤去予定日		（西暦） 年 月 日		（西暦） 年 月 日
竣工予定日		（西暦） 2016 年 9 月 30 日		（西暦） 年 月 日
入居予定日		（西暦） 年 月 日		（西暦） 年 月 日
回線必要時期		（西暦） 年 月 日		（西暦） 年 月 日
建物規模	分譲賃貸	分譲 ・ 賃貸	延床面積	1,376 ㎡
	建物種別	マンション ・ 事務所等 ・ 混在 ・ 公共施設 ・ その他		
	住宅種別	学生寮・weeklyマンション・賃貸物件・会社寮・老人フォーム・分譲賃貸・公団、公共物件		
	部屋タイプ	ファミリー ・ ワンルーム ・ 混在 ・ その他		
	地上	9 F		
	地下	F		
用途別戸数	マンション	世帯数		【希望回線数】
	テナント	テナント数	8	40 回線
	共用関係	管理室数	なし	
		その他		

	確認事項			確認
1	引込方法	架空 ・ 架空（サイホン） ・ 地下		○
2	架空	直接 ・ 私設柱（7.5m以上） ケーブル車道横断、引込高さ5.0m以上 ※フック取付け説きは5.5m以上（コの字）		＼
3	地下	土木工事 有 ・ 無		○
		管理埋設深度 600 ・ 900 ・ 1200 ・ （ ）mm		○
4	引込配管	（ 54 ）mm x （ 2 ）条		○
5	管路突出し	公道部300mm （ペイント表示）		○
	管路突出時期	（西暦） 年 月 日		○
	道路区分	国道・都道・区道・市道・村道・私道	車道・車道カラー・歩道・歩道カラー	○
6	MDF	場所	1 F EPS・共用部・階段下・その他（ ）	○
		大きさ	・幅（ 1,000 ）・高（ 950 ）・奥行（ 150 ）	○
7	アース第D種 100Ω以下の保安器用			○
8	メタル引込は建物規模に応じた対数となります			○
9	光引込は建物規模に応じた心線数となります			○
10	耐火処理はビル側でお願いします			○
11	光成端場所等		MDF内 ・ 他（ ）	○
12	メタル・光同時工事		有 ・ 無	○
13	図面（引込み平面図・系統図）		有 ・ 無	○
14	構内ケーブル施工はお客様施工となります			○
15	屋内配線施工はお客様施工となります			○
16	MJ取付けはお客様施工となります			○
17	先行ジャンパは原則実施いたしません			○

消防法による設備

15項　前各項に該当しない事業場

項　目	条	内容				要否
防火管理者	令1条の2	収容人員　50人以上				○
収容人員算定法	規則1	(従業員の数)+(主として従業者以外の者の使用に供する部分の床面積)／$3m^2$		**従業員の数**(17人/F×9F=153人)	153 人	
				共用部(69㎡/3㎡=23人)	23 人	
				合計	176 人	
防火対象物	法8条の3	高層建築物				
消火器	令10条	一般	延べ面積　$300m^2$以上	**延べ面積**:	1,376 m^2	○
		地階・無窓階又は3階以上の階	床面積　$50m^2$以上			○
		「小・危」等	・法別表の数量1/5以上の危険物の数量 ・危令別表4の数量以上の指定可燃物数量(危令別俵の数量の500倍以上の場合:大型消火器)			
屋内消火栓設備	令11条	一般	延べ面積　$1000m^2$以上　(注ー1)	**延べ面積**:	1,376 m^2	×
		地階・無窓階又は3階以上の階	床面積　$200m^2$以上　(注ー1)	**無窓階**:	163.4 m^2	×
		指定可燃物の貯蔵・取扱	危令別表4の750倍以上の指定可燃物数量			
スプリンクラー設備	令12条	階数11以上のもの	11階以上の階　(注ー2)			×
		指定可燃物の貯蔵・取扱	危令別表4の1000倍以上の指定可燃物数量			
水噴霧消火設備 泡消火設備 不活性ガス消火設備 ハロゲン化物消火設備 粉末消火設備	令13条 令14条 令15条 令16条 令17条 令18条	屋上部分	回転翼航空機・垂直離着陸航空機の発着場	(泡・粉末)	**床面積**:　m^2	×
		自動車の修理整備部分	床面積　地階・2階以上の階　$200m^2$以上	(泡・不活性ガス・ハロゲン・粉末)	**床面積**:　m^2	×
			床面積　1階　$500m^2$以上		**床面積**:　m^2	
		駐車場	床面積　地階・2階以上の階　$200m^2$以上	(水噴・泡・不活性ガス・ハロゲン・粉末)	**床面積**:　m^2	×
			床面積　1階　$500m^2$以上		**床面積**:　m^2	
			床面積　屋上　$300m^2$以上		**床面積**:　m^2	
			機械装置駐車　収容台数10台以上		**駐車台数**:　台	
		発電機・変圧器等電気設備	床面積　$200m^2$以上	(不活性ガス・ハロゲン・粉末)	**床面積**:　m^2	×
		鋳造物・ボイラー室・乾燥室等	床面積　$200m^2$以上	(不活性ガス・ハロゲン・粉末)	**床面積**:　m^2	×
		通信機器室	床面積　$500m^2$以上	(不活性ガス・ハロゲン・粉末)	**床面積**:　m^2	×
		指定可燃物の貯蔵・取扱	危令別表4の1000倍以上の指定可燃物数量			
屋外消火栓設備	令19条	1・2階床面積合計	耐火:$9000m^2$以上 簡耐:$6000m^2$以上 その他:$3000m^2$以上	(注ー3)		×
動力消防ポンプ設備	令20条	屋内・屋外消火栓設備設置対象物				×
自動火災報知設備	令21条	一般	延べ面積　$1000m^2$以上	**延べ面積**:	1,376 m^2	○
		地階・無窓階又は3階以上の階	床面積　$300m^2$以上			
		指定可燃物の貯蔵・取扱	危令別表4の500倍以上の指定可燃物数量			
		駐車場部分	地階・2階以上の階　床面積$200m^2$以上			
		通信機器室	床面積　$500m^2$以上			
		階数11以上のもの	11階以上の階			
煙感知器設置部分		階段等	階段・傾斜路・エレベーターの昇降路・リネンシュート・パイプダクト・15m以上20m未満の場所			
		廊下・通路	全部			

漏電火災警報器	令22条	一般	延べ面積 1000m²以上	（注－4）	**注－4より不要**	×
		契約電流容量	50アンペアを超えるもの			×
消防機関へ通報する火災報知設備	令23条	一般	延べ面積 1000m²以上	**一般電話で代用**		×
非常警報器具又は非常警報設備	令24条	警鐘・携帯用拡声器・手動式サイレン・その他非常警報器具（注－5）				
		非常ベル・自動式サイレン又は放送設備 （注－6）	・収容人員50人以上 ・地階・無窓階で収容人員20人以上	**収容人員**： 176 人		○
		ベル＋放送設備 （注－7）	・収容人員800人以上	**収容人員**： 176 人		×
			・地階を除く階数が11以上のもの ・地階の階数が3以上のもの			
避難器具	令25条	3階以上の階・地階	収容人員 無窓階・地階 100人以上 その他の階 150人以上	**収容人員**： 119 人		○
		3階以上の階	避難階又は地上に直通する階段が1の階 収容人員 10人以上			
誘導灯及び誘導標識	令26条	避難口	地階・無窓階・11階以上の部分	C級以上（矢印付はB級以上）	**無窓階の判定**	○
		通路（居室）	地階・無窓階・11階以上の部分	C級以上	**無窓階の判定**	○
		通路（廊下）	地階・無窓階・11階以上の部分	C級以上	**無窓階の判定**	○
		通路（階段又は傾斜路）	地階・無窓階・11階以上の部分	C級以上	**無窓階の判定**	○
		標識	全部			○
消防用水	令27条	・敷地面積20000m²以上で、1・2階床面積合計	耐火：15000m²以上 簡耐：10000m²以上 その他：5000m²以上	（注－3）		×
		・高さ31mを超えかつ延べ面積 25000m²以上				
排煙設備	令28条					
連結散水設備	令28条の2	地階	床面積の合計 700m2以上			×
連結送水管	令29条	一般	・地階を除く階数が7以上のもの ・地階を除く階数が5以上で延べ面積6000m²以上			○
非常コンセント設備	令29条の2	一般	地階を除く階数が11以上のもの			×
無線通信補助設備	令29条の3					

注－1　主要構造部を耐火構造とし、内装制限をしたものは「3倍」、主要構造部を耐火構造としたもの又は簡易耐火建築物で内装制限したものは「2倍」の数値とすることができる。

注－2　規則第13条第2項で定める部分を除く。

注－3　同一敷地内に2以上の建築物がある場合、相互の外壁間の中心線からの距離が1階3m以下、2階5m以下である部分を有するものは床面積を合計する。
ただし、屋外消火栓設備にあっては、耐火・簡易耐火建築物を除く。

注－4　間柱若しくは下地を不燃材料及び準不燃材料以外の材料で造った鉄網入りの壁、根太若しくは下地を不燃材料及び準不燃材料以外の材料で造った鉄網入りの床又は天井、野縁若しくは下地を不燃材料及び準不燃材料以外の材料で造った鉄網入りの天井を有するものに設置すること。

注－5　自動火災報知設備又は非常警報設備が設置されている場合は、その有効範囲内の部分は免除できる。

注－6　自動火災報知設備が設置されている場合は、その有効範囲内の部分は非常ベル等の設備を免除できる。

注－7　自動火災報知設備が設置されている場合又は放送設備に非常ベル若しくは、自動式サイレンと同等以上の音響を発する装置が付加されている場合は、その有効範囲内の部分は非常ベル又は自動式サイレンを併置しないことができる。

集計表（外皮１：外壁・屋根・外気に接する床の面積及び平均熱貫流率の算出）

① 種類 （方位）	② 外皮名称 （入力）	③ 面積 [m²] （入力）	④ 断熱材種類 （大分類） （選択）	④ 断熱材種類 （小分類） （選択）	⑤ 熱伝導率 [W/(m·K)] （自動）	⑥ 厚み [mm] （入力）	⑦ 熱貫流率 [W/(m²·K)] （自動）	⑧ 備考
外壁 （北）	北面１	98.60	吹付け硬質ウレタンフォーム	吹付け硬質ウレタンフォームA種1	0.034	30	0.718	
	⑨合計面積（PAL6）	98.60	m²			⑬ 平均熱貫流率	0.718	W/(m²·K)
外壁 （東）	東面１	61.20	吹付け硬質ウレタンフォーム	吹付け硬質ウレタンフォームA種1	0.034	30	0.718	
	⑨合計面積（PAL7）	61.20	m²			⑬ 平均熱貫流率	0.718	W/(m²·K)
外壁 （南）	南面１	696.30	吹付け硬質ウレタンフォーム	吹付け硬質ウレタンフォームA種1	0.034	30	0.718	
	⑨合計面積（PAL8）	696.30	m²			⑬ 平均熱貫流率	0.718	W/(m²·K)
外壁 （西）	西面１	298.86	吹付け硬質ウレタンフォーム	吹付け硬質ウレタンフォームA種1	0.034	30	0.718	
	⑨合計面積（PAL9）	298.86	m²			⑬ 平均熱貫流率	0.718	W/(m²·K)
⑩外壁の合計面積		1154.96	m²			⑭外壁の平均熱貫流率(PAL12)	0.718	W/(m²·K)
屋根	屋根１	163.40	吹付け硬質ウレタンフォーム	吹付け硬質ウレタンフォームA種1	0.034	50	0.448	
	⑪合計面積（PAL10）	163.40	m²			⑮屋根の平均熱貫流率(PAL13)	0.448	W/(m²·K)
外気に接する床								
	⑫合計面積（PAL11）		m²			⑯外気に接する床の平均熱貫流率(PAL14)		W/(m²·K)

集計表（外皮２：窓等の面積及び平均熱貫流率、平均日射熱取得率の算出）

① 種類 （方位）	② 窓名称 （入力）	③ 面積 [m²/面] （入力）	④ 面数 [面] （入力）	⑤ ガラス種類 （大分類） （選択）	⑤ ガラス種類 （小分類） （選択）	⑤ ブラインドの有無 （選択）	⑥ 熱貫流率 [W/（m²·K）] （自動）	⑦ 日射熱取得率 [-] （自動）	⑧ 日除け 効果係数 [-] （入力）	⑨ 日除け効果込みの 日射熱取得率 [-] ⑦×⑧ （自動）	⑩ 備考
外壁面（北）	北面1	592.00	1	複層（空気層6mm）	透明＋透明	有	2.67	0.443	1.00	0.443	
	⑪合計面積（PAL15）	592.00		m²		⑭ 平均熱貫流率	2.67	W/(m²·K)	⑰ 平均日射熱取得率	0.443	-
外壁面（東）	東面1	243.20	1	複層（空気層6mm）	透明＋透明	有	2.67	0.443	1.00	0.443	
	⑪合計面積（PAL16）	243.20		m²		⑭ 平均熱貫流率	2.67	W/(m²·K)	⑰ 平均日射熱取得率	0.443	-
外壁面（南）	南面1	29.60	1	単層	網入り	無	5.82	0.788	1.00	0.788	
	⑪合計面積（PAL17）	29.60		m²		⑭ 平均熱貫流率	5.82	W/(m²·K)	⑰ 平均日射熱取得率	0.788	-
外壁面（西）	西面1	6.30	1	単層	網入り	無	5.82	0.788	1.00	0.788	
	⑪合計面積（PAL18）	6.30		m²		⑭ 平均熱貫流率	5.82	W/(m²·K)	⑰ 平均日射熱取得率	0.788	-
⑫窓（外壁面）の合計面積		871.10		m²		⑮ 平均熱貫流率（PAL20）	2.80	W/(m²·K)	⑱ 平均日射熱取得率（PAL21）	0.457	-
屋根面											
	⑬合計面積（PAL19）			m²		⑯ 平均熱貫流率（PAL22）		W/(m²·K)	⑲ 平均日射熱取得率（PAL23）		-

集計表（空調1：冷房平均 COP、暖房平均 COP の算出）

① 機器名称	② 台数	③ 一台当たりの定格能力 [kW/台]		④ 一台当たりの定格消費電力 [kW/台]		⑤ 一台当たりの定格燃料消費量 [kW/台]		⑥ COP（一次エネルギー換算）（③／（④*9760/3600+⑤））		⑦ 定格能力（②×③）[kW]		⑧ 定格能力×COP（⑦×⑥）	
		冷房	暖房	冷房	暖房	冷房	暖房	冷房	暖房	冷房	暖房	冷房	暖房
（入力）	（入力）	（入力）	（入力）	（入力）	（入力）	（入力）	（入力）	（算出）	（算出）	（算出）	（算出）	（算出）	（算出）
HPA-1	1	14.00	16.00	3.88	4.01			1.33	1.47	14.00	16.00		23.55
HPA-2	8	33.50	37.50	10.10	10.10			1.22	1.37	268.00	300.00	327.88	410.85
合計（算出）⑨										282.00	316.00	⑩ 346.51	434.40
												冷房平均 COP（AC4）	暖房平均 COP（AC7）
⑪ 冷房平均 COP・暖房平均 COP（⑩÷⑨）（算出）												1.23	1.37

集計表（空調2：外気処理に関わる制御の採用率の算出）

① 機器名称	② 台数	③ 風量 給気風量 [m³/h 台]	④ 風量 排気風量 [m³/h 台]	⑤ 全熱交換器効率 冷房時 [%]	⑥ 全熱交換器効率 暖房時 [%]	⑦ 全熱交換器効率 冷暖房平均 [%]	⑧ 熱交換効率 [%]	⑨ バイパス制御	⑩ 予熱時外気取入れ停止	⑪ 取入外気量合計 [m³/h]	⑫ 取入外気割合 [%]
（入力）	（入力）	（入力）	（入力）	（入力）	（入力）	（算出）	（算出）	（選択）	（選択）	（算出）	（算出）
HEX-1	16	280	280	71.0	73.0	72.0	72.0	無	無	4480	58.4%
EF-1	1		350							350	4.6%
EF-2	1		120							120	1.6%
EF-3	8		200							1600	20.9%
EF-4	16		70							1120	14.6%
⑬ 合計（算出）										7670	100.0%

集計表（換気1：全圧損失、電動機出力、各種制御の採用率の算出）

①	②	③	④	⑤	⑥	⑦	⑧	⑨	⑩	⑪	⑫	⑬	⑭	⑮
												送風量制御		
室用途	室名称	機器名称	台数	一台あたりの送風量 [m³/h 台]	全圧損失 [Pa]	一台あたりの電動機出力 [W/台]	単位送風量あたりの電動機出力 (⑦÷⑤) [W/(m³/h)]	送風量合計 [m³/h] (④×⑤)	送風量合計×単位送風量あたりの電動機出力 (⑧×⑨)	単位送風量あたりの電動機出力平均値（V5）	高効率電動機	CO・CO_2濃度制御	温度制御	送風量割合 [%]
（入力）	（入力）	（入力）	（入力）	（入力）	（入力）	（入力）	（算出）	（算出）	（算出）	（算出）	（選択）	（選択）	（選択）	（算出）
便所	1階トイレ	EF-2	1	120		21	0.18	120	21		無	無	無	9.7%
	各階トイレ	EF-4	16	70		14	0.19	1120	216		無	無	無	90.3%
⑯最大全圧損失（V4）						⑰送風量全台合計		1240	⑱合計 237	0.19				

集計表（照明1：照明器具の消費電力及び各種制御の採用率の算出）

①	②	③	④	⑤	⑥	⑦	⑧	⑨	⑩	⑪	⑫	⑬
室用途	室名称	床面積 [m²]	照明消費電力 [W/台]	台数 [台]	照明消費電力（器具別）④×⑤ [W]	単位床面積あたりの消費電力 [W/m²] (L3)	人感センサー等による在室検知制御	タイムスケジュール制御	初期照度補正制御	明るさセンサー等による昼光連動調光制御	明るさ感知による自動点滅制御	照度調整調光制御
（入力）	（入力）	（入力）	（入力）	（入力）	（算出）	（算出）	（選択）	（選択）	（選択）	（選択）	（選択）	（選択）
事務室	事務室	146.80	32.0	46	1,472.00		無	無	無	無	無	無
⑭床面積合計 [m²]			⑮消費電力合計 [W]		1,472.00	10.03	(L4) 無	(L5) 無	(L6) 無	(L7) 無	(L8) 無	(L9) 無

集計表（給湯1：熱源効率の算出）

①	②	③	④	⑤	⑥	⑦	⑧	⑨
室用途	室名称	機器名称	台数	定格加熱能力 [kW/台]	定格消費電力 [kW/台]	定格燃料消費量 [kW/台]	定格能力合計 (④×⑤) [kW]	定格消費エネルギー合計（一次エネルギー換算）((⑥×9760/3600+⑦)×④) [kW]
（選択）	（入力）	（入力）	（入力）	（入力）	（入力）	（入力）	（算出）	（算出）
洗面・手洗い	男子トイレ	EH-2	8	1.10	1.10		8.80	23.86
	女子トイレ	EH-2	8	1.10	1.10		8.80	23.86
							⑩全台合計 17.60	⑪全台合計 47.72
							⑫平均熱源効率（一次エネルギー換算）(HW3)	⑩÷⑪ 0.37

計算結果

省エネルギー基準　モデル建物法による評価結果（非住宅建築物）

1. 計算結果及び評価結果

(1) 建築物の名称		参考建物新築工事
(2) 床面積		1,376.11
(3) 省エネ地域区分 / 年間日射地域区分		6地域
(4) 建物用途		事務所等
(5) 評価結果		
年間熱負荷係数	(BPIm)	0.88
一次エネルギー消費量	(BEIm)	0.79
空気調和設備	(BEIm/AC)	0.68
機械換気設備	(BEIm/V)	0.83
照明設備	(BEIm/L)	0.76
給湯設備	(BEIm/HW)	2.63
昇降機	(BEIm/EV)	0.89
太陽光発電		なし

(6) 判定	BPIm ≦ 1.00	達成	BEIm ≦ 1.00	達成

2. 当該建築物の仕様

(1) 外皮の仕様

外皮項目		外皮の仕様
A. 建築計画	階数 / 階高の合計	0階 / 34.0m
	非空調コア部の方位	西
	建物の外周長さ	48.9m（そのうち、非空調コア部長さ 18.0m）
B. 外壁仕様	外壁面積	北側 98.60m2　東側 61.20m2　南側 696.30m2　西側 298.86m2 屋根 163.40m2　外気に接する床 0.00m2
	平均熱貫流率	外壁 0.72W/(m2K)　屋根 0.45W/(m2K) 外気に接する床 0.00W/(m2K)
C. 窓仕様	窓面積	北側 592.00m2　東側 243.20m2　南側 29.60m2　西側 6.30m2　屋根面 0.00m2
	平均熱貫流率	外壁 2.80W/(m2K)　屋根面 -
	平均日射熱取得率	外壁 0.457　屋根面 -

(2) 空気調和設備の仕様

設備項目		設備の仕様
A. 熱源	熱源機種（冷房）	パッケージ型エアコンディショナ（電気式）
	熱源平均COP（冷房）※	1.23
	熱源機種（暖房）	パッケージ型エアコンディショナ（電気式）
	熱源平均COP（暖房）※	1.37
B. 外気処理	全熱交換器	有（バイパス機能なし）
	外気カット制御	無

※一次エネルギー換算

(3) 機械換気設備の仕様

室用途		設備の仕様
A.機械室	換気方式	評価対象設備なし
	電動機出力	
	高効率電動機の有無	
	送風量制御の有無	
	計算対象床面積	
B.便所	換気方式	第二種または第三種換気
	電動機出力	単位送風量あたりの電動機出力 0.19 W/(m3/h)
	高効率電動機の有無	無
	送風量制御の有無	無
	計算対象床面積	-
C.駐車場	換気方式	評価対象設備なし
	電動機出力	
	高効率電動機の有無	
	送風量制御の有無	
	計算対象床面積	
D.厨房	換気方式	評価対象設備なし
	電動機出力	
	高効率電動機の有無	
	送風量制御の有無	
	計算対象床面積	

(4) 照明設備の仕様

室用途		設備の仕様	
A.事務室	床面積あたりの消費電力	10.03 W/m2	
	制御の有無	在室検知制御：無	タイムスケジュール制御：無
		初期照度補正制御：無	昼光連動調光制御：無
		自動点滅制御：無	照度調整調光制御：無

(5) 給湯設備の仕様

用途		設備の仕様
A.洗面・手洗い	熱源効率	0.37
	配管保温仕様	裸管
	節湯器具	無
	給湯対象面積	-
B.厨房	熱源効率	評価対象設備なし
	配管保温仕様	
	節湯器具	
	給湯対象面積	

(6) 昇降機の仕様

設備項目		設備の仕様
A. 制御方式	速度制御方式	可変電圧可変周波数制御方式(回生あり)

おわりに

鹿島出版会から2007年に出版した『建築家のための　住宅設備設計ノート』の改訂版を2014年6月に出した。同じ年の8月ごろに、同じような趣旨の中小オフィスビル編を計画したいと、同書の編集を担当された久保田昭子氏からお話をいただいた。

私自身はその年の7月13日で満70歳となり、7月31日をもって事務所を若い所員にバトンタッチし、会長に退くことにした。そのタイミングに新しい書籍の出版の話がつながり、私は監修という立場で、全所員で執筆する体制を組むことにした。

我が社は、実際の建築設備設計の計画において、建築家ならびに施主に対してレポートを提出する作業は多く、文章作成やわかりやすい図表の作成には慣れるように教育はしてきている。また、20年以上の経験のある所員には設備の専門書などへの投稿も率先してさせてきた経緯もある。しかし、編集の作業に取りかかると、日常の設備設計・監理の合間に原稿をまとめることは担当者全員にかなりの負担を強いる結果となった。また、久保田氏から引き継いだ直接の編集担当の阿部沙佳氏にも何かとご迷惑をおかけしたと反省している。編集のスタートから2年を経過してしまったが、本書が出版に漕ぎ着けたことを喜ぶとともに、建築家を志す若い建築設計者の手助けになっていただければ幸いである。

知久昭夫

監修者紹介

知久昭夫（ちく・あきお）
知久設備計画研究所会長　一級建築士、設備設計一級建築士、建築設備士、空気調和・衛生工学会設備士、一級管工事管理技術者、建築物総合環境性能評価員（CASBEE 評価員)、JABMEE　SENIOR（建築設備技術者協会)。

1944 年、旧満州生まれ。1967 年千葉工業大学建築学科卒業、横浜国立大学工学部建築学科後藤研究室研究生。花守設備事務所、桜井事務所、坂倉建築研究所、愛住設計を経て 1987 年知久設備計画研究所を設立、社長就任。2014 年同会長就任、現在に至る。
おもな著書に『設備から考える住宅の設計』（彰国社）『「建築の設備」入門』『子育て世代の安心・安全住宅』（彰国社、共著)、『建築家のための住宅設備設計ノート』『これだけは知っておきたい住宅設備の知識』（鹿島出版会)、『住宅建築のリノベーション』（鹿島出版会、共著）など。

著者紹介

設備設計ノート研究会

川村政治（かわむら・まさはる）
知久設備計画研究所取締役社長　一級建築士、設備設計一級建築士、建築設備士、空気調和・衛生工学会設備士、消防設備士（甲一・四類）。
1972年生まれ、1994年千葉工業大学建築学科卒業、1994年～知久設備計画研究所、2014年～同取締役社長。著書に『子育て世代の安心・安全住宅』（彰国社、共著）。

椋尾誠一（むくお・せいいち）
知久設備計画研究所執行役員　建築設備士。
1965年生まれ、1987年琉球大学工学部建設工学科卒業、1987～1990年愛住設計、1990年～知久設備計画研究所、2014年～同執行役員。

木村義博（きむら・よしひろ）
知久設備計画研究所執行役員　建築設備士、空気調和・衛生工学会設備士、一級管工事施工管理技術者。
1969年生まれ、1992年千葉工業大学建築学科卒業、1992年～知久設備計画研究所、2014年～同執行役員。

知久 岳（ちく・たけし）
知久設備計画研究所
1979年生まれ、2004年千葉工業大学工学部建築都市環境学科大学院卒業、2004～2006年夢・空研研究所、2006～2009年根來宏典建築研究所、2012年～知久設備計画研究所。

長谷川雅俊（はせがわ・まさとし）
知久設備計画研究所　一級建築士、消防設備士（甲四類）
1986年生まれ、2008年千葉工業大学工学部建築都市環境学科卒業、2008年～知久設備計画研究所。

峯田広大（みねた・こうだい）
知久設備計画研究所
1991年生まれ、2014年東海大学工学部建築学科卒業、2014年～知久設備計画研究所。

建築家のための

オフィスビル設備設計ノート

2016年4月20日　第1刷発行

監修者	知久昭夫
著　者	設備設計ノート研究会
発行者	坪内文生
発行所	鹿島出版会
	〒104-0028　東京都中央区八重洲2-5-14
	電話 03-6202-5200　振替 00160-2-180883

印　刷	壮光舎印刷
製　本	牧製本
装　丁	饗場千秋デザイン室
DTP・イラスト制作	ホリエテクニカル

ISBN 978-4-306-03379-5 C3052

本書の内容に関するご意見・ご感想は下記までお寄せ下さい。
URL：http://www.kajima-publishing.co.jp/
e-mail：info@kajima-publishing.co.jp